融合型·新形态教材
复旦学前云平台 fudanxueqian.com

U0730971

普通高等学校学前教育专业系列教材

幼儿教师朗诵技能训练

主　编　郑晓春

编　委　（按姓氏音序排列）

蔡丽英　董书研　黄玲玲　李静瑜

李丽参　林秋永　林苑英　刘秀惠

柳　萍　施丽聪　郑晓春　周梅芳

复旦大学 出版社

内容提要

《幼儿教师朗诵技能训练》力求从学前教育专业学生语言素质的现状出发，以职业需求为主线，构建"基础、技巧、文体"三大模块教学内容体系，体现知识体系的科学性和系统性，理论与实践的应用性和针对性，尽可能吸收最新的朗诵学和儿童文学研究成果并渗透到教材中，并注意与"教师口语"和"儿童文学"课程知识结构相衔接，涵盖了对作品的语境与内在语的把握、感受，语气、重音、声腔、态势语的表达以及儿歌、儿童诗、童话、寓言、儿童故事、儿童散文等各文体的朗诵，实现幼儿教师朗诵技能的快速提升。

本书主要特色如下——

第一，针对性。在课程安排上针对幼儿教师朗诵技能训练语言实践的难点和薄弱环节，理论讲解简明扼要，易懂易学；范例解读重点突出，简练到位。

第二，实用性。既有朗诵基础理论指导，又精选现当代读者喜闻乐见的经典儿童文学作品以及各级儿童朗诵大赛常用作品文本精心解读，涵盖了儿童文学各类文体，内容丰富，材料新颖，实用性强。

第三，自主性。每章节都有典型作品的解读供学习者课后实践，配有部分作品朗诵的Mp3光盘，体现自主学习、循序渐进、多元化的训练途径，使读者可以用最经济的手段高效率地学习朗诵。

本教材紧扣课程思政要求，立足"岗课赛证"综合育人模式，培养学生的思想品德、实践能力和创新意识。

复旦学前云平台
数字化教学支持说明

　　为提高教学服务水平，促进课程立体化建设，复旦大学出版社学前教育分社建设了"复旦学前云平台"，以为师生提供丰富的课程配套资源，可通过"电脑端"和"手机端"查看、获取。

【电脑端】

　　电脑端资源包括 PPT 课件、电子教案、习题答案、课程大纲、音频、视频等内容。可登录"复旦学前云平台"www.fudanxueqian.com 浏览、下载。

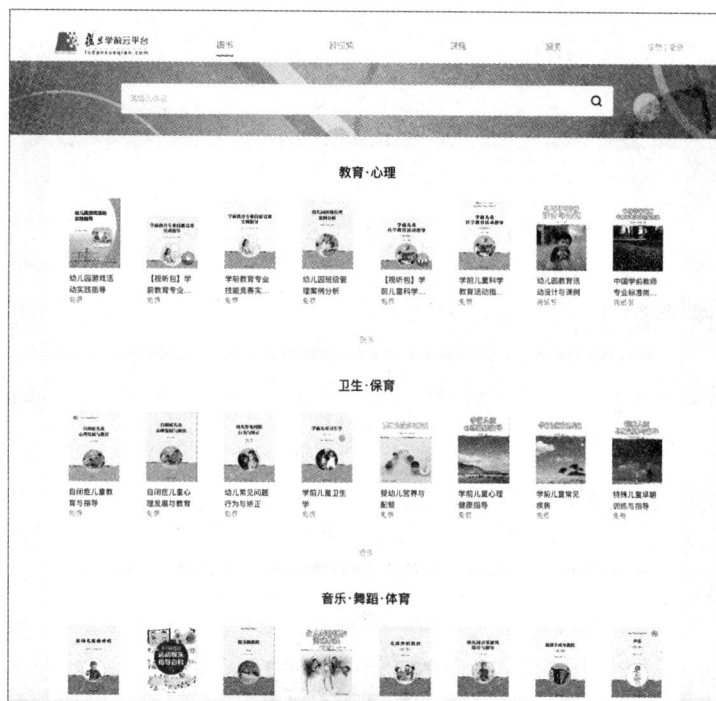

Step 1 　登录网站"复旦学前云平台"www.fudanxueqian.com，点击右上角"登录 / 注册"，使用手机号注册。

Step 2 　在"搜索"栏输入相关书名，找到该书，点击进入。

Step 3 　点击【配套资源】中的"下载"（首次使用需输入教师信息），即可下载。音频、视频内容可通过搜索该书【视听包】在线浏览。

📱 **【手机端】**

PPT 课件、音视频、阅读材料：用微信扫描书中二维码即可浏览。

扫码浏览 ➡️

📖 **【更多相关资源】**

更多资源，如专家文章、活动设计案例、绘本阅读、环境创设、图书信息等，可关注"幼师宝"微信公众号，搜索、查阅。

平台技术支持热线：029-68518879。

"幼师宝"微信公众号

前　言

　　面朝大海,春暖花开。儿童是祖国的花朵,是明媚的阳光。随着社会的飞速发展,人们越来越重视发展少年儿童的语言表达能力。2012年9月教育部颁布的《3—6岁儿童学习与发展指南》指出:"幼儿期是语言发展,特别是口语发展的重要时期。幼儿语言的发展贯穿于各个领域,也对其他领域的学习与发展有着重要的影响:幼儿在运用语言进行交流的同时,也在发展着人际交往能力、理解他人和判断交往情境的能力、组织自己思想的能力。通过语言获取信息,幼儿的学习逐步超越个体的直接感知。"如何用语言的形式把白纸黑字的文字变成活灵活现的立体的画面,不仅关乎朗诵者对文字的感悟、理解和想象以及生活的积淀,更与朗诵者的语言表达方式和技巧密不可分。朗诵艺术的素养是智慧、生活、情感、技巧等多种养分浇灌的沃土,只要有心播下热爱朗诵的艺术种子,它就能破土而出,露出嫩芽、含苞欲放,直至鲜花盛开,当然这绝非一蹴而就。从台下苦练到登上朗诵艺术舞台,需要时间的积淀、教师的培养和个人的努力,当然更少不了依据一个较为系统的科学理论与实践相结合的体系进行练习。

　　本书的主要特点有如下几点——

　　这是一本针对学前教育专业师范生提高朗诵素养的书。儿童文学素养是师范生不可或缺的文学素养,而儿童文学作品的朗诵作为职业技能之一,在幼儿园是语言教育的重要手段。本书力求从儿童文学发展的客观要求和高职高专生语言素质的现状出发,以职业需求为主线,构建了"基础、技巧、文体"三大模块的教学内容体系,体现知识体系的科学性和系统性、师范教育的专业性和综合性、理论与实践的应用性和针对性,尽可能把最新的朗诵学和儿童文学的研究成果吸收并渗透于研究中,并注意与《教师口语》和《儿童文学》知识结构的衔接,为职业岗位打下良好的语言基础。

　　这是一本针对幼儿教师继续教育培训提高朗诵技能技巧的书。目前,教师朗诵比赛、公开课、展示课、观摩课、研讨课几乎都离不开有感情的朗诵,如何进一步提升教师职业口语,是许多教师苦苦思索的问题。本书对儿童文学的经典篇目进行朗诵解读,致力于提升幼儿教师朗诵技能,带动教师口语、幼儿园语言教学学科的建设,对儿童文学的现代传播有着较大的意义。

　　这是一本语言培训机构老师、家长指导少年儿童登台朗诵表演的书。随着社会对儿童语言能力的越加重视,各级各类儿童朗诵比赛、朗诵考证如火如荼,如何指导儿童文学的朗诵成了教师和家长的迫切需要。本书由多年从事口语教学的经验丰富的优秀一线教师共同编写,编写者都有登台朗诵和指导学生参加各类朗诵比赛获奖的经历,选编了各级各类少年儿童朗诵大赛的作品文本,涵盖儿童文学各类文体,针对学习者在儿童文学朗诵上语言实践的难点和薄弱环节进行指导,突出朗诵学习的规律性。

　　这是一本朗诵爱好者自主训练学习的书。全书从汉语的乐音化趋势和语言学习中的语感入手,收取了现当代较为经典和读者喜闻乐见的儿童文学朗诵作品,详细剖析了儿童文学作品不同文体的朗诵技巧。每一章节都有典型作品的解读供学习者课后实践,体现自主学习、循序渐进、多元化的训练途径,用最经济的时间高效率地学习朗诵。

　　本书编撰分工如下：第一章至第七章、第十四章全文以及第九章至第十三章各文体朗诵要点由郑晓春编撰；第八章儿歌的朗诵全文由董书研编撰；第九章儿童诗歌朗诵解读由施丽聪编撰；第十章童话朗诵解读由柳萍、周梅芳、刘秀惠编撰；第十一章寓言朗诵解读由林秋永、林苑英、蔡丽英、李丽参编撰；第十二章儿童故事朗诵解读由黄玲玲编撰；第十三章儿童散文朗诵解读由李静瑜编撰。附录、主要参考书目由郑晓春提供。全书由郑晓春统稿、修订。

　　本书是全体编者多年语言教学经验的结晶，凝聚着大家的智慧、激情和汗水。但艺术重个性，不同的人对同一篇作品，由于个性、观念、阅历的不同，对文字的感悟及语言的表达有不同的理解，朗诵上的处理方式自然也有差异，所以解读并不强调唯一。本书在编写的过程中，参阅了大量的文献资料，吸收了众多同行、专家、学者的有关研究成果。凡所引用的著述及观点，均在主要参考书目中尽量注明。尽管如此，也难免有遗珠之憾。在此，敬请原著作者谅宥并向原著作者致以诚挚的谢意。同时，由于时间、水平有限，错误之处难免，敬请读者批评指正。

　　我们真诚地希望读者能借助《幼儿教师朗诵技能训练》这双有力的翅膀，开启愉快的朗诵之旅，自由地飞翔在充满魅力的语言的天空！

郑晓春

目　录

第一章
儿童文学作品朗诵概说

随着人类文明化进程的不断提高,人们越来越重视对少年儿童的教育。近几年来,随着社会对儿童语言能力的重视,各级儿童朗诵比赛如火如荼,各类朗诵考级应运而生,上海音乐学院、中国歌剧舞剧院以及上海市语言文字工作者协会、江苏省朗诵协会等单位都设点进行少年儿童朗诵表演的考级,并颁发等级证书。朗诵日益成为儿童喜闻乐见的一种语言表演活动。

儿童文学作为一种特殊的文学样式,它的语言实践有着特殊的音像造型和气息声腔技巧,可以说是朗诵作品中的奇葩。依据儿童文学自身独特的文学样式的特点和朗诵学的艺术表达手段,在文学与应用语言学中搭起一座桥梁,进行跨学科的理论和实践,以朗诵的基础理论知识指导儿童文学作品的朗诵,会使儿童文学独特的文学特点在应用语言学的视野下得以凸显,也将进一步丰富朗诵学理论的发展。

第一节 什么是朗诵

朗诵是一种把蕴含感情的文字作品转化为有声语言的再创作活动,是一门语言艺术。宋代理学家朱熹说:"读《诗》正在于吟咏讽诵,观其委曲折旋之意……"朗诵者要综合运用语言(表达)的一系列技巧(语气语调、停顿、重音、节奏等),生动地诠释作品。

由于朗诵是一种精细、高级的有声语言艺术,因此朗诵者应该具备一定的文学修养、语言修养、思想修养、社会生活阅历以及想象力,能正确欣赏、分析各种体裁的文学作品,熟练掌握标准发音和发声技巧,正确运用语气语调,并敢于在大庭广众之下自如地表达自己的情感。

朗诵一般都带有表演的性质,朗诵者应具备一定的表演才能,要有优美的语言、端庄的仪态、丰富的态势语,再配合朗诵的语境,如舞台布置、灯光、受众、音响、视觉特效等元素,把内心已经理解并揣摩准确的作品的思想内涵、情感态度,通过有声语言表达技巧阐释、发挥出来。朗诵者要在充分调动感情的基础上,把自己的感情抒发出来,和受众进行语言的、眼神的、肢体的、心灵的交流,以期达到引起受众心灵共鸣的目的。其中任何一环出现纰漏,都会影响朗诵的艺术水准,所以它是一种综合性的、复杂的创造性劳动。

"一千个读者就有一千个哈姆雷特。"朗诵者的文化修养不同、语言功底不同,受众的欣赏水平不同、审美趣味不同,就会造成同一篇文学作品的朗诵与鉴赏效果的差异。朗诵的过程也是朗诵者提高自身修养的过程。在这个过程中,朗诵者的文学修养、心智修为日益深厚,心灵变得易感,有声语言表达技巧日益精进,精神状态和生活状态也会更加积极乐观。与此相应,受众不仅能受到优秀作品思想感情的熏陶,朗诵鉴赏水平和品位也会日益提高。

由此可见,朗诵作为一项创造性的活动,是人类文化现象中重要的一环。

第二节　儿童文学作品朗诵的特点

幼儿教师朗诵的作品主要是儿童文学作品。

儿童文学作品包括两部分:一是指以少年儿童为主人公或是从少年儿童角度出发,以描写少年儿童的生活为主的健康向上的文学作品;二是指以成人为主人公,但采用了神话、童话等形式,生动、活泼、有趣,并为少年儿童所接受和喜爱的健康向上的文学作品。

由于作品是儿童文学,受众是儿童,所以儿童文学作品朗诵呈现出一些和其他作品朗诵不一样的特征。儿童文学作品朗诵的整体特性是童真、童趣,生动、形象。朗诵时要从儿童的视角出发,从儿童的角度诵出作品的童真、童趣,并生动描摹儿童所感知的世界。

以一则绕口令为例,对象不同,朗诵的面貌也会呈现出很大的差异。

　　四是四,十是十,要想说对十,舌头别伸直。要想说对四,舌头碰牙齿,要想说对四和十,多多练习知、痴、诗。

对于成人而言,重点是"四"、"十"平翘舌音的区分,朗诵时语气平稳,多采用平直调,重音落在"四"、"十"、"知"、"痴"、"诗"上,重音的表现是重而短促。

而对于儿童,朗诵时不仅要发音清晰,还需要有夸张的重音以及语气语调以吸引儿童的注意力,并用手势等肢体动作配合阐释平舌音和翘舌音不同的发音部位和方法。语调上升与下降有所回应,重音的表现是重而拖长。例如——

　　四是四,
　　(头略偏,伸出四个手指)(亲切、上升语调)
　　十是十,
　　(两个手掌翻转表示十)(下降语调)
　　要想说对十,
　　(手掌翻转,上升语调)
　　舌头别伸直。
　　(指舌头,摇手)(重音:别)(下降语调)
　　要想说对四,
　　(四个手指,上升语调)
　　舌头碰牙齿,
　　(两手搭成人字形,一左一右,头和身体跟着摇摆)(重音:碰)(下降语调)
　　要想说对四和十,
　　(缓慢说配合动作,伸出四个手指,两个手掌翻转)(上升语调)
　　多多练习知、痴、诗。
　　(左手叉腰,右手握拳,脚有节奏地打拍子)(下降语调)

一、音声性

儿童文学作品朗诵首先要有精妙的语言。清亮动听的音色、准确恰当的语气、富有变化的节奏,是儿童文学朗诵的魅力所在,也是吸引儿童的先决条件。即使作品蕴含的思想再深刻、感情再浓烈,嘶哑粗重的嗓音、干瘪乏味的语气、一马平川的节奏是引不起儿童兴趣的。

声音虽然不是儿童文学朗诵的全部,但是它具有独立存在的意义,它是带领儿童走入语言世界的钥匙,是第一吸引力。

通常在儿童文学作品朗诵里,朗诵者要塑造多样的人物角色形象。角色的声音造型要符合其年龄特征和社会形象,要考虑角色的履历特征:性别、年龄、学历、工作等;角色的体格特征:庞大或娇小、肥胖或瘦弱、笨重或敏捷;角色的品德特征:善良或狡诈;角色的性格特征:活泼或安静、热情或冷漠以及角色在情节中的情绪变化等。

以《小猴荡秋千》(片段)为例——

猴山上有一只小猴,他机灵活泼,可大家都不喜欢他,因为他最爱取笑别人。

一天,小猴正在荡秋千,看见瞎了一只眼的猴子走过来,就一边荡,一边编起歌儿唱:"独眼龙,打灯笼,只见西来不见东。嘻嘻……"小猴得意地笑了。独眼猴被气跑了。

这时,一只跛脚的猴子正朝这边走来。小猴唱道:"跛杆,跛脚杆,一脚长来一脚短。咯咯……"小猴笑得上气不接下气。跛脚猴瞪了他一眼,气得转身就走。

小猴在秋千上荡呀,荡呀,眨巴着眼睛,东瞧西看。咦,一只驼了背的老猴子,正坐在树上给他的孩子抓痒,小猴子又唱开了:"驼背驼,像骆驼,背上背着一大坨。哈哈……"小猴笑得更开心了。驼背老猴睬都不睬他,只是转过身来,用背朝着他。

……

在这篇作品中,小猴是个爱搞恶作剧,喜欢捉弄他人的角色形象。朗诵时,不仅三首儿歌的停顿、节奏和唱法有所不同,甚至三次笑言的长度和力度都要与作品的层次相符。从"嘻嘻"得意地笑,到"咯咯"笑得上气不接下气,再到"哈哈"笑得更开心了,声音要有画面感、真实感以及作品情绪推进的层次感。

二、协同性

在儿童文学作品朗诵中,态势语尤为重要。受众年龄越小,就越要依赖态势语。它是口头语言的必要深化和补充,能使口头语言表达更有力、更明确、更准确,能展现难以言尽的某些感情或态度。特别是幼儿的思维形象、具体,生活经验、词汇量有限,因此更需要态势语的辅助。

在鲁兵的《下巴上的洞洞》中,若没有态势语的配合,朗诵就会失去神韵,显得黯然失色。

从前有个奇怪的娃娃,
(亲切,突出"奇怪",伸出手指,头偏)
娃娃有个奇怪的下巴,
(眼神疑惑,单手托住下巴)
下巴有个奇怪的洞洞,
(疑惑加深,眼睛睁大,单手点下巴)
洞洞谁知道它有多大。
(耸肩,摊开两手,一副不知道的表情)
瞧他,一边饭往嘴里划,

（左手做碗状，右手内划）

一边从那洞洞往下撒。

（左手做碗状，右手单手指朝下）

如果饭桌是土地，

（单手向下平面抹）

而且饭粒会发芽。

（单手向上升）

那么，一天三餐饭，

（单手三个指头）

他呀，餐餐种庄稼。

（点手指）

可惜啥也没有种出来，

（无奈伸开双手掌）

只是粮食白白被糟蹋。

（左手手掌向上，右手手掌向上击打左手，伴随着无可奈何地摇头）

你们听了这笑话，

（偏左右点头，环视）

都要摸一摸下巴。

（单手摸摸下巴，迟疑不定的表情）

要是也有一个洞洞，

（单手突然点下巴）

那就赶快塞住它。

（单手快速托住下巴，笑嘻嘻的表情）

成功的儿童文学作品朗诵，不仅在于准确优美的有声语言，也在于生动鲜明的态势语。态势语是作品内容、情感的形象表达，是儿童文学童真、童趣风格的自然流露。它既要同有声语言的内容、语调、响度、节奏等协调，也要同说话者或听话者的心态、情感相吻合，同时其各构成要素（如身姿、手势、表情、目光）之间也要做到局部与整体的和谐。

三、综合性

朗诵艺术是一项综合性艺术。在舞台上表演的儿童文学作品朗诵，不仅要求朗诵者要深入理解作品，要求朗诵者运用有声语言和态势语予以准确表达，同时，也离不开配乐、服饰、道具等因素的完美配合。这就需要对朗诵的各个要素合理安排，使之有机配合、力量均衡，避免彼此干扰，如果道具与主题背离、配乐与情绪脱节，都会直接影响到朗诵作品整体的艺术效果。

朗诵者应该掌握心理学和传播学的知识，能有效把控现场自身的紧张情况，了解受众心理，有对象感、交流感，真正抒发自己的真性情、真情感，使得朗诵入耳入心、引发共鸣。所以，朗诵艺术效果的实现是对朗诵者综合素质的考验。

以儿童诗《字典公公家里的争吵》为例：作品中，有字典公公、感叹号、小问号、小逗号、顿号、省略号、句号七个角色，在朗诵中，为了更好地体现诗歌的童趣，朗诵者可以通过佩戴彩色头饰来形象地展现诗歌所营造的意境。采用挪移法转动头饰，精美的头饰可以使角色的形象呈现得更清晰、生动。

再以诗歌《斗笠》为例，这是作者王宜振怀着对故乡和母亲的深深思念创作的一首反映故土情结和母爱的小诗。选取斗笠这一个小的角度，把一个大的主题浓缩在一个小的载体上，反复地吟咏："孩子，戴上这顶斗笠吧",引发一系列新颖别致的意象:"你便把故乡戴在头顶","斗笠里有我编进的鸟鸣","让故乡的热土靠近你的心胸","让这朵故乡的花儿伴你在闹市漫步","你便把故乡的明月戴在头顶"。

斗笠是这首诗歌描绘的意象,是很重要的道具。在舞台上,道具颜色以亮色、暖色为佳。为了配合颜色浅黄的斗笠,朗诵者可以配上一袭青色惠安妇女的传统服饰,这样不仅颜色的深浅明暗搭配有致,而且赋予了诗歌浓郁的乡土气息,惠女风情,清丽可人,推进了氛围的营造,拓展了欣赏的空间。

第三节 儿童文学作品朗诵的功能

从语言心理学的角度看,言语活动包括说话(或书写)和听话(或阅读)两个方面,说话(或书写)是言语的表达过程,称为表达性言语,听话(或阅读)是言语的感受过程,称为印入性言语。显然,朗诵是表达性言语,欣赏是感觉语言的过程,是印入性言语。人的有声语言是人的思想、情感、素养、性格、气质等因素的综合,人的语音是最丰富多彩、最独树一帜的。因此,从少年儿童自身角度而言,无论是朗诵还是欣赏,对自己的语言层面、心灵层面、文化层面都会产生积极的影响。

一、学习语言

有些儿歌以帮助幼儿正音为主要目的,重音要放在韵尾押韵的字上,重音加重加长,夸张韵腹,声音洪亮、清晰。例如——

拉 锯

拉锯,拉锯,拉过来,拉过去,锯荆条,唱小曲,编对箩筐给毛驴。
装木耳,装香菇,装蜜梨,装柑橘,吁,吁,吁,我牵毛驴去赶圩。

其中,"锯"、"去"、"曲"、"驴"、"橘"、"吁"、"圩",要夸张韵腹,读准 ü 系列的撮口呼,重音放在韵尾上,加重加长,边说边辅以态势语,例如:"拉锯"、"拉过来,拉过去"、"箩筐"、"装"、"牵毛驴",增加形象感。

再如——

好 朋 友

三个好朋友,小猴小猫和小狗。
一二三,翻跟斗;四五六,把冰溜;七八九,玩皮球。
你找他,拍拍手,他找你,手牵手。
我们都是好朋友。

这首儿歌能使幼儿集中练习 ou 音,训练幼儿的口腔开合度。韵尾押 ou 韵,因此重音放在"友"、"狗"、"斗"、"溜"、"球"、"手"上,夸张韵腹,音量加重加长,读起来琅琅上口,同时在"翻跟斗"、"把冰溜"、"玩皮球"、"拍拍手"、"手牵手"等具有动作感的词语上辅以手势,读起来显得活泼可爱,富有童趣,增加了幼儿学习的游戏性。

朗诵是学习语言的一种方式,包括词汇的积累与表达。许多儿歌都包含了不少生活中常见的活动和事物,通过诵读,可以帮助幼儿更好地理解它们。例如——

当 妈 妈

洋娃娃,别想家,我当你的小妈妈。喂吃饭,喂喝水,还会给你吹喇叭。

这首儿歌针对孩子和布娃娃玩耍、做"过家家"游戏而编写,通过反复诵读,能使孩子掌握吃饭、喂、喝水、吹喇叭等动作。

又如——

小 肥 皂

小肥皂,给我擦擦手;
自来水,给我冲冲手;
小毛巾,给我揩揩手,小手洗得真干净。

把生活常识编成儿歌,能使幼儿学会对生活的观察和表达,理解擦手、冲手、揩手的含义。

朗诵时,要把语句读得明明白白、干净利落,不能任意添字、掉字、颠倒、重复、中断;也不能像平时说话那样,用词随便,不讲究节奏,破坏作品语言的完整性。如果读得拖泥带水、结结巴巴,就会破坏作品的表现力,还会造成语意的费解或误解。

二、发挥想象

一个好的朗诵者能用声音造型艺术把儿童的故事描摹得惟妙惟肖,使受众有对语言文字内心想象的广阔空间。想象力是儿童的翅膀,是儿童思维诗意栖息的场所。语言的画面感使得儿童对语言世界得以发挥天马行空的想象。

例如——

小猫胡子哪去了

小花猫,爱睡觉,睡得胡子往上翘。
呼噜噜,呼噜噜,老鼠看见龇牙笑。
猫的鱼,猫的糕,老鼠吃完伸伸腰。
吃饱了,蹦蹦高,
咔登咔,咔登咔,小猫胡子被剪掉。
哎呀呀,真可笑,小猫一点不知道。

叙述人语言的转换要融入角色的心理。朗诵前先分层次——第一层次:小猫睡觉,老鼠偷笑;第二层次:老鼠偷吃;第三层次:老鼠剪小猫胡须。叙述人语言的角度从客观的情景描述转到老鼠的视角继而转到叙述人的评说,通过不怀好意地从牙缝中挤出笑到贪婪的表情,吃饱喝足伸懒腰的惬意,恶作剧的窃喜,种种角色的心理要仔细揣摩,继而运用生活的真实进行模拟,才能读出形象感。

"猫的鱼,猫的糕",老鼠瞪大眼珠,左顾右盼,贪婪至极,口水都快流出来了!这里要配合节奏的缓慢,再辅之以惊喜贪婪的表情。"老鼠吃完伸伸腰",为了表现惬意感,可以用呼气的方式读出。"咔登咔,咔登咔",可用手势语体现老鼠情绪高涨地拿着剪刀麻利地剪着,拟声词要读得短促、有力。"哎呀呀,真可笑,小猫一点不知道。"叙述人忍俊不禁,可配合摇头,节奏变慢,气息呈现漂浮感,从生活的真实到语言的表现,很能引发幼儿的想象力。

三、教育娱乐

适于朗诵的作品往往具有较强的艺术性和思想性,或感情丰富,或文学性强,或寓教于乐。这些文学作品本身对增长知识大有益处,再加上朗诵这种艺术形式能把枯燥的文字转化为生动可感的语言,使其具有可听性、可看性和欣赏性,从而大大增强了作品的表现力和感染力。例如——

十二月花名歌

薛　玲

正月梅花香又香,二月兰花盆里装,三月桃花红遍地,四月蔷薇靠墙爬,五月石榴红似火,六月荷花满池塘,七月栀子头上戴,八月桂花满地香,九月菊花初开放,十月芙蓉正上妆,十一月水仙供上案,十二月腊梅雪里香。

学习了多种花和所开的时令,编成儿歌,琅琅上口,配上多种动作词的态势语言:装、爬、戴、开、供等,生动有趣,使人们在欣赏儿歌时极大地增加了审美愉悦。

有些儿歌虽然韵尾也押韵,但创作目的是让儿童了解、辨别或认识生活中的事物、行为,重音的选择放在其他需要引导幼儿发现的词语上。例如——

错　了　歌

刚过十二点,太阳就落坡。鸭子逃上树,猫儿进了窝。
蝙蝠天上飞,正把蜜蜂捉。狗儿不怕热,舌头嘴外拖。
飞来萤火虫,把我手烫破。蚊子吱吱叫,直往灯上落。
月圆星星多,怎能不唱歌。请你想一想,唱错没唱错。

这首儿歌运用"故错"手法,偏把事物的现象说错,类似于颠倒歌。为了体现趣味性,朗诵者要用夸张的表情、夸张的重音把儿歌的趣味性凸显出来。重音的选择放在关键的错误点上,如:"十二"、"太阳"、"树"、"蜜蜂"、"不"、"萤火虫"、"烫"、"吱吱"、"灯"、"多"。重音使幼儿能听得更清楚,引起思考,也起到引导、提示的作用,启发儿童进行纠错学习。

四、净化心灵

妈妈或长辈们在幼儿临睡前哼唱的儿歌,除了具有催眠作用,还给予幼儿最初的美的熏陶。如摇篮曲,是母亲吟唱给幼儿听的文学,母爱是它永恒的主题。对将要入睡的孩子,摇篮歌的内容远远没有声音重要,摇篮歌对婴幼儿的作用不在"语"而在"声",温柔悠扬的声调和有节奏的摇晃能给孩子满足感。黄庆云的《摇篮》格调优美,富有韵味,在恬静中含着甜蜜,意境优美、深远。作者运用比喻、拟人的手法,从天上到地上,展示了温馨的画面。

其实,朗诵创作及欣赏的过程也是自我感化、升华人格的过程。朗诵有助于帮助人们赶走私心杂念,进入纯净的艺术世界。作品中所蕴含的高尚情操、高雅格调能对朗诵者和欣赏者产生思想的启迪和艺术的感染,进而帮助其树立正确的人生观、世界观、价值观。

第二章
作品语境与内在语的把握

理解作品是朗诵的先决条件和基础。要理解作品,首先要抓住文章的灵魂——主旨、立意,整体感知,然后"抱团"归纳语义,划分层次,理解文意,了解作者的写作意图,而后把作者的思想感情和那欣然命笔、奋笔疾书的创作冲动化作朗诵者自己热切倾诉的愿望。这样朗诵才能表达得深刻传神,否则就难以准确确立文章的基调,甚至会"南辕北辙"。

基调,指作品的基本情调,即作品的总的态度感情、总的色彩和分量。基调定得准确与否直接影响作品艺术水准的优劣。

作者的经历、思想、人格、气质、语言习惯和艺术素养等会在作品中反映。朱自清的作品语言清新隽永,冰心的作品语言委婉明丽,徐志摩的作品语言铺张华丽,孙犁的作品语言质朴无华。因此,朗诵不同作者的作品时,也要采用各有区别的节奏、语气等,以体现其各自不同的朗诵基调。

用朗诵张万舒的《黄山松》的基调来应付席慕容的《一棵开花的树》,用朗诵裴多菲的《我愿意是激流》的基调来处理《大堰河,我的保姆》,用朗诵《我为少男少女们歌唱》的激情奔放的基调,来对待余光中的《乡愁》,无论你有多么好的表达技巧,终归是失败的。

因此,分析语境与把握内在语,对准确确立朗诵风格与基调、准确表达情感尤为重要。

第一节　分　析　语　境

语境是交际过程中参与者运用语言表达思想、交流情感或猜测推导、分析理解所听到的话语的含意时所依赖的各种因素。这些因素明白呈现为话语中语言的上下文,或潜藏于语言之外的非语言的主观情景中。简单地说,语境就是语言环境。

分析语境可从两方面入手。

一、梳理语言的上下文,提炼主题思想,确立朗诵风格

在儿童文学作品里,朗诵前应该通篇浏览,踏踏实实地分析作品的含义,提炼出主题思想。

在朗诵冰心的散文《只拣儿童多处行》之前,先整体感知:文章以欢快的笔调描写了生机勃勃的"赶春"的儿童和春天里充满着旺盛生命力的花儿。字里行间洋溢着一种生机,令人感到十分快乐,读后如沐和煦的春风。

然后揣摩和体味语句之间的逻辑关系,加深具体感受。抱团归纳语义。文章分为四个层次。第一层次:我们迎着儿童的涌流,挤进颐和园去赏春。第二层次:我们在知春亭畔和湖边看到许多儿童在热

热闹闹地赶春。第三层次:我们在玉澜堂的院子里,与孩子们共赏开得正旺的海棠花。第四层次:我的感想。

接下来,细细解读文章的语段内涵,理解文意。如:"游人不解春何在,只拣儿童多处行";"花也和儿童一样,在春天的感召下,欢畅活泼地,以旺盛的生命力,舒展出新鲜美丽的四肢,使出浑身解数,这时候,自己感到快乐,别人看着也快乐"。全文属于舒缓、畅快的朗诵风格。

童话故事《勇敢的小"怕怕"》,借小猴子怕怕的角色讲述如何变得勇敢的故事,文章分为妈妈摔跤、怕怕不得不去找松树爷爷、看见毛毛虫、找到松树爷爷、妈妈病好了几个情节,可以看出主题是让儿童学会在实践中锻炼,不断练习胆量。所以在朗诵中要抓住角色从害怕、犹豫到勇敢的心理变化,属于童真、童趣的风格特征。

在寓言《乌鸦和狐狸》中,乌鸦的愚笨和狐狸的狡猾极尽夸张之能事,在朗诵中主要部分是狐狸谄媚的说辞,因此属于夸张讽刺的风格特征。

在儿童故事《苹果里的五角星》中,邻居孩子自己拿起一把小刀,把苹果切成"五角星",引发了我的感叹。这是源于生活的故事,把邻居孩子和常人切苹果的方式进行对比,指出创造力的魅力。含义明了,主题思想明确,真实、自然的风格也就容易把握了。

二、了解语言的主客观情景,理解写作的意图,确定朗诵基调

对作品语境的研究,难点在于对作品中"潜在于语言之外非语言的主客观情景",也就是社会环境的研究。这个社会环境包括了作品的历史背景、写作背景,以及作品朗诵的背景。历史背景就是作品所反映的时代,它可以帮助我们理解作品内容;写作背景是作者写作的年代,它帮助朗诵者了解作者的创作意图,深入理解作品。一般来说,在朗诵前,要对作品含义进行一番剖析,可以从了解作者的经历和写作背景入手。作者的人生境况在一定程度上反映了它的世界观、性格,并折射在作品中。了解作者的经历对把握作品的内容、主题和风格都大有益处。

艾青的诗歌《给太阳的话》写于1942年1月14日,是艾青到延安以后创作的一首诗,富有浪漫主义色彩。诗人写的太阳是一种象征、一种代言,他代言的是民主政治,是能够给人类带来解放的民主政体。作者借太阳,象征光明、进步,表达了作者对进步的向往。太阳能给人类温暖、光明和力量,充满正义。因此把握住明朗、豪迈的风格,就能准确地定下朗诵的基调了。

王宜振写《斗笠》,是因为某年母亲节,作者站在母亲的遗像前,对母亲产生了深深的思念。母亲含辛茹苦拉扯大姊妹六个,她那普通而闪光的一生,常常感动着作者。作者怀着对故乡和母亲的深深思念,想创作一首反映故土情结和母爱的小诗。想来想去,觉得用故乡的斗笠来反映这一主题最具代表性,因此写了儿子在离开家乡的时刻,母亲吩咐儿子戴上一顶斗笠。然后,由斗笠生发开去,把故土情思和母爱融合在一起,作者一气呵成,写成诗歌。因此,朗诵基调应该是深情、内敛的。

风格和基调是对全篇而言,但在段落中,还有分量不同的色彩和情绪,要注意在大方向下捋清丝丝缕缕的不同的情绪,采用丰富的语言样式,精细化处理,避免面孔千篇一律。

第二节　把握内在语

人们在日常的交流中,有时候会出现"话里有话"的现象,也就是说,说话的人在发表自己意见的时候,由于种种原因(例如交谈对象的性别、年龄、地位,谈话环境、所涉及的内容等),使他不能把想表达的意思直截了当地表达出来,只能采取一种比较隐晦的表达方法。这种现象在一些作品中比较常见。由于这些内容往往是作者心血的结晶,在写作的过程中更加重视对文字的雕琢和锤炼,所以其运用的语言除了表面含义之外,往往蕴含着比较丰富的深层的内在含义,这种深层的内在含义,也被称之为"内在

语"。

在朗诵创作当中,理解作品的深层内在含义是非常重要的一件事。在大多数情况下,这种隐藏在文字之中的深层含义才是作者真正想要表达的意思。我们在理解一篇作品的时候,总是要全力去把握作者的思想,让自己的思想感情尽量地和作者接近,才有可能真正地把握住作品的灵魂,把作品朗诵好。

内在语的把握上有以下几种类型。

一、寓意型

这一类型往往是指文字的"弦外之音",它们的内在含义往往和文字的表层含义截然相反或者是对立的,需要我们借助语言环境和上下文来对其进行考证才能得出来。

在寓言故事中,很多属于这类作品。例如《猪们的评议》——

一年有春夏秋冬之分,四季有阴晴雨雪之别,但是,猪们打发日子的方法却永恒不变:吃了睡,睡了吃,吃饱喝足,便在院子里溜达溜达。一日如此,天天如此。

这样的生活太没意思了。一头不愿这样混过一生的白猪独自跑到田里,用嘴帮助水牛耕地。它辛辛苦苦地拱呀,拱呀,直累得大汗淋漓。

傍晚,猪们倾巢出动,开始对白猪的劳动进行评议:

"嘿！这里还有一根草没拱掉呢!"

"看啦,田里的水都叫它搞浑了。浑水里怎么能长庄稼呢!"

"你们闻闻,它把汗水都流到田里了。那汗水里是有盐的,田里掺进盐肯定会变成盐碱地!"……

猪们七嘴八舌地议论白猪,意思只有一个:白猪帮助水牛耕地,没有一点功劳,纯粹是帮倒忙。根本不如睡觉,睡觉有益无害。

白猪被说得灰心丧气,从此随大流,吃了睡,睡了吃,猪们也就再没有对它说"不"字的了。

水牛叹息道:"干事的,总可以挑出毛病;不干事的,则保留充分的批评权。一个集体若形成这样的风气,这个集体也就完了。"

白猪不愿意混日子,辛苦做事反而被猪们的冷嘲热讽浇灭了热情。这个故事讽刺不干事光评论别人的闲人。寓意型的文章常属于冷幽默,多用讽刺的基调朗诵。

二、回味型

一些作品,在上下文结束时,往往会留给我们一种言已尽、意犹存的感觉,这残存下来的"意",往往是文章魅力的一种体现,让我们忍不住去反复回味。这种回味要体现在朗诵者的创作上,就需要我们找出这种回味型语句的含义。

在《丑小鸭》中,末尾这段便属于回味型。"这时,鸭子、猫、公鸡,仰望着天空,发出一声声赞叹:'啊,多美的天鹅!''瞧,他们飞得多高!'大家不知道,在这群天鹅中,有一只就是那曾被大家百般嘲笑过的丑小鸭。"

丑小鸭的痛苦,不仅来自暴力和冻饿,还来自精神上的歧视和隔膜,后者的伤害远远超过前者而成为永恒的痛。但是,"一切都是瞬息、一切都将过去"。有努力就有回报,故事的美好结尾让人看到希望,憧憬光明的未来。

三、反语型

反语型语句的内在含义,往往体现出与文字的表层含义对立的倾向,因此比较容易被我们误解。反语、双关和隐喻都是这种类型的语句含义的表现方式。

安徒生在经典童话《卖火柴的小女孩》中写道:"奶奶把小女孩抱起来,搂在怀里。她们两人在光明和快乐中飞起来了。她们越飞越高,飞到没有寒冷,没有饥饿的天堂里去……"文中表面用欢快的文字,其实背后滚动着极其痛苦与无奈的内在语,小女孩在寒冷中死去,痛斥了社会的冷酷,若用憧憬赞美的语调来朗诵显然是错误的。

四、提示型

这种类型语句的含义,往往是用来表现上下文间语气情感或者内容转换的关系,尤其是在一些文章中,有的地方语气、情感的转换差距不是很大,如果不认真分析、揣摩和体味语句之间的逻辑关系,有可能会被忽略,造成表达意思的偏差。

高洪波的儿童诗歌《我想》写了一个孩子一连串美妙的幻想——想把小手安在桃树枝上,想把脚丫接在柳树根上,想把眼睛装在风筝上,想把自己种在土地上,表达了儿童丰富的想象力以及对美的追求和向往。

我想把眼睛　装在风筝上。
看白云多柔软,瞧太阳多明亮,望啊,望——
蓝天是我的课堂。

如果把音节划分在"看白云/多柔软,瞧太阳/多明亮"和"看/白云多柔软,瞧/太阳多明亮"表达的意思是不一样的。前者体现看得更高、看得更远,更有真切感受的意思,后者表现出看到了两种物体:柔软的白云和明亮的太阳。根据提示语"把眼睛装在风筝上",可推断出前者的音节划分才是准确的。可见,应注意提示语的衔接,"抱团"归纳语义,这样,作品的脉络会更加清晰,人物、事件的来龙去脉,就会在朗诵者头脑中活动起来,有利于声音的表达,使朗诵有条理、有层次。

作品语境与内在语的把握是我们在朗诵一篇作品之前必须要准备的,朗诵前的分析越细致,我们对作品的感受才能相应地更深入、更细致,而在朗诵时对作品的把握同样就会更好,处理作品时回旋的余地也就更大,这是朗诵成功的基础。分析作品的快速与精细是辩证的统一,是朗诵者理解能力、感受能力、想象能力、创造能力的集中体现。

第三章
作 品 的 感 受

感受,是朗诵者因语言(文字的、声音的)达于客观事物,从而接受其刺激,并主动体验产生内心反应的过程。可以说,创作主体的感受是否到位,对创作的成败具有关键性的作用。朗诵者对作品要"感之于外,受之于心"。要唤起听众的情感,就必须设身处地感受、体验,自己先受到感染,再传递给听众。情感来源于自身的生活积淀、生活感悟,来源于对文本的细读与研究。

第一节　感受的关键作用

一、将抽象的文字转变为活动的形象

作品中的文字,不经过具体的感受,只是抽象的符号。对于普通的读者来说,只要了解符号所代表的含义就可以了,但是朗诵者却要在这个基础上,再把文字变成一幅幅生动的画面,让这些画面在自己的脑海里活动起来,这样才能把作品所蕴含的思想感情化为自己的感情,进而表达给听众或观众。朗诵者要张开想象的翅膀,在语言文字的意象中徜徉,这可以极大地锻炼朗诵者的思维想象力。

二、将作品的感情转变为自己的感情

任何作品都是有一定的感情蕴含在其中的,有的表现得强烈、外在一些,有的则表现得含蓄、内敛一些,我们朗诵的时候所表现出来的感情一定要和作品的感情脉络相一致。感受的过程就要求朗诵者把作品所表达的思想感情转变为"感同身受",然后再去朗诵。"天冷了,下着雪","春天来了,万紫千红"……朗诵者要对这些词产生视觉、听觉、嗅觉等各类丰富的感觉,再去运用技巧表达,把对文本的体验丰富而细腻地表现出来。

著名诗人李瑛的诗歌《我骄傲,我是一棵树》高度地赞美了树因乐于奉献而颇具"骄傲"之精神。诗人通过"一棵树"充满激情的自白,使读者看到了这棵长在黄河岸边、长城脚下的树,有着英雄般的气概。它身上流动着中华民族的血液,有着为人民服务的强烈愿望和坚定的斗争精神。它不仅抵挡自然界的雨雪风沙和雷火,而且把自己坚韧而又慈爱的枝条伸向社会,给弱者送去幸福和欢乐,为生活增添绚丽的色彩。即使它死了,也要变成煤炭,为人间奉献光和热。这首诗用树的形象,象征性地为我们塑造了一位具有高度献身精神的战士的英雄形象,谱写了一曲为人类无私奉献的美的心灵的赞歌。朗诵者要感受到作品洋溢着慷慨、热情、舒展的情绪,并把它传达给听众。

三、表达的愿望和激情是积极感受的源泉

朗诵者的愿望具体形成于对内容的理解、分析和感受上，集中体现在对朗诵目的的正确认识和深刻理解。只有目的明确，朗诵者思想感情的运用、语气语调的使用、重音停连的确定、内在语的滚动才有依据，才能声、情、意统一。在朗诵实践中，表达的激情和愿望很重要。没有表达的激情，往往使朗诵状态错误：或者是冷漠敷衍，对作品中的文字、情感漠不关心；或者是朗诵中表现出来的感情状态与作品本身的情感不一致，甚至是截然相反。

在唐碧欣的散文《春姑娘》中，春是个生机勃发的季节，一切生物开始了新的生长。诗中描绘了小草从泥土里钻了出来，身上换上了绿油油的新衣裳；柳树发芽了，它那柔软的柳枝在半空中随风飘荡；野花五颜六色，有黄的，有红的，有紫的，还有蓝的；青蛙呱呱地从梦中醒来了，忙着找虫子吃；布谷鸟站在大树上"布谷"、"布谷"地叫，像是在为人们报春；小蜜蜂忙着在花丛中采蜜；农民伯伯都聚在一起，讨论今年怎样春耕；小朋友们都跑到碧绿的草地上追逐，捉蚂蚱和玩游戏。文中所描绘的一切多么温馨、和谐！如果朗诵者带着歌颂春天、歌颂生命力的愿望，带着欢乐的情绪积极地表达，将呈现出一幅轻松、明亮、舒缓的春之图。

感恩是天下子女对父母行孝的永恒主题。《感恩的心》讲述了一个感人的故事——妈妈为女儿付出了一切，临死前还放心不下。女儿为妈妈走得安心，天生失语的她充满感情地唱歌送行。环境的恶劣、事件的凄惨像愁云笼罩着全文的情绪。若朗诵者能充满表达的激情，随着作品主人公的情绪起起落落、悲愁、沉重，语言的表达就会非常富有感染力。

第二节　朗诵创作感受的特点

朗诵创作的感受，既要从作品中来，又要融化到有声语言中去。感受本身也是随着理解的深化和感情的集聚由浅到深、反复推进的。这种感受具有如下几个特点。

一、朗诵感受的基础是联想和想象

联想是指由于某人或某事物而想起其他相关的人或事物，想象是指想出不在眼前的具体形象或情景。作品中的联想和想象都是由事物引发的，都是作者思考活动的结果。任何人在读文章或者听别人讲故事的时候，都会在脑海中随着文字描述或别人对故事的讲述而想象故事中的情景，或者联想到自己身边的人或者事情。而朗诵者的联想和想象都是主动进行的，是为了能够得到细致的感受，激发创作欲望。这就是"情景再现"。

对朗诵者而言，任何词语都能刺激感受，引发想象。读高山，要想象高山的巍峨；读大地，要感觉脚下的稳健与踏实；读春天，要感受到春天姹紫嫣红、花红柳绿、自在娇莺恰恰啼的美好；读冬天，要感受到刺骨的寒风、飘飞的雪花、灰茫茫一片引发的萧瑟感。

二、朗诵感受的途径单一而要感受的内容极其丰富

朗诵感受的直接目的是要把感受应用于表达。这种感受，既要从文字中来，又要融化到有声语言中去。对画面的感受是为了使表达生动具体，对情感的感受是为了使表达富有感情。因此，朗诵者在感受的同时，还要考虑该如何运用表达技巧进行表达。

朗诵者对朗诵作品的感受与想象通过声音表现出来，直接影响欣赏者的感受和想象。与其他表演艺术相比，舞台表演者除了台词之外还可以通过场景、道具、规定的情境、导演的提示、角色之间的互动来进行感受，而朗诵的感受却只有一个途径，只能透过文字去感知抽象的文字，把文字具体化为当时的

情景,把抽象的作品变成有血有肉的事件诵给大家听。

　　在故事性作品中,朗诵者通过联想和想象展现形象的画面,根据情节的变化对语气语调的明暗和节奏的快慢进行调节。例如——

小　老　鼠

　　　　小老鼠,真逗哏儿,吃饱没事爱串门儿。
　　　　串东家,串西家,一串串到小猫家。
　　　　小老鼠,慌了神儿,我没注意走错门儿,
　　　　小花猫,咧嘴笑,我真欢迎您来到。
　　　　小老鼠,傻了眼,不敢逃来不敢喊……

　　透过文字,朗诵者看到、听到、感受到了立体的情景,角色有两层情绪的对比:(1)小老鼠情绪前后的对比:悠闲串门儿——傻了眼,害怕;(2)小花猫与小老鼠情绪的对比:咧嘴笑——不敢动,从而引发了朗诵时语气语调的变化:声音绵长体现悠闲,气息急促体现慌张,气满声高体现喜悦,气沉声降体现沮丧。节奏也由不紧不慢的闲适到短促的慌张再到欢快的喜悦,最终转到缓慢的丧气,层次脉络在朗诵中清晰体现。

　　朗诵的语言像一支彩笔描摹化形、把生活的轮廓一一勾勒,同时运用语言的停连、重音、语势等拿捏感情色彩的浓淡深浅,再画龙点睛地层层渲染。这就要求朗诵者不仅要有"我就在"的创作心理,还要有积极的表达欲望。

第四章
语气的活用

语言只是一种工具,通过它我们的意愿和思想就得到交流,它是我们灵魂的解释者。

——[法]蒙田《随笔集》

有声语言与白纸黑字的书面语言相比,表达的思想更真切,更直接可感。多姿多彩的声音造型使文字语言浮现出更多、更丰富的信息,通过大脑皮层听觉中枢直接作用于人的思维与情感,生动细腻地描摹出人的思想和感情。

作为人的思想和感情的物质载体,有声语言有着无穷的表现力。它为平板的语句涂抹上了绚丽的色彩。如"海"这个字,可以平淡直白地道出,也可以充满感情地诵出。可以是波涛汹涌、气势磅礴的海;可以是水平如镜、风景如画的海;可以是翻滚无穷雪浪花、引来阵阵笑声的海;可以是狂风乌云中凄厉咆哮的令人畏惧的海……"海"字会被赋予不同的色彩。那么如何用有声语言显露各不相同的语句的情意呢?那就要依靠丰富的语气!语气表达的多样、语气词意义的空灵,使得语气对作品思想感情表现的贴切与深刻、丰富与多样起着不可或缺的作用,这是儿童文学作品朗诵中重要的表达技巧。

第一节　语气与句型

现代汉语句型分为陈述句、疑问句、感叹句、祈使句四大类,因而在朗诵时,相应有了陈述语气、疑问语气、感叹语气、祈使语气的区分。

一、陈述句中感情色彩和分量不同造成不同的语气

以《小木偶的故事》为例——

①老木匠做了个小木偶。小木偶有鼻子有眼,能走路,会说话。②老木匠左瞧右瞧,总觉得小木偶脸上还少点什么。少了点什么呢? ③老木匠怎么也想不起来。"你知道吗?"老木匠问小木偶。④"不知道。"小木偶板着脸回答。老木匠一下子想起来了,⑤小木偶脸上少的东西是笑!

"笑是很重要的。"老木匠对自己说,"谁要是不会笑,⑥谁就不会过快乐的日子!"老木匠拿起他的雕刻刀,在小木偶的脸上添了一个笑嘻嘻的表情。"现在好了。"老木匠为小木偶收拾了一个红背包,把他送出了家门。

同样是陈述句,①②③④的陈述语气中蕴含的感情色彩和分量是不同的。

①是一般平直叙述,语音的落脚点应平稳着陆。

②陈述中带疑惑,"还少点什么",口腔度压紧。

③陈述中带遗憾,重音在"怎么",语调下滑。

④陈述中带机械性,一字一顿,面无表情、无动于衷。

同样是感叹句,⑤和⑥的语气在感叹语气中的感情色彩完全不同。

⑤感叹中带惊喜,在"东西"前略作停顿,显示找到答案后的喜悦。

⑥感叹中带感慨,老木匠有着丰富的人生历练,说出此话是其生活经验的由衷而发。

二、疑问句中感情色彩和分量不同造成不同的语气

在叶永烈的《一根老虎毛》中,有如下描写——

森林里突然一下子静了下来。小蚂蚁的朋友们都惊讶极了,它们低声地互相探询着:①"什么!小蚂蚁打死了一只老虎?"

"谁知道! 像它那么个小个子,能打死一只老虎!"

小蚂蚁看见大家都不相信它的话,就把老虎毛举得高高的,大声说:"朋友们,你们看,这就是我从老虎身上拔下来的老虎毛呀!""嘻嘻!"小松鼠忍不住笑了出来,"这是我的毛,是我刚刚脱下来的。"

小蚂蚁不服气,说:②"怎么见得是你的毛呢?"

小松鼠说:"春天来了,我要脱去身上的黄毛,长出一身青灰色的毛来,好迎接碧绿的夏天呀!小蚂蚁,你看看我怎样脱毛!"说着,小松鼠跷起后脚,用脚爪轻轻地在身上搔了几下,哟,地上真的落下了一堆黄毛。

小蚂蚁说:③"我真不明白,一会儿黄毛,一会儿青毛,这是干什么呀? 我们蚂蚁,从来就是穿着一身棕色的衣服!"

同样是疑问句,语调上扬。但①②③语气仍不完全相同。

①疑问中带惊疑,不相信这一切是真的。

②疑问中带有不服气,撇嘴轻蔑。

③疑问中带气急败坏,显示被戳穿谎言后的尴尬。

三、祈使句中感情色彩和分量不同造成不同的语气

在经典故事《猪八戒吃西瓜》中,有如下描写——

再说猪八戒,找个树荫,正想睡一觉,忽然看见山脚下有一个绿油油的东西,走过去一看,哈哈,原来是个大西瓜!

他高兴极了,把西瓜一切四块,自言自语地说:"第一块,请师父吃;第二块请孙悟空吃;第三块请沙和尚吃;第四块,嗯,这是我的。"他张开大嘴巴,几口就把这块西瓜吃了。

①"西瓜一块不够吃,我把孙悟空的一块吃了吧。"他又吃了一块。

接下去,他又吃了沙和尚的一块,这下只留下唐僧的一块了。②"西瓜真解渴,再吃一块不算多,我把师傅的一块也吃了吧。"他捧起来,又放下去,放下去,又捧起来,最后还是憋不住,把这块西瓜也吃了。

"八戒,八戒!"

猪八戒一听,是孙悟空在叫他呢,原来孙悟空在南海摘了蜜桃、甜枣、玉梨回来,正好看见猪八

戒在切西瓜,就在云头上偷偷地瞧着呢。

"八戒,八戒,你在哪里?"

猪八戒慌了,心想,我找到大西瓜自己吃了,要是让孙悟空知道,告诉了师父,这就糟了。他连忙拾起四块西瓜皮,把它们扔得远远的,这才回答说:"我,我在儿呢!"孙悟空说:③"我摘了些果子,咱们回去一起吃吧。"

同样是祈使句,带有强烈的主观愿望,但①②③的情感色彩的分量仍不相同。

①祈使句中带有心安理得,因为刚吃上瘾,一块西瓜还不够塞牙缝儿呢,抱着多吃一块别人也不会怪罪的思想。

②祈使句中略带迟疑,在"我把师傅的一块"后略作停顿,但馋嘴战胜理智,连师父的那块也吃了,符合猪八戒贪吃的心理。

③祈使句中带轻松。悟空在空中见到猪八戒的馋样,想捉弄八戒。假装什么也没看见,用"没事人"的口气对猪八戒说话,轻松自如、干净利落,和猪八戒掖掖藏藏的角色心理形成对照。

因此,按句型的类分来框定语气,会僵化语言的表现力。

第二节　语气与语气词

从语句表情达意的内容来看,有表情语气、表意语气、表态语气的区分。表意是语气表达的基础,表情和表态往往是单独或者同时建立在表意的基础上。句中常有相应的语气词,或独立成句,或用于小句以及整个句子的末尾,有很强的附着性,增强语言的色彩。

表示陈述的语气词:了、吧、呢、啊、着、也好、啦、呗、喽。例如:"你就这样也好。"

表示疑问语气的语气词:吗、呢、吧、啊。例如:"你好吗?"

表示祈使语气的语气词:吧、了、啊。例如:"来吧!"

表示感叹语气的语气词:啊。例如:"祖国啊!"

在朗诵中,每个语气词都不是按照类型固定的语气来体现,都可能有千回百转的机会表达多层次、细腻、缤纷的感情色彩。"啊"最为典型,下面以"啊"为例。

一、"啊"的语用功能

(一) 具有凸显表情的功能

以儿歌《小猪还在睡懒觉》为例——

公鸡打鸣喔喔叫,太阳出来眯眯笑,啊呀呀,啊呀呀,小猪还在睡懒觉。

"啊"和语气词"呀呀"的反复,表现对小猪懒惰的无可奈何,略带轻松揶揄,甚至可以想象出说话人摇头、点着手指,但脸上还带着笑。

(二) 具有模拟形态的功能

以儿歌《大河马》为例——

大河马,打喷嚏,鼻子痒,张大嘴巴,啊啊啊……啊嚏!

吹得猴子翻跟头。

这四个"啊"作为拟声词,模拟打喷嚏的动态过程,前三者程度不同,开口度渐大、气流渐强,语势形成波峰,后一个"啊"喷口,语势下山,气流自然涌出。

(三)具有表现角色语气、情绪的功能

以《一粒种子》为例——

> 春风在唱歌,泉水在唱歌,小鸟在唱歌,小孩子也在唱歌。种子听见外边很热闹,连忙说:"啊,我要赶快出去!"
>
> 种子又把身子挺一挺,眼前忽然一亮,啊,好一个光明的世界!

第一个"啊",由于是"连忙"说的,所以配合人物语气,要显得急促。而第二个"啊",种子看到光明的世界,心中充满了惊喜,语气舒展,气满绵长。

(四)具有凸显角色性格的功能

以《乌鸦与狐狸》为例——

> 不幸这时候跑来一只狐狸,一阵香味立刻使它停住了。它瞧瞧乳酪,舔舔嘴。这坏东西踮起脚偷偷走近枞树。它卷起尾巴,目不转睛地瞅着。它柔和地说话,一个字一个字都是细声细语的:"你是多么美丽呀;甜蜜的鸟!那脖子,唷,那眼睛,美丽得像个天堂的梦!而且,怎样的羽毛!怎样的嘴呀!只要你开口,一定是天使的声音。唱吧,亲爱的,别害臊!啊,小妹妹,说实话,你出落得这样美丽动人,要是唱得同样地美丽动人,在鸟类之中,你就是令人拜倒的皇后了!"
>
> 那傻东西被狐狸的赞美搞得昏头昏脑,高兴得连气也透不过来了。它听从狐狸的柔声劝诱,提高嗓门儿,尽乌鸦之所能,叫出刺耳的声调:"啊——"
>
> 乳酪掉下去了!——乳酪和狐狸都没影了。

在"啊,小妹妹,说实话"中,为了体现狐狸的狡猾,尽百般诱惑乌鸦之能事,可略带鼻音共鸣,用曲折调,一波三折,显示狐狸谄媚之至,在发声时,保不准还向乌鸦抛媚眼呢。

而乌鸦的"啊",口型扁、实声、刺耳、短促、平直,丑陋的声音把乌鸦的愚蠢与虚荣体现得一览无遗。

(五)具有凸显角色体型形象的功能

以故事《大老虎找吃的》为例——

> 夜,静悄悄。一只大老虎从洞里跑出来找吃的。窸窸窣窣,窸窸窣窣,树丛里有声音。咦,有团黑影。大老虎很高兴,哈,这下我有吃的啦!它悄悄跑过去,大吼一声:①"啊——呜,我要吃了你!"
>
> "你吃吧,大老虎!"那黑影发出声音。
>
> 嘿,碰到一个傻瓜!大老虎扑过去,②"啊呜"一大口。
>
> ……
>
> ③"啊——呜,我要吃了你!"
>
> "你吃吧,大老虎!"那黑影发出声音。
>
> 嘿,又碰到一个傻瓜!④大老虎扑过去,"啊呜"一大口。

这个"啊呜"是模拟老虎的神态,体现威猛十足,发声饱满、有力、粗重。

以《一只想飞的猫》为例——

在老柳树斜对面的槐树荫下,猫睡着了。

他做着梦。

在一片碧绿的草地上,他追赶一只漂亮的红蝴蝶,一直追到了紫藤架下,他就飞起来捉住了她。"啊呜!"一口,干脆把她吃掉了。"哼!谁叫你的两个姊妹戏弄我?——我是猫!我一伸爪子就逮住了十三个耗子!"在睡梦中,猫舔嘴咂舌,仿佛真的吃到了一只蝴蝶。秋风带着一点儿凉意,吹过来。怕冷的芦苇直哆嗦,瑟瑟地发响。

猫发出的"啊呜"就显得灵巧、敏捷了。字头发音快速、收尾慢,有余音。

二、语气词的感情色彩和分量成为情绪推进的脉络标志

最常见的是用"啊"抒怀。即使在同一个作品中,感情色彩和分量也有强弱的区分。以《我和祖国一起飞》为例——

甲:我有一个快乐的梦,是飞翔的梦,

乙:我的梦五光十色,很美很美!

甲:我梦见我变成美丽的白鸽子,

乙:在蔚蓝的天空中飞呀飞!

甲:啊,天空多么蓝呀,彩云多么美,

乙:再看不见,爷爷说的硝烟,奶奶流的泪;

甲:只看见,爸爸在种花,妈妈在浇水……

乙:啊,大地多翠绿呀,阳光多明媚,

甲:所有的小花都在盛开,花朵笑微微;

乙:所有的小鸟都在歌唱,歌声满天飞!

甲:绿叶在起飞,花瓣也在飞,

乙:城市在起飞,农村也在飞,

甲:祖国的山山水水都在飞……

乙:啊,飞呀飞,我的笑声在起飞,

甲:啊,飞呀飞,我的欢乐在起飞,

乙:这不是梦,这是我小小的,童心在起飞!

甲:记得吗?我们少先队的红领巾,搭乘过神舟号飞船,

乙:遨游太空又飞回;

甲:记得吗?航天英雄杨利伟叔叔,告诉我们:

乙:中国航天员,有了第一位,

甲:就会有第二、第三位……

乙:我们的神舟飞船啊,

甲:五号、六号……一次比一次,高飞再高飞!

"啊,天空多么蓝呀,彩云多么美"属于段落语意承上启下的小抒怀,音长约两个音节的长度。在"啊,大地多翠绿呀,阳光多明媚"中,要在抒怀中体现对上段文字的理解、总结,语流的起伏要比第一个

大,音长更长。在"啊,飞呀飞,我的笑声在起飞。啊,飞呀飞,我的欢乐在起飞"中,"啊"体现为大抒怀,用情景再现从内心深处由衷地表达情感,视角更广,意更浓,音更长。而"我们的神舟飞船啊",只是表示音韵节律的调整,读"哪",音短促。

在郭风的散文《我听见小提琴的声音》中,"啊"成为文章情绪推进的脉络标志,感情色彩、分量的不同,使得作者情绪层次清晰。

夜间,月亮已经升得很高很高了。我看见这个月亮从溪边乌树的枝丫间,把一大片清光洒到溪边哪个草丛的村庄里了。

这时我静静地听着:①啊,可是真的,慢慢地,我听那个草丛的村庄里,传来一阵又一阵小提琴的演奏声。

②——啊,我听人家说过,那草丛的村庄里,住着一位少年音乐家名叫蟋蟀,他是一位很好的、勤奋的少年,天天晚上演奏小提琴。因此,后来他成为童话世界里一位少年提琴家。这优美的小提琴声,是他演奏的吗?

③啊,真的,真的,一阵又一阵小提琴演奏声,从那草丛的村庄里传来了。

④那小提琴拉得多好啊,我静静地听着,听着。

一会儿听来,感到那琴声,好像是泉水从山谷里流到溪中来了。

有时听来,好像是给一位小姑娘唱的一首儿歌,拉着一支伴奏曲。

一会儿听来,感到那琴声,好像是一阵细雨打在竹林里的声音传来了。

我静静地听着,听着。

感到这提琴的演奏声,⑤可真是多么好听啊;我一边听着一边想,这小提琴的演奏声,是从那草丛的村庄里,一座露天的音乐厅里传来的吧?那村庄里,今晚真的在那音乐厅里开一个月光音乐会么?这小提琴真的是那位少年音乐家蟋蟀演奏的么?一定有好多好多的孩子来听演奏吧?

⑥听啊,那草丛的村庄里传来一阵又一阵小提琴的演奏声;⑦看啊,天上一个扁圆的、黄色的月亮,也在悄声地听着,把一大片清光洒到那个草丛的村庄里了。

第一个"啊"——"在这时我静静地听着:啊,可是真的,慢慢地,我听那个草丛的村庄里,传来一阵又一阵小提琴的演奏声。"作者屏气倾听,这个"啊"声淡气少。第二个"啊"——"啊,我听人家说过,那草丛的村庄里,住着一位少年音乐家名叫蟋蟀,他是一位很好的、勤奋的少年,天天晚上演奏小提琴。"作者在回忆中寻求佐证,这个"啊"有回想的意味。第三个"啊"——"啊,真的,真的,一阵又一阵小提琴演奏声,从那草丛的村庄里传来了。"作者略带惊喜找到了答案。这个"啊"短促、语调略往上提。第四个"啊"——"那小提琴拉得多好啊。"作者开始了细细品味,不由地赞赏起来。第五个"啊"——"可真是多么好听啊。""可"字加重了感情的色彩,从心里赞赏,语势下山,气息舒展。第六个、第七个"啊",附着在"看"、"听"的后面,达到调节韵律、使节奏舒缓的目的。

小小的"啊"并不简单啊。

三、语气词是朗诵者情绪的载体

下面以《啊呜啊呜》这首幼儿诗歌中常用的拟声词为例。

在《指甲钳》中——

指甲钳,像小狗,喜欢亲亲你的手。

哎呀!指甲太长了,啊呜啊呜咬几口!

"啊呜啊呜"要假装咬下去,却蕴含着游戏般调皮的喜悦。

在《吃饭》中——

> 花碗圆圆像小船,饭菜香香盛里面。
> 小勺弯弯像小桨,一划划进嘴里边。
> 白白牙齿嚼一嚼,啊呜啊呜全吃完。

"啊呜啊呜"是模拟吃饼干嘎嘣脆的声音,快速、急促,使童真童趣体现得一览无遗。

在《饼干圆圆》中——

> 饼干圆圆,圆圆饼干,用手掰开,变成小船。
> 你吃一半,我吃一半,啊呜一口,小船真甜来分享。

啊呜是重在对吃饼干动作的模拟,体现朋友分享的喜悦,气息更柔和、舒展。

第三节 语气与声音效果

在口头语言里,朗诵者将句式、语调、理性、词彩、音色、立场、态度、个性、情感等融于语气中,直接诉诸听众的听觉,而后又通过听者的想象触动思维引发画面感,因而,它对口语表达的效果能产生立竿见影的影响。语气强弱、长短、清浊、粗细、宽窄、卑亢等变化,均能产生不同的声音效果。

语气是朗诵时所包含的思想感情和具体的声音形式。语气学在儿童文学作品朗诵中占有极重要的位置。

语气有具体感情色彩,如喜、怒、哀、乐、爱、恶、惧等。

一、语气的色彩类型

1. "爱"——"气徐声柔",给人以温和感。发音器官宽松,用声自如,气息深长,出语轻软。
2. "疑"——"气细声黏"。发音器官欲松还紧,气息欲连还断,吐字夸张韵腹,给人踌躇感。

例如——

> 奥洛佳的奶奶走过来,疼爱地抚摸着玛沙红红的小脸蛋:玛沙,你真是个好孩子,你们看,玛莎的眼睛长得多好看,蓝蓝的……(内心充满爱,微笑,"真"、"多"气息绵长)
>
> 我长得也很美丽啊,我的眼睛也是蓝蓝的……丽莎说着,看了老奶奶一眼。(可以加语气词"嗯——"嘴角一撇,表示不服气,"也"延长,声欲断还连,"美丽啊"、"蓝蓝的"开口度加大,夸张韵腹)
>
> 可是老奶奶什么也没有回答她。

3. "喜"——"气满声高"。发音器官松弛,似千里轻舟,气息顺畅,激情洋溢,给人以兴奋感。
4. "惧"——"气提声凝"。发音器官迟钝,气息似积存于胸,出气强弱不匀。像冰封,出语不顺;像倒流,给人以"衰竭感"

例如——

　　练了几天,小牛有时也能把箭射到靶板上了。有一次,一箭射到圈上,小牛用手一量,离靶心只差一点。他高兴地对爷爷说:"你看,我学得差不多了。"(兴奋感,音量加大,音阶增高,"差不多"重音,夸张韵腹)爷爷望了箭靶,摇摇头说:"不,你还差得多,你还得好好练。"小牛却认为自己的本领和爷爷差不多,不想再学了。

　　······

　　小牛心发慌,手发抖,准备发第三支箭,一见大灰狼扑过来,吓得扔掉了弓,边跑边喊:"爷爷,狼来了! 爷爷,狼来了!"(倒吸一口冷气,出气强弱不匀导致颤音,歇斯底里状,"狼来了"夸张韵腹)

5. 冷"——"气少声单"。发音器官松,气息微弱,给人以冷寂感。
6. "急"——"气短声促"。吐字弹射有力,气息急迫如穿梭,出语间隙停顿短暂,给人催逼感。例如——

　　她看他穿一身簇新的军装,判定是个新战士,便不无嘲弄地说:"真新鲜,我在分区进进出出快一年了,第一次听说下车二字。"(嘲弄,气少,尾音短)"第一次听说就请第一次执行吧。""得了吧,一个小门岗,何必那么啰嗦,你看你的门,我走我的路,咱们两便。"(嘲弄,冷淡,尾音短)说着,脚一蹬,又要上车,不防哨兵抢前一步,迅速地将车锁住,拔出了钥匙。"你!"她着实没料到这一招,傲气的脸顿时沉了下来。"请你的父亲来拿吧,我想,他会回答你什么叫做军人的尊严。""好吧,你等着你。"她气冲冲地走进岗亭,拨了个电话号码,便拿起话筒:"喂,爸爸吗? 爸爸,我被门岗拦住了,他锁了我的车,说是要让你来领,大概还要你道歉一番哩。对了,他还要让我问你,什么叫军人的尊严,真可笑! 爸爸你快来,我等你!"(连珠放炮,出语间隙停顿短暂。夹杂着复杂的情绪:告状、不满、嘲弄、不耐烦)

7. "怒"——"气粗声重"。发音器官力度加大,气息纵放不收,语势迅猛不可遏制,给人以震动感。
8. "悲"——"气沉声缓"。发音器官欲紧又松,气息于先,出声于后。郁闷沉静,欲言又止,给人迟滞感。例如——

　　尽管如此,小女孩还是在第二天将这个礼盒拿给了父亲,"这是给您的,爸爸。"父亲为自己早先的行为感到惭愧,但当他发现盒子里什么也没有时,他的火气又上来了。他冲女儿吼道:"你难道不知道送礼物时盒子不能是空的吗?"(气息粗重,"不能是空的吗"加大力度)

　　小女孩眼里噙满泪水,抬头看看父亲说:"爸爸,这个盒子不是空的。我把我的吻放在里面了,都是给您的,爸爸。"(酝酿感情在先,"爸爸"声音悲而缓,"这个盒子"后稍做停顿,欲言又止,"不是空的"略带哭腔,"都是给您的,爸爸"语势略升,情绪蓄积到高处,爆发)

9. "恨"的语气一般是"气足声硬"的。发音器官紧,气猛而多阻塞,似忍无可忍,咬牙切齿,给人以挤压感。例如——

　　鼻子说:"你老横在我下面,真讨厌!"("真讨厌"声硬)
　　嘴又反抗道:"那又怎么样? 那你还整天竖在我上面,真烦人!"("真烦人"声硬,音量略升)
　　"哼! 好吃的东西都让你吃了,就数你霸道、贪吃!"("霸道、贪吃"气息多阻塞,一字一顿)
　　"哎呀呀,那好闻的香味不都让你闻了,就数你自私、没人性!"("自私、没人性"咬牙切齿)
　　"哼! 我不呼吸,憋死你!"("憋"咬牙切齿)
　　"那······那我不吃东西,不吸取营养,保准你憋也憋不住。"("你憋也憋不住"气急败坏,气息从

齿缝中挤压）

10."欲"——"气多声放"。发音器官积极敞开,气息力求顺达,似不竭之江流,给人以伸张感。
例如——

妈妈是棵大树,我是树上小鸟,每天,在妈妈身边,快活得又蹦又跳。
热了,妈妈给我绿荫,绿叶摇响催眠小调;冷了,妈妈把我搂紧,雪花谱出春的歌谣。
啊,妈妈,将来不论飞到哪里,(口腔积极敞开,韵腹拉长,气息徐徐吐出)
我都不会忘记,这翠绿的林梢。

各种色彩在实际运用中往往是互相交叉、重叠的,不可能是孤立、单一的,但在综合中又是有主次的。注意这种浓淡比例的调配,儿童文学作品朗诵语气色彩较浓,与受众有一定的关系。受众年龄越小,语气色彩越要浓。儿歌、儿童故事、儿童叙事诗、寓言故事的语气比儿童散文的语气色彩要浓。
例如——

小 猴 滚 楼 梯

薛卫民

猴,猴,上高楼,一落脚,踩着球,叽里咕噜滚下楼!
小猴爬起嘻嘻笑,它说练练翻跟头。

这是一首通过写猴子形象来反映孩子生活的物象歌。它将猴子摔下楼梯的"不幸事件"写成了一个热闹好玩儿的喜剧,从而塑造了一个活泼、顽皮,坚强和有着自嘲精神的小猴子形象。"猴,猴,上高楼"用快乐叙事的语气朗诵;"一落脚,踩着球"蓄势,节奏稍稍紧张;"叽里咕噜滚下楼"时,要带有急促、突然的语调,表现出事发突然、意外忽至的情感;接着"小猴爬起嘻嘻笑",带有轻松、顽皮的语气,面带微笑,尽力地表现小猴的坚强性格和乐观精神;最后的"它说练练翻跟头"要用不好意思、尴尬的语气,表现出小猴子的自嘲精神和小孩子的童真纯朴。整首儿歌的感情基调是活泼、顽皮、欢快的。

二、语气的分量

语气的分量要服从作品的整体布局和主次安排,要与作者和朗诵者的态度直接联系起来。句子在全篇作品贯串线中的作用越大,分量当越重,反之则越轻。
同样一句话"他怎么来了?"采用不同的语气可以表现出不同的态度——
他怎么来了?(柔而扬,表示询问。)
他怎么来了?(柔而抑,表示疑问。)
他怎么来了?(硬而抑,表示责问。)
他怎么来了?(硬而扬,表示反问。)
可见,口语中的语气是细致而复杂的,它可以表达各种丰富的感情。
语气的丰富多彩决定了其声音形式的千变万化。具体的色彩,要通过具体的声音形式表现出来,总体要求是:从内容出发,以准确、具体的思想感情作为依据,通过声音的高低、轻重、快慢、虚实、明暗、刚柔等的对比,达到朗诵目的。古人云:"声有声之形,其形惟何? 大、小、阔、狭、长、短、尖、钝、粗、细、圆、扁、斜、正之类是也。"朗诵技巧丰富多变,使得声音的造型也五彩纷呈。

第五章
重音的体现

语言是由各个句子组成的,句子又是由词和短语构成的,而词语在作品中所占的分量有重要与次要之分。其中,最能体现语句目的、最能表达思想感情的词或短语就是重音。

斯坦尼斯拉夫斯基说:"重音,这就像是食指,指出一个句子或一个语节中最重要的字眼!被打上重音的那个字包含着潜台词的灵魂、内在实质和主要因素。"

要准确而清楚地表现语句的深刻含义和丰富情感,处理好与语调中的轻重关系,找准重音是极为重要的。不同的重音位可以体现出不同的语气,表达不同的感情态度。例如——

1. 你可真好看!
(重音在"真"上,表示是真好看,不是假的。这是一般的赞美。)
2. 你可真好看!
(重音在"你可"上,"可"字加长。由衷地赞美,感情色彩变得浓厚。)
3. 你可真好看!
(重音放在"你可真"上,"真"字加长,变成了恶意的嘲讽。)
4. 你可真好看!
(重音放在"你"上,"你"字加长。被对方的美貌震惊了,给人一种目瞪口呆的感觉。)

语句中如果没有重音,不但语意含糊,有时还可能使人产生多种理解,造成误会。比如:"小白兔喜欢吃萝卜。"这句话该怎样理解呢?是说小白兔不喜欢吃别的,只喜欢吃萝卜呢,还是回答哪种动物喜欢吃萝卜?此时确定重音就特别必要。若是问小白兔喜欢吃哪种食物,则把"萝卜"处理为重音;若是问哪种动物喜欢吃萝卜就重读"小白兔",这样就使语意鲜明、语句目的突出了。

第一节 重音与重读

重音并不是读得重的音,而是在作品中用各种方法在最短时间内让受众记住的词或短语。或者说,重音并非指声音在语流中的轻和重的关系这种语音层面的概念,而是指在作品中的重要和次要的关系,是语义层面的概念。

重音是对重点的强调,表现在语音上可以是重读、高调音或低音的重音,也可以是轻读或弱读的音,还可以是表现在语流中的停顿或拖音、拐音、怪音等,即一切能够突出这一重点词语的声音形式都可以是重点的表达手段。

部分重音是通过重读来表现的,还有一些重读是非重音的语言表达方式。

一、音强突出

音强突出是指运用某些音节重读或轻读等强调和突出。

以何其芳的《我为少男少女们歌唱》为例——

我歌唱早晨,我歌唱希望,我歌唱那些属于未来的事物,我歌唱正在生长的力量。

重音是"早晨"、"希望"、"未来"、"力量",可以采用重读的方式推进,音强有变化。

二、音色突出

音色突出是指运用实声、虚声、柔声、钢声、涩音、滑音、颤音、泣声等强调和突出。

例如:"他满含着泪水说出了藏在心里的话:离家前,妈妈嘱咐我:大城市的人好欺负乡下人,在外面要处处留心。可是在这里,我却遇到了这么多的好心人。"好心人可用泣声突出,顺应了情境。

三、音调突出

音调突出是指运用高音或低音、怪音、拐音等强调和突出。

例如:"总理啊,我们的好总理! 你就在这里呵,就在这里! 在这里,在这里,在这里!"

这首诗开头的重音"总理"用增加音强的方法来表达,第二个重音"好总理"则用提高音高的方法来表达,第三、四、五、六、七个重音都是"这里",用降低音高的方法来表达,到最后一个"这里"声音已降得比较低,体现声音回荡,余音袅袅。

四、音值突出

音值突出是指运用某些音节的拖音、顿音等强调和突出。

以汪国真的《感谢》为例——

让我怎样感谢你　当我走向你的时候　我原想亲吻一朵雪花　你却给了我银色的世界

"银色的世界"是重音,如果加强音量读得很重,反而破坏诗歌的意境,采取降低速度、延长音节的办法,倒是可以增强表达效果。

五、停顿突出

停顿突出是指运用停顿强调和突出。

例如:"这天夜里,我做了个奇怪的梦,梦见自己变成一只小蜜蜂。"(杨朔《荔枝蜜》)

这里的重音是"小蜜蜂",如果读得很重,反而显得别扭。最好采用停顿的办法,在"小蜜蜂"前作短暂停顿,这种强调的方法比加大音量要恰当。它可使朗诵者作短暂的酝酿,也可使听者产生"怎样"的悬念或有"这样"的深思,从而造成欲言又止、言而又止的心理过程和感情波澜。

在故事中,为了突出激动、哽咽、气喘吁吁、口吃等状态,常常运用停顿来强调语句的节奏,像音乐中的休止符,此时无声胜有声,声断情连。例如——

"杰米已经吓得发了慌,转身对爸爸说:'我……/我……/我把花瓶打碎了。'爸爸惊慌失措地站起来:'什么! ……/怎么! ……/这不可能!'"这里的停顿能恰如其分地表现人物恐惧惊慌的心情和生理反应。

　　在一篇文章中,往往要综合利用重音。可以弱中见强,低中见高,快中见慢,实中见虚,连中见停或反之,使朗诵富有变化,更加具有表现力。

第二节　重音的类别

　　重音强调的方式要能准确表达这个词反应的形、音、义。形指词的视觉形象;音指词的听觉形象;义指词的内在含义。

　　例如:"刷拉,从树丛窜出一只金钱豹。"重音落在"刷拉",描摹一瞬而过的强疾的声音。

　　"细碎的脚步,脉脉含情的眼神,结合长线条的舞姿,构成一幅流动的画卷。"重音落在"细碎"、"脉脉含情"、"长"、"流动"等形容词上,展现出句子的视觉形象。

　　"这些海鸭呀,享受不了生活的战斗的欢乐,轰隆隆的雷声就把他们吓坏了。"重音落在"这些"、"吓坏",言语中体现出对懦弱者的嘲讽,体现作品的感情态度。

　　从全篇来看,重音确立也是由语句目的和情感需要决定的。以《猪八戒吃西瓜》为例——

　　　　八戒心想:怎么又碰上一块,真倒霉! 可要小心点儿。他刚想到这儿,忽然脚下一滑,又跌了一跤,孙悟空哈哈大笑,说:"八戒! 你今天怎么尽摔跤?"八戒的脸越涨越红,一句话也讲不出。总算走到了休息的地方,八戒心想:一路上摔了三跤,摔得我好苦啊。啪嗒,又是一下,八戒重重地摔在地上,再也爬不起来了。

　　　　八戒心想的内容中,"又"、"倒霉"、"又"重音体现八戒不断被悟空捉弄。悟空的话中,"尽"作为重音,表现他的揶揄。后来八戒心想的内容中,"好苦"、"又"、"重重"、"再也"作为重音,形象描绘八戒的无奈与窘态。

　　重音常见的有三类:强调、语法、乐律。

一、强调

　　朗诵中表现出语句意义或感情重点的音节,称为强调重音。

　　作为重点表现手段的重音最常见的有以下三种。

　　第一,逻辑重音(又叫逻辑强调音)。逻辑重音,就是那些不受语法限制,而由句子的潜在含义所确定的必须强调的音节。

　　例如:"我是北京人。"

　　1. 自我介绍。轻重不明显或者"北京"稍微重点儿。

　　2. 回答"谁是北京人?"重音在"我"。

　　3. 回答"有人说你不是北京人,你到底是不是?"重音在"是"。

　　4. 回答"你是什么地方人?"重音在"北京"。

　　第二,感情重音(又叫感情强调音)。由于感情表达的需要,对语句中某些词或词组以感情色彩的强调,使自己心中蕴藏的激情一吐为快,这就是感情重音。

　　以雷抒雁的《燕子》为例——

　　　　春天里有阴风,有冷雨,有痛苦,也有孤单;可是,我不胆怯,也不会悲观。我们是欢乐的一群,是春之精灵,是黑色的闪电,将和命运死死地　搏斗在云端!

作者指出生活中并非全是一帆风顺的鲜花和阳光,要有不回避现实、直面人生的坦荡态度,当面对困难挑战时,体现出坚强的意志。朗诵时的力度、顿挫在"不会悲观"、"欢乐"、"搏斗"、"云端"等重音上体现。

第三,修辞重音(又叫修辞强调音)。这类词多是指那些语句中比喻性、拟声性的词语等,重读文章中的比喻性词语(喻体),可以使被比喻的事物生动形象,加深对所描写事物或阐明道理的理解。但要注意,有比喻词的比喻句,一般不要去重读比喻词"像"、"好像"、"仿佛"等。

例如,《窗前,一株紫丁香》——

你听,你听　绿叶儿在风中沙沙,那是我们给你唱歌,帮你解除一天的疲倦。你看,你看　满树盛开的小花,那是我们的笑脸,感谢你时时把我们牵连。

重音在"沙沙"、"唱歌"、"笑脸"、"牵连",形象感的画面体现出学生发自内心对老师的体贴和深厚情谊。

二、语法

朗诵中从语法角度来说的反映语流轻重关系的对应音节,称为语法重音。

也就是说一句话在不表示什么特殊的思想和感情的情况下,根据语法结构的特点,语流中把其中的某些音节的声音稍稍加重。如"太阳一眨眼就出来了"重音在"一眨眼",描绘形态;"我吃了三个面包"重音在"三个",说明数量。一般来说,定语、状语、补语这类附加成分会稍加重。

有些人由于个人读书习惯而形成了习惯性的重音格式,例如:逢"我"必重音,每个词尾音都加重等,势必破坏语法重音的规律,影响朗诵水平的提高。

三、乐律

朗诵中依据词语间的韵律和节奏关系或需要确立的音节,称为乐律重音。

在儿童文学作品的语句中,有些需要读得重的音不是由于逻辑或情感的需要,也不是属于语法重音的音节,而是由于节奏和韵律的需要而形成的,这是一个高级别的重音。它超越语法重音、强调重音。当语句需要它时,一切重音都要给它让位。

例如《趣味颠倒歌》——

太阳从西往东落,听我唱个颠倒歌。天上打雷没有响,地上石头滚上坡。江里骆驼会下蛋,山上鲤鱼搭成窝。妹在房中头梳手,门外口袋把驴驮。

韵脚"落"、"歌"、"响"、"坡"、"蛋"、"窝"、"手"、"驮"既不是强调重音,也不是语法重音,也不是音步中的重格。如果我们按上述几种重音要求处理,怎么也不如现在这样处理感觉顺畅舒服和给力。这是因为这段语句的韵律和节奏关系使然。

重音不可过多,过多会显得杂乱。句子中有主要重音和次要重音的区别,同样是重音,色彩和分量也有所区分。文中重复的部分不重读,而且重音通常是对应性的。

第六章
声 腔 技 巧

声腔技巧是指朗诵中通过音色和语调的变化充分地表达作品的思想感情,主要包括虚声、颤音、笑言和模拟。在儿童文学作品朗诵中,运用一定的声腔技巧可以增加语言的艺术感。

第一节 声腔技巧的类型

一、虚声

虚声的要领是:真声控制莫太响,假声时时来帮忙。声母阻气要有力,气息均匀细又长。

小二狼,小儿郎(片段)

小狼上了猎人的圈套!小狼疼得哇哇叫:"妈妈,妈妈,快来救救我,救救我的爪子!"崖洞里的狼妈妈心里有点发慌,"唔,我的耳朵怎么直发烧?我怎么老打喷嚏?不行,不行,准是出了什么事儿,我得去看看,去看看!"

在这一段的朗诵中,小狼叫喊声中音节的虚声呼出的效果要体现出与对方有一定的距离。虚声要体现狼妈妈的"自语感"和忐忑不安的心绪,而且虚声中的气息要掌握分寸,不能有气无力,要防止语言虚飘弱化,这就要求加强唇舌的发音力度,强调声音集中。

二、颤音

颤音的要领是:吸气有如在抖动,呼气同样要战栗,欲抑难抑声抖动,声情合一是根本。

渔夫和金鱼的故事(片段)

老头儿不敢违抗,也不敢说什么话来阻挡。于是他就走向蔚蓝的大海,看见海面上起着黑色的大风浪。他就开始叫唤金鱼。金鱼向他游过来,问道:"你要什么呀,老爹爹?"老头儿对她行个礼,回答道:"鱼娘娘,你做做好事吧!我怎样才能对付我那个该死的婆娘?她已经不愿再做女皇,她要做海洋上的女霸王;这样,她可以生活在大海洋上,叫你亲自去侍奉她,听她随便使唤。"金鱼什么话都没有讲,只用尾巴在水里一划,就游进了深深的大海。

《渔夫和金鱼的故事》是用叙事诗写成的童话故事。故事中的老太婆总是不满足,向小金鱼提出了一个又一个的要求。老太婆无休止的追求变成了贪婪,从最初的清苦,继而拥有辉煌与繁华,最终又回归从前。故事告诉我们,追求好的生活处境没有错,但关键是要适度,过度贪欲的结果必定是一无所获。这一段的颤音是:"鱼娘娘"、"好事"、"该死的"、"霸王",表现出渔夫无可奈何又咬牙切齿的痛恨。

颤音不能滥用,要从作品的实际出发,准确找出颤音的位置,同时要体现音节或词语的声音强弱交替,在颤抖的声音中体现人物的情绪。在朗诵中,颤音应与情感有机融合。从声腔的角度来说,它不是语感的模拟,而是情感的本色。

三、笑言

笑言的要领是:口腔喉部要放松,小腹膈肌来弹动。气打软腭发笑言,真情实感在其中。

不同的笑有不同的声腔技巧,要细致区分。例如奸笑和冷笑气流活动的力度和部位是不同的,同时笑言要与语气语调相匹配。

例如:"老虎想:哈哈!这回小猫总算要落入我的口了!"老虎的笑声既含着威武又充满狡诈,气流冲撞,曲折调,音质有颗粒感,不平滑,眼神和手势、表情要配合。

笑言要以情带声,让口腔和胸腔松弛下来,让小腹膈肌弹动起来。笑言的过渡要自然、顺畅。

第二节　声腔技巧的综合

一篇作品往往需要声腔技巧的综合运用。综合运用的要领是:抓住感觉和形象,音色音量要恰当,不求逼真求神似,语气语调要跟上。

鼠小弟摘苹果（片段）

高高的树上长着可爱的红苹果。鼠小弟好想吃。要是像鸟儿一样能飞,像猴子一样会爬树,像大象一样有长长的鼻子,像……多好啊!看到其他的动物一个个使出自己的本领摘走苹果,鼠小弟好羡慕啊。它学着袋鼠的样子跳,可是跳不高;学着犀牛的样子去撞树,结果碰了个鼻青脸肿。啊,怎么办呢?后来,它遇到了海狮,海狮虽然也没有其他动物那样的本领,可是,当它用顶球的绝活把鼠小弟抛到树上时,鼠小弟就摘到了大苹果了。

朗诵时,儿童腔的模仿要自然、顺畅,不要故意拿腔捏调。语气语调要顺应儿童腔,体现儿童的心理特点,如这篇作品中包含着羡慕、懊恼、兴奋等多种心理活动。声音的模拟主要从音声器官的变化着手,要从发音器官变化上适应不同年龄角色的需要。

在寓言《禽言兽语》中,有多重角色,要艺术化地区分,必须要有角色的代入感。

　　狮子的训词:除我以外,谁配做王?!（威严）
　　鸭子的宣言:各有各的走法。（扁嘴,压挤,满不在乎）

猪的理想:吃饱睡足。(鼻子哼哼出声)

黄鼠狼的心愿:所有的鸡窝都别关门!(谄媚状,曲折调)

猫的条件:一条鱼换一只老鼠!(尖细嗓子,当仁不让)

老鼠的决议:把猫拖进洞里咬死。(咬牙切齿)

狼的美梦:明天弄张羊皮披上。(流口水,做白日梦,声音带着极大的梦幻和满足感)

泥鳅邀请鸟儿:到水里来吧!(单纯的热情)

一只从屠宰场逃出来的猪教导猪崽们:赶快减肥!(气喘吁吁、声音粗重)

朗诵时,要用不同的音色区分不同的动物形象,口腔和共鸣腔变化的位置要准确。语势的模拟要综合运用语言的轻重、快慢、长短、间歇、高低、强弱等因素,用以表达角色的性格、感情和生活经历等。

声腔技巧在朗诵艺术中,具有不可忽视的作用。音色的丰富多彩和语气语调的千变万化,构成了朗诵语言的艺术性。朗诵者要从作品角色的性格和情绪出发,仔细揣摩,用得体、自然、适度的声腔技巧来表现。基本功要扎实,气息运用得要好,声音的控制一定要适当。

影视配音和课本剧表演是训练声腔技巧的途径。影视配音属于话筒语言艺术,它受影视剧人物的气质、声音、语言的速度节奏的制约,用声音塑造人物,强调声腔的个性特点。在动画片影视配音中,要综合运用虚声、颤音、模拟等声腔技巧,而且音色要体现角色的年龄和性格特征。当然,由于影视配音的特殊性,要求口型吻合,配合默契。

课本剧综合运用了艺术性的口语表达和表演,强调语言的声腔与形体、表情的配合,锻炼了团队的协作能力。采用角色扮演法,在角色配合的关系中,配合精美的头饰、道具、音效、旁白的渲染,使表演充满了舞台的戏剧性效果。课本剧的排练,既激发了儿童的合作意识,又培养了儿童的创新能力,可以把课堂气氛推向高潮。这一训练项目,既展示了成果,又检验了儿童的综合语言素质。儿童有成就感,兴趣就更浓厚。

第七章
态势语的表达

美国记者根宝在《回忆罗斯福》一书中,写到罗斯福,"在短短的二十分钟之内,他的面部表情有:稀奇、好奇、伪装的吃惊、真情的关切、担心、同情、嬉笑、庄严,都有超绝的魅力,但他可不曾说过一个字。"

西方心理学家研究表明:信息总效果=7%的文字+38%的声音+55%的面部表情。

态势语表达技能的含义是指教师在教育教学活动中通过身姿、手势、表情、眼神等手段传递信息的一种行为形式。

态势语是口语的必要深化和补充,使口语更有力、更明确、更准确。它能展现口头语言难以表达的感情或态度,可以节约时间,调节气氛,联系感情。儿童思维形象具体,生活经验、词汇量有限,因此更需要教师的态势语的辅助。

在魏巍写的《我的老师》中:"仅仅有一次,她的教鞭好像要落下来,我用石板一迎,教鞭轻轻地敲在石板边上,大伙笑了,她也笑了。我用儿童的狡猾的眼光察觉,她爱我们,并没有存心要打的意思。孩子们是多么善于观察这一点呵。我们见了她不由得就围上去。即使她写字的时候,我们也默默地看着她,连她握笔的姿势都急于模仿。"可见,教师的态势语在孩子的心目中有着非凡的意义。

态势语言表达技能的特点是直观性、丰富性、模糊性、易感性。

第一节　态势语表达技能的类型

一、身姿语言

身姿语言是指通过头、颈、躯干和四肢的相对体位变化来传递信息的一种态势语言,有四个基本类型:接近、退却、伸展、收缩。

"站如松,坐如钟,行如风"是姿态语训练的基本要求。

1. 站姿:端庄、头部平抬,身躯重心稳定、精神饱满。

2. 坐姿:前倾、腿位要规则,给人留下端庄又亲切的感觉。

3. 走姿:从容、轻快。步幅适中、均匀,步位平直。

4. 头势语:头势语是通过头部活动来传递信息的一种态势语。

例如——

点头表示赞同;摇头表示否定;低头表示谦逊或忧虑;昂头表示勇敢或高傲;侧缩头表示软弱、垂头表示失望;倾斜表示得意或愉悦;左右微摇表示多疑或不忍;前突表示惊讶或逗趣;微倾表示观察或思考;直立表示庄严或坚强。

二、面部语言

面部语言是指通过眉、眼、口、鼻的活动和形状变化来传递信息的一种态势语言,要求自然、大方、适度、富有表现力。

儿童文学作品角色中常用的面部语言:

1. 表示兴趣的面部语言:眉毛微微上扬,双眼略张大,口部微张,嘴角略上翘,呈微笑状。
2. 表示满意的面部语言:眼睛略闭,嘴角上翘,面露微笑。
3. 表示亲切的面部语言:双眼微眯,嘴角微翘,面露微笑。
4. 表示询问的面部语言:眉毛上扬,眼睛略睁大,嘴角微微张开。
5. 表示严肃的面部语言:眉毛微皱,双唇紧紧抿在一起,眼睛略略睁大。

在故事中常用的面部语言有五种类型是:

1. 小猴发愁了。
2. 小兔害羞了。
3. 老虎发怒了。
4. 小鸡高兴极了。
5. 小花猫害怕极了。

用更细致的眉眼来表示,那就是:

蹙额锁眉——发愁 面红耳赤——害羞 面色铁青——发怒
眉飞色舞——高兴 缩头缩脑——害怕

三、目光语言

目光是表情语的核心。朗诵创作的对象感常常靠视线建立和维持,眼神表达时间为创作活动的30%至60%。朗诵者的眼睛注视受众的频率、时间的长短,直接反映出交流感。目光要柔和,不呆滞,不闪烁,不游移不定;目光适度,还要控制视线角度、长短、软硬。

1. 环视:表示从容镇定,全局总揽,也是一种对受众的尊重。
2. 凝视:分为严肃凝视、柔和凝视、亲密凝视。区域不同,使用的对象不同。
3. 斜视:表示轻蔑、鄙视。
4. 仰视:表示思索、盘算。
5. 俯视:表示羞涩、含蓄。

例如——我,常常望着天真的儿童。(微笑)

素不相识,我也抚抚红润的小脸。(亲切)

他们陌生地瞅着我,歪着头。(陌生)

像一群小鸟打量着一只恐龙蛋。(惊奇)

他们走了,走远了……(失望)

四、手势语言

(一) 手势语及其含义

手势语是指用手指、手掌和手臂的动作和造型来表情达意、传递信息。

朗诵中大致有如下四类手势。

1. 情意手势，主要通过手势的方向、节奏、速度和力度的变化，来表达说话者的情感。

2. 指示手势，用于指明谈到的人、事、物及运动方向等。

3. 象形手势，主要是用来模拟人或事物的形状、外貌，可使说明具体、直观。

4. 象征手势，这种手势可以用来表达比较抽象的概念。

手势有三区，各有其特殊的含义：

1. 肩部以上为上区，多用来表达希望、胜利、喜悦、祝愿、抗议等感情，常为褒义。

2. 肩部至腹部为中区，主要用于表达叙事说理等较平静和缓的情绪，常为中性。

3. 腰部以下为下区，一般表示否定、鄙弃、憎恨等内容，常为贬义。

手势语言要自然适度、放松随意（不僵化、不拘谨），手位上下开合适度，手位适当。

（二）手势各部位

1. 手指：

赞扬——翘拇指；

轻蔑——伸小拇指；

指引、警告——伸出食指；

请安静——伸出食指；

喜爱幼儿——伸出食指；

力量集中手指——由内向里收拢；

控制、抓握——五手指向下用力收拢；

计算数目——手指逐一屈或伸；

细小物体——大拇指与食指相捏。

2. 手掌与手臂：

手掌向上距身约四十五度，拇指力张，食指伸直，其余手指微曲是自然状。这是表示欢欣，或请求，或许诺、谦逊的意思。

手掌向下，手指状态与第二种手势相像。这是表示状物，或安抚，或否认，或祝愿，或批评的意思。有时还表示指明距离、高度或黑夜摸索之状。

紧握拳头，表示示威、报复、坚决，或表示激动。

第二节　态势语表达技能的综合运用

手势语言不同，会造成内在语言不同：

……小女孩……

眉微蹙，手慢慢抬起前伸……（卖火柴的小女孩和她的奶奶去了一个没有痛苦、没有寒冷的地方）

双眉舒展，面带微笑，手轻快抬起前伸……（小女孩快乐地来了）

……黄河！……

双眼直视前方，两手紧握拳于胸前……（黄河，我们誓死保卫你！）

目光深情凝视前方，两手抬起在胸前徐徐展开……（黄河，我们的母亲河）

在作品朗诵中，态势语言需要综合使用。以《鼠小弟摘苹果》为例——

高高的树上(手指着高处,头偏,眼睛朝高处看)长着可爱的红苹果(两手花朵状,喜笑颜开)。鼠小弟好想吃(咂嘴,舌头在口腔内转一圈,发出声响,美慕表情状)。要是像鸟儿一样能飞(两手飞翔状),像猴子一样会爬树(右手翻转在额前,右脚搭在左脚,金鸡独立),像大象一样有长长的鼻子(手臂交叉,单手向前引出弧线),像……(偏头,眼睛侧向上看,幻想状)多好啊!看到其他的动物一个个使出自己的本领摘走苹果(抬右臂,右手掌抓果子状),鼠小弟好美慕啊(两手握拳在胸,身体摇晃两下,美慕状)。它学着袋鼠的样子跳(两手张开,向上跳),可是跳不高(嘟着嘴,摇头);学着犀牛的样子去撞树(在头上手指做牛角状向前点),结果碰了个鼻青脸肿(指鼻摸脸,表情失望)。啊(眼神黯淡),怎么办呢?(两手摊开,无奈)后来,它遇到了海狮(眼睛放光),海狮虽然也没有其他动物那样的本领,可是,当它用顶球的绝活(头向上,做顶球状)把鼠小弟抛到树上时(手掌做弧线),鼠小弟就摘到了大苹果了(手握果子状,喜笑颜开)。

在儿童文学作品中,态势语的表达不是唯一的,有多种诠释的方式。但是态势语具有不可忽视的作用。成功的朗诵创作,不仅得力于优秀的有声语言,也伴随和谐、得体的态势语,是内容、情感的自然表达,是个性风格的自然流露。

态势语运用的美学要求是适度、自然和协调、优美。要同有声语言的内容、语调、响度、节奏等谐调,同说话者或听话者的心态、情感吻合,各构成要素(如身姿、手势、表情、目光)之间要做到局部与整体的和谐。

第八章

儿歌的朗诵

儿歌是一种专为较小年龄的儿童创作的内容浅显、结构短小的诗歌样式，它具有主题单一、架构单纯、富有音乐性、易读易唱易记等特点。

儿歌是儿童最早接触的文学样式，一般来说适合中小班的幼儿诵读，因为处于此阶段的幼儿是最感性和表象化的。首先，由于婴幼儿的思维处于初级阶段，他们习惯通过客观事物的形状、色彩、声音来认识、熟悉和理解周围事物，所以儿歌总是十分注重具体形象地表现婴幼儿的生活情趣。其次，这是与幼儿注意发展的特点相关联的。小班幼儿的无意注意很不稳定、注意的分配能力很低；中班幼儿的无意注意已进一步发展，且比较稳定，在适宜的条件下，有意注意的时间可以达到十分钟左右。因此，凡是直观、鲜明、生动、具体的形象都能引起幼儿的注意。而儿歌鲜明的节奏、生动的形象正符合幼儿时间短、识记无意性强的特点。再者，形象化是幼儿文学语言的最基本特征，即要求通过艺术的语言把人和事物的声音、色彩、形状、动作、神态鲜明生动地展现在幼儿面前。而儿歌正是通过形象生动的语言描绘着充满童真、个性的世间万物。因此在儿歌中出现了许多生活中熟知的形象，比如人物有爸爸、妈妈、爷爷、奶奶、姐姐、弟弟等，动物有青蛙、熊、牛、羊、狼、狐狸、老虎、狮子等，自然事物有星星、月亮、太阳、风、雨、雪等。由此可见，儿歌作品中角色人物众多，外形和性格特征皆有明显区分，这些丰富多彩的元素符合儿童的欣赏期待，所以朗诵时应以儿童的视角为主，突出角色感和对象感，做到视觉形象和听觉形象的统一，创造出鲜明生动的语言形象。如《小兔子乖乖》中要把小兔子可爱、聪慧的特征表达出来。同时也可以运用多种语音技巧参加声音造型，满足不同的形象需求，如猪的声音可以利用噘嘴发出的后吞感显示其笨拙；猴子的声音可以采用细且尖的音色来完成；青蛙的声音可将嘴唇向两边裂开，震动喉咙发出粗扁的声音等。例如——

小鸡一家

公鸡爸爸高声啼，叫醒太阳上班去。母鸡妈妈爱美丽，对着镜子忙梳洗。小鸡宝宝真顽皮，追着小虫做游戏。小鸡一家真快乐，喔喔喔，咕咕咕，叽叽叽。

这首儿歌用拟人化的口吻展示了小鸡一家忙碌而快乐的场景。朗诵时节奏鲜明轻快，要把“鸡爸爸”、“鸡妈妈”、“小鸡宝宝”读得形象可感：鸡爸爸声音高昂洪亮，采用高音区；鸡妈妈贤惠温柔，采用中音区；小鸡活泼可爱，发音部位靠前，塑造儿童化音色。在朗诵时可加入身姿体态语，辅助表现动物的外部特征，在最后“喔喔喔”、“咕咕咕”、“叽叽叽”的拟声环节加入适当的声音造型，区分角色。

第一节 儿歌朗诵要点

一、情景的色调描绘与声音的情感造型相一致

我国的儿歌在长期的民间流传过程中积淀而成多姿多彩的表达形式,主要有以下代表性的种类:摇篮歌、游戏歌、数数歌、问答歌、连锁调、绕口令、谜语歌、颠倒歌、字头歌等。这些不同的表达形式决定了儿歌情景表现方式的多种色调。在朗诵中须用声音将这些不同形式的情景色调展现出来,否则无法使幼儿融入情景氛围中,无法真正地打动幼儿,要做到这点,就需要塑造声音的情感造型与情景的色调相一致。

以莱蒙托夫的《摇篮曲》为例——

> 睡吧,我可爱的小宝宝,睡吧,睡吧,月儿静悄悄,把你摇篮儿照。我给你讲故事,我给你唱歌谣。你闭上小眼快睡觉,睡吧,睡吧!

这首儿歌充满了浓浓的爱意,孩子在妈妈满满的爱意中安静入睡。在朗诵时降低音量,放慢语速,多采用虚声,为幼儿构建一个梦幻的场景,声音的情感饱含温馨与安宁,符合摇篮曲独特的艺术魅力。

二、动作的张弛与语音的张弛相一致

幼儿期的儿童主要是以具体形象性思维为主,但大多数幼儿还是保留了直觉行动性思维的特点。这一特点决定了他们对儿歌动作性的要求。在儿歌作品中,富于动感的语言能有效地唤起幼儿的注意,增强他们对内容的理解,儿歌中出现的动词几乎包含了日常生活的各种动作及一些生活场景的动作。例如:看、听、哭、踩、笑、爬、追等。儿歌作品中也出现许多表现人物的连贯动作过程,有很多具体而形象的描写。如果能通过语言形象逼真地表现出来,必定为作品语言的形象感增辉不少。表现动作过程需要注意的是,语音的张弛应与动作的张弛相一致,注意吐字发音的弹性带有动作过程中力量的变化。例如——

小鸭找妈妈

> 一只鸭,两只鸭,三只小鸭找妈妈,四天前,五只小鸭跑丢了,妈妈急得嘎嘎嘎,到处喊,到处找,究竟小鸭去哪了?

这首儿歌通过一连串"找"的动作描绘出小鸭找妈妈、妈妈找小鸭的场景,如果在朗诵中将这种场景通过声音表现出来,就可以让大家有身临其境的感官享受。首先,整体的动作过程是紧张的,因此整体的语速就应该快。其次,要细致处理每一个动作,使动作声音形象化。再次,要使语言有动作性,必须重视动词的运用,产生与表达内容相适应的语言动势,如表现跑、找、急等不同动作状态中的说话感觉。

三、副语言的夸张利用

在朗诵过程中朗诵者的体态姿势、服装发型、面部表情、手势眼神等,这一切都是围绕着有声语言的

发展而变化的,都是服从朗诵过程的需要而调整的,成为有声语言的补充,所以说态势语言也叫"副语言"。副语言在儿歌朗诵过程中使用得相当普遍,儿歌绝不是儿童规规矩矩地坐在凳子上念出来的,而是有声语言和副语言的有效结合。我们在幼儿园中经常看到这样的场景:老师们戴着头饰,做着动作,可爱的小朋友们在后面模仿着一起吟诵儿歌,使孩子们能体验到身临其境、动人逼真的感觉。这就要求我们在朗诵时根据儿童思维具体直观的特点,使言语形象化一些、风趣一些、夸张一些,突出语言上的高低变换和错落有致,言语情感化,同时需要较多的态势语言,利用手势、表情、动作的配合,使言语形象更富立体感。

首先,来说说教具。教具有多种形式,其中头饰在幼儿园的教学中起到很大的作用,在儿歌朗诵中头饰更是必不可少的一种表演道具,它象征着所表演的角色。头饰的制作成本比较低廉,方法简单易于掌握,所以头饰在幼儿园中深受教师和幼儿的喜爱。它不仅具有简单的娱乐功能,更有启发幼儿思维的作用,幼儿通过看看、听听、说说、玩玩的过程交流、操作,感受知识、学习儿歌。因此,在儿歌朗诵前需要根据儿歌内容,精心准备教具,利用教具来激发幼儿兴趣,提高孩子学习儿歌的积极性。

例如:在教授小班语言领域《下雨》这一儿歌时,可以在一次性杯子里装上少许沙子或米粒,并用白纸封口,并在白纸上涂上蓝色的水滴,这样就制作好了模拟下雨声音的小沙锤。当朗诵到"沙沙沙、沙沙沙"这一组拟声词时,摇动沙锤,模拟下雨的声音,让孩子们感知下雨的快乐!

下 雨 啦

哦!下雨啦!沙沙沙、沙沙沙、沙沙沙,小朋友们笑哈哈,哈哈哈哈哈。哦!下雨啦!沙沙沙、沙沙沙、沙沙沙,小朋友们踩水花,噼噼又啪啪。

其次,说说态势语。态势语言运用得好可避免呆板,增强视觉效果,从而起到吸引、强化、印证等作用,但态势语言要做得优美、适度、自然、协调。要注意的是朗诵中体态语永远是辅助性的,一句一个动作,妄图图解有声语言是不恰当的。过多的动作和过分的表情,会适得其反,破坏表达效果。儿歌表演忌讳装模作样,虚张声势,脱离自我,机械模仿,每一个表情都要由衷、真实、质朴,每一个手势,每一个微笑,每一个眼神,都应该是发自内心的,来不得半点儿虚假做作;最后,要注意动作的幅度,讲究站立的姿势,动作应有控制,要含蓄,符合艺术表现要求。

造 飞 机

造飞机,造飞机,来到青草地。　　　(双臂伸直平举成飞行状)

蹲下去,蹲下去,我做推进器。　　　(在"蹲"字处下蹲,身体向前微倾,双臂向前平举)

蹲下去,蹲下去,你做飞机翼。　　　(在"蹲"字处下蹲,两手放在肩头,成翅膀状)

弯着腰,弯着腰,飞机做得齐。　　　(弯腰,双脚踏步,整齐状)

飞上去,飞上去,飞到白云里。　　　(起飞,伸直膝盖向前跳)

需要注意的是,不必苛求幼儿在体态语上过分整齐划一,设计动作要符合儿童的天性。在儿歌朗诵时,男童可双脚并拢或稍微分开站立,双手自然下垂。女童可呈小八字站立,双手自然下垂,或者手臂下垂同时两手掌微翘。朗诵时自然微笑、天真烂漫,体现童真童趣。

四、节奏灵动多姿

幼儿认知结构中最重要的一个组成部分就是感知觉,这是他们认识世界和认识自己的基本手段,同时获得最初的学习经验。听觉在这个阶段对幼儿来说意义重大,幼儿通过听觉辨别周围的事物,学说话,学知识。而儿歌是一种听觉艺术,幼儿能从儿歌天然的韵律美中直接获得愉悦感。

儿歌一般都是以韵语的形式出现的,儿歌在富有情趣、单纯易懂、音韵和谐等多种艺术特征中最核心的就是追求韵律,诗句中语音的强弱、长短和轻重有规律的交替构成的节奏形成了儿歌鲜明的音乐性。儿歌音乐性的一个重要表现就是押韵,押韵的效果就是使儿歌产生鲜明的节奏感,琅琅上口,获得明快舒适的听觉效果,容易在孩子们中间传唱出去。

在朗诵儿歌时须把握儿歌内在的韵律,利用有规律的抑扬顿挫和声调变换,加强诗句间的对照,从而增强儿歌作品的旋律感,产生悦耳动听的效果。

常见的儿歌一般只有短短的四句、六句、八句。就每句所组成的字数来看,有三言、四言、五言、七言、杂言。三字句、五字句、七字句是基本句式。儿歌短小、集中、洗练无不透露着质朴美。在儿歌的语言里,没有冗言赘语、利口饰词、矫揉造作,有的只是不加掩饰的纯真美,清澈明朗。在朗诵中要善于把握儿歌自身的节奏。节奏又叫节拍或音顿,它指每句音组的长短,有一定的规律,在吟诵诗句时,是由极其短暂的停顿来表现的。一般来说,节拍相对的是:二言句式利用标点符号的划分,自成节奏;三言句式为两拍,五言句式为三拍,七言句式为四拍。

娃娃长大了（二言）

胡木仁

裤衩,/短了! ^鞋子,/小了! ^妈妈,/笑了! ^娃娃,/长了!

这首儿歌通过生动的生活场景向我们展示了小朋友在成长过程中的欢乐时光。语言洗练、形象,"短"、"小"两个形容词恰当地描绘了儿童的快速成长;"笑"、"长"两个动词把妈妈欣慰的感情揭露无疑。在朗诵时可通过儿歌自身的标点符号来进行停顿。"!"后停顿较长,","后停顿较短,"短"、"小"、"笑"、"长"这四个字需加重音,整个儿歌洋溢着欢快的节奏。

小镜子（三言）

小 镜子,圆 又圆,看 宝宝,露 笑脸。//闭上 眼,做个 梦,变 月亮,挂上 天。
×/××,×/××,×/××,×/××。//××/×,××/×,×/××,××/×。

三言句式一般为两拍,节奏无外乎×/××或者××/×。在朗诵时把握基本节奏,让儿童体验语言自身的音乐美感。镜子在生活中最普通不过,然而在孩子眼里,却充满了神奇色彩。幼儿在很早的时候就开始对镜子发生兴趣,他们喜欢对着镜子拍打、微笑,并发出咿呀语声。对宝宝而言,镜子是有趣的玩具,也是帮助他们更好地认识自己的工具。朗诵时前半部分节奏欢快灵动,塑造神奇的感觉。后半部分创设温馨情景,音量降低,声音温柔绵长。

水仙花（四言）

圣 野

水仙 娃娃，接到 我家，爱喝 清水，不吃 泥巴。

××/××，××/××，××/××，××/××。

　　四言句式一般两字为一拍，节奏感强，语调铿锵。《水仙花》是一首向小朋友介绍花中仙子——水仙花的儿歌。水仙的根茎圆圆的像个娃娃的小脑袋，因此叫它"水仙娃娃"。水仙种植在只有清水的盆中便能成活，不需要泥土，因此，"爱喝清水，不吃泥巴"是说水仙晶莹清新，一尘不染。这首儿歌短小轻灵，比喻生动，富有情趣。家长或教师在朗诵前可以先让孩子亲自观察它的形状，了解它的生长条件。在朗诵中注意把握轻快的节奏，读出情趣。

奶奶过生日（五言）

张秋生

奶奶过生日，大家都在忙。　××/×/××，××/×/××。
妈妈炒鱼片，爸爸烧鸡汤。　××/×/××，××/×/××。
我把手洗洗，也来下厨忙。　××/×/××，××/×/××。
爷爷拌黄瓜，我放醋和糖。　××/×/××，××/×/××。
奶奶尝一口，脸上笑眯眯。　××/×/××，××/×/××。
这个拌黄瓜，味道特别香。　××/×/××，××/××/×。

　　五言句式的儿歌的节奏一般是"××/×/××"或者"××/××/×"。这首《奶奶过生日》向我们展示了一家三代人为奶奶过生日的幸福场面，在读"我把手洗洗，也来下厨忙"，须使用儿童化的声音造型，可爱顽皮；"这个拌黄瓜，味道特别香"须使用老奶奶的声音造型，伴随幸福的感觉说出来。朗诵时设计简练形象的身姿手势，刻画出爷爷、奶奶、爸爸、妈妈、宝宝的具体形象。整首儿歌语调欢快轻松，节奏鲜明。

骆驼（七言）

刘 御

四腿长长脖子弯，背上驮着两座山。　××/××/××/×，××/××/××/×。
膝盖上面带软垫，大脚掌儿分两半。　××/××/××/×，××/××/××/×。
眼睛外面挂窗帘，鼻孔有门能开关。　××/××/××/×，××/××/××/×。
冬天翻穿大皮袄，夏天又把单衣换。　××/××/××/×，××/××/××/×。
一次吃饱水和草，几天不饿口不干。　××/××/××/×，××/××/××/×。
担上重担走沙漠，不怕烈日和风寒。　××/××/××/×，××/××/××/×。
它的名字叫骆驼，外号"沙漠里的船"。　××/××/××/×，××/××/××/×。

七言句式的一般节奏较多,一般为"××/××/××/×"、"××/××/×/××"和"××/××/×××"。这首儿歌向孩子们介绍了骆驼的一些特点,用词形象讲究,把骆驼的生理特点与习性鲜明地体现出来。在诵读前可让幼儿观看骆驼的图片,加深儿歌的印象。诵读时读出动词的动态感,可加重音读。

以上所举是节拍相对固定的儿歌,节拍不固定的儿歌也有很多,比如郑春华的《吹泡泡》:"吹泡泡,吹泡泡,泡泡像串紫葡萄。一颗、两颗、六颗、七颗……我的泡泡大又大,呼噜噜,满天飘。"这种情况在朗诵中的节拍安排需视内容而定,但依然追求内在的节奏与韵律。例如——

小兔子逛铺子

小兔子,	×/××,
逛铺子,	×/××,
买了一双红袜子,	××/××/×/××,
两条蓝裤子,	××/×/××,
三件绿袍子,	××/×/××,
四条黄裙子,	××/×/××,
五件紫褂子,	××/×/××,
六床花被子。	××/×/××,
东西多拿不动,	××/×/×××,
急得兔子哭鼻子。	××/××/×××。

这首儿歌是字头歌,字头歌每句的最后一字几乎相同,一韵到底。在这首儿歌中不仅出现了"一"、"二"、"三"、"四"、"五"、"六";还有不同物体用不同量词("双"、"条"、"件"、"床")、不同的颜色("红"、"黄"、"蓝"、"绿"、"紫"、"花")。这首儿歌通过和谐的韵律、铿锵的节奏把儿童应具有的知识贯穿其中,作者将数字顺次嵌在儿歌中,满足他们的好奇心和求知欲,帮助他们认识自然事物。在朗诵这些内容时语速放慢,适当加重音强调,让幼儿清楚明白地领会。

再如——

夏 天

蒲华清

荷叶儿,	×/××,
撑绿伞,	×/××,
荷花儿,	×/××,
开笑脸,	×/××,
只只青蛙排排坐,	××/××/×××,
唱着歌儿过夏天。	××/××/×××。

这首儿歌采用了传统童谣的句式结构,前半部分采用了常见的三字句这一形式,三个字一个音步,两两对应,匀称整齐;后半部分采用七言句,以××/××/×××的形式来进行音步排列,每句都是一三

言结构,吟诵起来舒徐悠长,整首儿歌押"言前韵"读起来琅琅上口。朗诵时要使用富有生活气息的儿童口语。

当然,儿歌的节奏不仅仅限于押韵,还表现在情绪的节奏上,要有规律地安排声音的抑扬顿挫,轻重缓急,避免落入固定腔调或貌似抑扬起伏,却完全没有生命的语言外壳的表达误区。这就要求朗诵者的声音处于积极状态并生发一种内心期待,引领着身体节奏、心理节奏、文字节奏与声音节奏合拍,唤起儿童的艺术关注和审美愉悦。例如——

雪地里的小画家

程宏明

下雪啦,下雪啦! 雪地里来了一群小画家。小鸡画竹叶,小狗画梅花,小鸭画枫叶,小马画月牙。不用颜料不用笔,几步就成一幅画。青蛙为什么没参加? 他在洞里睡着啦。

这首儿歌富有童趣,读起来趣味盎然。朗诵基调轻快活泼,旋律清新明快,表达了对大自然生命活力的无限热爱,诵读的声流在蓬勃着大自然生命律动的诗情画意间流转,语气中流淌出童真的质朴与美好,展示暖融融的、活泼的声音意象,应避免一味地"演"节奏以及让声音在顿读的形态中运行。一开始就要用兴奋欢快的语调进入下雪的场景,感知儿童的乐趣。用惊奇的语调朗诵"竹叶"、"梅花"、"枫叶"、"月牙",让幼儿带着思考的情绪认识小鸡、小狗、小马的脚印。儿歌最后运用设问,风趣地交代出青蛙冬眠的知识,疑问句是语调起潮,最后一句渐慢陈述。

《天籁集》的编纂者郑旭旦曾经这样评价儿歌:"灵机鼓动而发为音声,必有自然之节奏。"可见,儿歌以其先天的、固有的、和谐旋律带给幼儿最初的美的熏陶。

第二节　儿歌朗诵解读

矮矮的鸭子

谢武彰

一排鸭子,个子矮矮。走起路来,屁股歪歪。翅膀拍拍,太阳晒晒。伸长脖子,吃吃青菜。

以上的这首儿歌,作者用简洁的语言,描述了一群小鸭子的形象。这群小鸭子喜欢群体活动,它们排成一排,歪着屁股,晒着太阳,吃着青菜,作者捕捉到了生活中富有童真童趣的场景,贴近幼儿的心灵。此首儿歌虽然用了极浅的语言,却描绘了鸭子的外形、步态、神情、生活习性、食性等,为幼儿提供了有趣的生活经验;在形式上一韵到底(连韵:"矮"、"歪"、"晒"、"菜"),四言句式结构明快洗练,而且巧妙运用叠音词("矮矮"、"歪歪"、"拍拍"、"晒晒"、"吃吃"),使得音韵极为和谐,让幼儿获得音乐快感的同时又具有语言训练,培养思维能力的好处;一系列动词("走"、"拍"、"晒"、"伸"、"吃")的使用更是让儿歌仿佛有了游戏的口令,幼儿能在边念儿歌、边做动作的过程里获得身心的双重愉悦。

"一排鸭子,个子矮矮。"

小鸭子是孩子们都很熟悉的,容易理解和模仿,而儿歌朗诵的正确的语气是通过游戏的形式感受出来的,因此朗诵者应添加适当的态势语。如"鸭子"的形象:伸出双臂,离身体两侧大约四十五度角,手掌翘起,掌心向下,走路可采取半蹲法。朗诵者在模仿"鸭子"走路的同时,用一步一字的朗诵方法把鸭子矮矮的形象展示出来。

"走起路来,屁股歪歪。"

朗诵者可把自己想象成"鸭妈妈",大摇大摆地走在第一个,后面跟着一群可爱的"小鸭子"。在读到"屁股歪歪"时,站立不动,依然半蹲模样,屁股朝左右摆动一下即可,把鸭子的幽默趣味传达出来。

"翅膀拍拍,太阳晒晒。"

朗诵者在读到"翅膀拍拍"时,可上下摆动自己伸出的双臂,但忌频率过快;"太阳晒晒"时,可用双手拍拍肩膀,脸部向上,表情呈现晒太阳时的温暖安逸。

"伸长脖子,吃吃青菜。"

朗诵者读到"伸长脖子"时,可向前延伸脖子,并加入"嗯啊嗯啊"拟声词,模拟鸭子吃青菜的情景,最后再完成"吃吃青菜"的朗诵。须注意的是,此处可创设场景,朗诵者可想象面前有一片嫩绿的菜园子。

从这首儿歌的朗诵可以看出:儿歌的动作性很强,能捕捉到童心童趣。边游戏、边朗诵的方法可以有效地吸引了孩子的注意力,感受到儿歌的魅力。儿歌的朗诵应区别于幼儿诗的朗诵,重在情趣和听觉效果。

小　鸡　出　壳

鸡蛋鸡蛋圆溜溜,小鸡宝宝住里头。小鸡宝宝要出壳,它要怎么做? 小嘴啄一啄,啄一啄呀啄一啄;翅膀推一推,推一推呀推一推;小脚蹬一蹬,蹬一蹬呀蹬一蹬;屁股顶一顶,顶一顶呀顶一顶。哇! 小鸡出壳啦!

《小鸡出壳》这首儿歌用动态的过程向幼儿展示了小鸡出壳的过程,激发了孩子的好奇心和探索大自然奥秘的兴趣。我们似乎看到一只黑黑、小小却努力挣扎想要看看外面世界的小鸡,传达给幼儿一种积极向上的精神情感。儿歌用四组动词("啄一啄"、"推一推"、"蹬一蹬"、"顶一顶")把小鸡孵化的过程形象地描绘出来,最后一个"哇"字将儿童惊奇、兴奋的感觉刻画得入木三分。朗诵时注意态势语的使用与儿歌中的动词和谐地结合在一起,可制作头饰佩戴于头顶或胸前,更好地展示这首歌独特的魅力。

"鸡蛋鸡蛋圆溜溜,小鸡宝宝住里头。"

"圆溜溜"读为"圆溜溜儿",使用儿化把鸡蛋可爱的样子展示出来。双手高举在头顶形成拱形状,模拟鸡蛋圆圆的形状,双腿曲蹲,可伴着节奏左右摆动,切忌幅度过大、频率过高。"住"加重音,强调;"里头"轻声;双手指尖相连,成屋顶尖尖状,朗诵者把自己想象为小鸡宝宝,眼神充满好奇感。

"小鸡宝宝要出壳,它要怎么做?"

"要出壳"加重音量,放慢语速,双手从胸前交叉并在头顶打开,似伸懒腰状,模拟小鸡出壳的状态;"怎么做?"用疑问的语气,句尾语调上升,可双手摊开,作不知道状。

"小嘴啄一啄,啄一啄呀啄一啄;翅膀推一推,推一推呀推一推;小脚蹬一蹬,蹬一蹬呀蹬一蹬;屁股顶一顶,顶一顶呀顶一顶。"

这组句子的朗诵首先要注意把握节奏,它们的节奏为"××／×××,××××／×××",重音位置放在主要的动词"啄"、"推"、"蹬"、"顶"上,在读的过程中要搭配相应的动作,需注意的是小鸡出壳的过程是由"小嘴——翅膀——小脚——屁股",这个顺序不能打乱,若打乱后,态势语就会给人以凌乱感。"小嘴",双手五指并拢成嘴巴尖尖状,在诵读"啄"字时配合节奏朝前戳,给人以"啄"的感觉;"翅膀",双臂弯曲,夹紧于胸前,在诵读"推"字时向外推开;"小脚",采用脚跟点地、脚尖朝上,在诵读"蹬"字时,脚跟向外踢出;"屁股",双手叉腰,在诵读"顶"字时臀部向外扭出,动作夸张但不失可爱,忌成人的矫揉造作。

"哇!小鸡出壳啦!"

最后一句语气兴奋、语调上扬,惊奇的感情色彩浓重。"哇"字可拖长音节,双手高举,作挥舞状;"小鸡出壳啦",似向大家宣告经过自己的努力最终胜利的感觉,语气兴奋、快乐!

下 雨 啦

哦!下雨啦!沙沙沙、沙沙沙、沙沙沙,小朋友们笑哈哈,哈哈哈哈哈。哦!下雨啦!沙沙沙、沙沙沙、沙沙沙,小朋友们踩水花,噼噼又啪啪。

儿歌《下雨啦》用很多拟声词("沙沙"、"哈哈"、"噼噼"、"啪啪")向我们展示了在下雨后小朋友们踩着水花儿、乐得哈哈大笑的欢乐场景。此首儿歌重在把握幼儿在雨中欢快的童真童趣,在朗诵时准确地模拟各种声音会将无声语言表达的意义完美地体现出来,有一种身临其境的感觉。也可加入教具——沙锤,来模拟下雨"沙沙"的声音。

第一小节是描写小朋友看到外面下雨时高兴的神情,在朗诵时展开联想,创设一幅小雨初下的情景,用幼儿欢快的语音语调进行声音造型。"哦!"字拖长音节,欢呼的样子,表情洋溢着快乐。"下雨啦",后停顿较长,把"!"的作用表达出来。三个"沙沙沙",降低音量,采用虚声,把小雨刚落在地面上的感觉诵出来,同时摇动沙锤模拟下雨声,沙锤摇动要富有节奏,与"沙沙沙"的节奏相一致。"小朋友们笑哈哈,哈哈哈哈哈"的节奏应为"××××／×××,××／×××",同时双手叉腰,脸部朝上,双脚跳动,以气代声,发出有力的笑声。

第二小节是描写小朋友迎着小雨快乐地踩着水花儿的场景,他们不怕弄湿衣服、弄脏鞋子,小小水花溅起了色彩斑斓的童年。"哦!下雨啦!"较第一小节音长更长,兴奋的色彩更浓重,态势语在原有的基础上再增加转圈的动作,把小朋友在雨中畅快的感觉表现出来。三个"沙沙沙"较第一小节应实声为主,虚声为辅,把雨点越下越大的感觉造型出来;"水花"加儿化音,增加俏皮的感觉;"踩"字加动作,弹动双脚;"噼噼又啪啪"的节奏为"××／×××",声音清脆响亮。

一根手指变变变

　　一根手指变变变,变成毛毛虫,爬爬爬。两根手指变变变,变成剪刀,剪剪剪。三根手指变变变,变成叉子,插插插。四根手指变变变,变成扇子,扇扇扇。五根手指变变变,变成老鹰,飞飞飞。

　　这是一首数数歌与手指谣相结合的儿歌,手指谣旨在培养幼儿手指的灵活性,在朗诵儿歌前可以先教孩子认识五个手指头及如何用手指展示"1"、"2"、"3"、"4"、"5"五个数字,在朗诵时注意营造变魔术的神秘感,在"变变变"时可把双手藏在背后,"变成"后拿出来。这首儿歌的句式不规则,朗诵时注意搭配手指动作,节奏感要强,把数字的读音加重,帮助幼儿联系数数。在朗诵"爬爬爬"、"剪剪剪"等动词时,可根据节奏采用一字一顿的方式,即"×/×/×",或者"××/×";并根据节奏晃动手指,增加动感。在教学时,教师或家长可与小朋友相向而坐,模拟小动物的形象一边吟诵一边游戏。另外,此首儿歌可根据幼儿的年龄特点来进行创编,如"一根手指"可变为"铅笔","写写写";"两根手指"可变为"小白兔","跳跳跳";"三根手指"可变为"小花猫","喵喵喵";"四根手指"可变为"螃蟹","爬爬爬";"五根手指"可变为"大老虎","嗷嗷嗷"。

虎大王照相

冯幽君

　　大老虎,山中王,端着相机去照相。要给小猫照,小猫吓得上树了;要给小兔照,小兔吓得钻洞了;要给大鹅照,大鹅吓得跳河了;要给小鸟照,小鸟吓得上天了……东奔西跑到处照,最后啥也没照到。

　　这首儿歌讲述了大老虎给小动物们照相而引发的一系列有趣的现象。大老虎是山里的霸王,谁见了它都会怕它,可是它还要给小动物们照相,这不是更吓唬大家了? 所以,每一个见到大老虎的动物,不是"上树"、"钻洞"就是"跳河"、"上天",没有一个敢正儿巴经地当老虎的模特,这些动物生动的特征使得这首儿歌诙谐有趣。朗诵这首儿歌时要把"老虎"、"小猫"、"大鹅"、"小鸟"用形象的动作造型出来,"老虎"可弯曲手指,指尖用力,展示虎爪;"小猫"可张开双掌,掌心朝内,向两边打开,作胡须状;"大鹅"可伸长脖子,双手掌心向下,指尖翘起,作翅膀状;"小鸟"可两臂打直,作飞翔状。在诵读"吓得"时,小腹收紧,声短气促,作紧张状。最后大老虎"啥也没照到",透露出无可奈何的语气。在教学中也可根据原儿歌的结构形式,大胆地进行仿编活动,将原来儿歌中的动物替换成自己喜欢的动物,引导幼儿用"要给××照,××吓得……了"的句式进行仿编,如果让幼儿扮演不同的动物角色,吟诵此首儿歌的效果会更佳。

东家西家蒸馍馍

张继楼

东家	西家
猫上灶,狗烧火,	鸡又飞,狗又跳,

鸭子担水下了河。　　翻了蒸笼打了瓢。

白鹅帮它抬回来，　　鸭子走来踩两脚，

欢欢喜喜蒸馍馍。　　猫儿跑来抓一爪。

馍馍香，馍馍甜，　　吓得馍馍满地滚，

大家吃了笑呵呵。　　肚子饿得咕咕叫。

　　《东家西家蒸馍馍》是一组生活儿歌，通过东家蒸馍，猫、狗、鸭子和白鹅共同劳动，蒸出香甜的馍馍；西家蒸馍，鸡、狗、鸭子和猫乱打乱闹蒸坏了馍，饿得肚子咕咕叫的事例，说明只有团结合作才能做成事情的道理，教育孩子无论在日常生活中，还是在学习、劳动、游戏中都应该团结合作、互相帮助，共同进步。这首儿歌在内容上巧妙对比，在朗诵"东家"与"西家"时也应加强对比。朗诵东家时，热脸暖声，语调上扬，语气热烈欢快，把东家蒸馍馍时的欢喜场景展现出来；朗诵"西家"时，冷脸冰声，语短气促，语调向下，语气讽刺，把西家猫抓鸭踩的混乱场景展现出来，让幼儿在明显不同的两种朗诵风格下思考，到底该团结协作还是互相捣乱，达到寓教于乐的目的。在朗诵这首儿歌时，也可由幼儿分饰两种不同的角色，体会其中的情感。

有趣的图形

李子园

　　苹果圆圆脆又甜，烧麦圆圆软又咸；陀螺圆圆地下转，气球圆圆飞上天；月亮圆圆镜一面，太阳圆圆暖人间。

　　圆规尖尖画圈圈，针儿尖尖把线穿；稻谷尖尖有六边，菱角尖尖像条船；小船尖尖浮水面，飞船尖尖飞上天。

　　地坪方方好盖房，房屋方方有门窗；门窗方方玻璃装，玻璃方方好透光；尺子长长把身量，针线长长缝衣裳；雨丝长长天上降，河流长长入海洋。

　　《有趣的图形》通过儿歌的形式告诉幼儿图形就在我们的身边，它存在于生活的每个角落。对于孩子们来说，图形既是抽象的，也是直观形象的。它是我们肉眼看得见的，但对于孩子来说什么是边、什么是角，他们却不理解。所以我们朗诵此首儿歌前要注意结合幼儿的生活，选择特征比较明显、容易区分的圆形、方形、尖形进行初步的认识和观察，引导他们从自己周围的生活入手，学会观察周围的物体。这首儿歌句尾押韵，节奏感强，朗诵时注意把"圆"、"尖"、"方"的事物读得清晰准确，由于涉及事物从天上到地下，在设计态势语上不必过分追求，主张精、少，把主要动作做出来即可。例如："苹果圆圆脆又甜，烧麦圆圆软又咸"：双臂成拱形上举，模拟圆形，可左右摆动，但频率不可过高；"圆规尖尖画圈圈，针儿尖尖把线穿"："画"字用一根手指在胸前画圈，幅度不要太大，"穿"字可食指拇指捏紧从左划向右，作穿针引线状；"尺子长长把身量，针线长长缝衣裳"：可在"量"与"缝"这两个主要动词上加注动作。当然，在教学中教师可以鼓励幼儿按照原来儿歌的模式，寻找生活中的东西进行仿编。这不仅有助于孩子们观察能力的提高，也对他们的语言组织能力和理解力有所提升。

小 羊 羔

　　小羊羔，咩咩叫，看着妈妈蹦又跳。头儿晃，尾巴摇，蹚过小河吃青草。草儿青，草儿嫩，吃饱回

家好睡觉。

这首《小羊羔》描绘了一只活泼可爱好动的小羊羔,它又蹦又跳,摇头晃脑,爱吃青草。整首儿歌押韵动听,情节有趣,琅琅上口。在朗诵时注意读出儿歌中流露出来的欢快情调,语速适中,语气活泼,语调上扬;儿歌中的主要动词需重音处理,如"叫"、"蹦"、"跳";在后一句"草儿青、草儿嫩,吃饱回家好睡觉"时语速放慢,语音轻柔,营造温馨的语境;态势语的设计要注意目光语和表情语的变化,重复性的动作不宜过多。例如:"咩咩叫"可伸出大拇指、食指、无名指作羊角的形状置于头顶的两侧,可左右晃动,并配合屈膝动作;"蹦又跳"可击掌跳跃,想象孩子见到妈妈的欢乐情形;"头儿晃、尾巴摇"可双手叉腰,左右晃动脑袋,屁股向左右顶出;"蹚过小河吃青草"可用双臂作划水状,头部低垂摆动,作吃草状;"草儿青,草儿嫩"可成八字站立,头随身体左右侧摆,轻柔状;"吃饱回家好睡觉"可把肚皮前挺,双手抚摸肚皮,做心满意足的神态,同时屈膝,双手并拢置于耳侧,眼睛微闭,作睡觉状。

什么花春天最早开

什么花春天最早开? 什么鸟春天最早飞到我家来? 迎春花春天最早开;小燕子春天飞到我家来。
什么鸟夏天水中住? 什么花夏天开满树? 水翠鸟夏天水中住;石榴花夏天开满树。
什么花秋天第一香? 什么鸟秋天排成一字长? 桂花秋天第一香;鸿雁鸟秋天排成一字长。
什么花冬天满树黄? 什么鸟屋檐底下藏? 腊梅花冬天满树黄;麻雀鸟冬天屋檐底下藏。

问答歌,又叫问答调或对歌,有的地区称作盘歌。盘,即盘问之意。这种儿歌以设问作答的方式增加儿童的知识,帮助他们明白生活中的一些道理,并使他们从中获得愉悦。问答歌作为儿童群体游戏的一种,可以两个人一问一答,也可以多问多答。问答歌常常是以一组问答来表现一组互相关联的事物的特点,帮助孩子在比较中观察事物,增长知识,提高分辨能力。

这首《什么花春天最早开》按照春、夏、秋、冬四季的顺序,围绕花和鸟,采用两问两答的方式,给孩子们介绍了几种四季最典型的花卉:迎春花、石榴花、桂花、梅花,以及动物:燕子、水翠鸟、鸿雁、麻雀。根据问答歌一问一答或者连问连答的形式,在朗诵时应注意区分"问"、"答"的语气语调与表情变化。"问"时语调上扬,充满好奇的语气,带有询问的面部表情,体现出儿童歪着小脑袋问问题的兴致;"答"时采用肯定的语气,呈现诚恳真挚的表情。注意每一小节的语调都要有变化,问答采用强弱对比的形式,凸显问答歌特有的节奏。

数　字　歌

金　近

一二三,爬上山,四五六,翻筋斗,七八九,拍皮球,伸出两只手,十个手指头。

数数歌是儿歌的一种形式,是数学与文学巧妙结合的歌谣,旨在帮助孩子理解数的概念,训练培养他们的抽象思维,以及丰富他们自然、生活等各方面的知识。由于幼儿年龄的限制,他们的思维特点是直观性和表面性,抽象、逻辑思维还未得以发展,因此如果片面地让他们认识枯燥乏味的"数",掌握基本的数序和理解数的概念,会适得其反,影响幼儿学习"数"的兴趣。数数歌把数的一些概念巧妙地融进幼儿喜爱的儿歌之中,让孩子在形象有趣的儿歌中对"数"产生好奇与亲切感,并在反复朗诵之中认识数的概念。例如湖北儿歌《锣鼓打得咚咚响》："锣鼓打得咚咚响，听我唱个巧姑娘：一学梳妆巧打扮，二学裁剪做衣裳，三学庭前会洒扫，四学走路莫轻狂，五学知人会待客，六学做饭满口香，七学抛梭会织绢，八学描龙绣凤凰，九学重阳会做酒，十学贤惠李三娘。"

这首《数数歌》旨在让孩子通过诵读儿歌认识"一"至"十"十个数。在形式上，采用的是三言句式，每两行为一个独立完整的韵脚，短小上口，节奏明朗，活泼俏皮。它把一至九的数字分为"一二三"、"四五六"、"七八九"、"十"四个部分，每段又描写孩子感兴趣和熟悉的生活体验，如"爬山"、"翻筋斗"、"拍皮球"、"手指头"，让幼儿感到亲切自然、避免了识数记数的枯燥。在朗诵数数歌时，可以把数字的读音加重，但要读得清晰准确，可配合态势语来进行朗诵，"爬上山"可踏步作爬山状；"翻筋斗"可双臂打转；"拍皮球"作拍打状；最后一句伸出十个手指头。在朗诵时设计的动作要简单明了，可以使幼儿互动起来，让幼儿在游戏的过程中感知数字的美妙。

砍 蚊 子

程逸汝

树下铺张大席子，狗熊睡上一阵子，飞来一只大蚊子，吓得狗熊缩脖子。狗熊气得拿斧子，用足力气砍蚊子，砍出一身汗珠子，还没砍着大蚊子。狗熊不肯动脑子，两脚一蹬扔斧子，急急忙忙卷席子，卷起席子当帐子。

字头歌，是一种押韵特殊的儿歌形式。它的特点是儿歌每句句末的字词完全相同，这些字词大都为"子"、"头"、"儿"等。以它们作为儿歌的韵脚，一韵到底，具有很强的节奏与韵律感，语言表达上也富于幽默、风趣。在朗诵这一类儿歌时，注意读准后缀"子"、"头"、"儿"；注意把相同句式的句子间语调变化体现出来；注意把字头歌蕴含的丰富情节表现出来。

这类儿歌一般都有一个较为完整、有趣的情节，加上它独特的形式，深受孩子的喜爱。《砍蚊子》这首儿歌出现了九个由"子"做后缀的词语，有益于丰富孩子的词汇，提高语言表达能力。这首儿歌形象夸张地描写了一只不肯动脑子、一味蛮干的笨狗熊，用大斧头砍蚊子，自然是白费力气。在朗诵时要着力塑造狗熊的"笨"、"傻"，可使用低音区。语音方面注意轻声词的发音，如"子"后缀、"树下"、"飞来"、"吓得"、"砍着"等；注意"一"的变调，如"一阵子"读成二声，"一只"、"一身"、"一蹬"读成四声。在狗熊睡觉时，语调相对比较平和，气长而稳；在狗熊砍蚊子时，语速加快，节奏紧张，声音位置靠前一些。整首儿歌若加入恰当的态势语，则更加形象生动。如"狗熊气得拿斧子"：作生气的表情，双手握拳一高一矮作抓斧子状；"用足力气砍蚊子"：身体前倾，一脚向前迈出，作用力砍蚊子状，并体现出熊的憨态；"砍出一身汗珠子"：抬手作擦汗状；"还没砍着大蚊子"：双手摊开，配合摇头，作无奈状。

连 环 谜

王清秀

没有腿，没有手，整天背着房子走？是什么？是蜗牛。
蜗蜗牛，蜗牛蜗，谁用翅膀会唱歌？是什么？是蝈蝈。
叫蝈蝈，蝈蝈叫，谁到晚上来放哨？是什么？猫头鹰。
猫头鹰，猫头鹰，谁走夜路提灯笼？是什么？萤火虫。
萤火虫，把路照，是谁举着两把刀？是什么？是螳螂。

大螳螂,大刀快,谁的胸前大口袋？是什么？是袋鼠。

大袋鼠,大袋鼠,谁在河边敲小鼓？是什么？是青蛙。

小青蛙,捉害虫,谁在地下把田耕？是什么？是蚯蚓。

小蚯蚓,把地翻,谁会织网纺线线？是什么？是蜘蛛。

小蜘蛛,是益虫,谁给大树当医生？是什么？啄木鸟。

啄木鸟,啄木鸟,我们的谜语特别好。

　　谜语歌是儿歌与谜语交叉的一种文学样式。其在浓缩、象征的形式中包含着强烈的悬念,符合幼儿好奇心强的特点。猜谜过程是逐渐解释悬念的过程,也是检验孩子们的联想、推理和判断能力的过程。孩子们经过快速地思考,反复地猜测,最后猜中了谜底,在恍然大悟中获得一种愉悦。在朗诵这一类儿歌时,语速要慢些,配合幼儿思考的节奏;设计动作时要联系谜底来设计,让孩子在想象中较容易地猜出答案。

　　这首《连环谜》,每一小节都是一个谜语,有谜面有谜底,谜语每一节的结尾是下一节的开头,形成一个连环,通过自问自答的方式,既有谜语的趣味性,又含有很多知识。这首儿歌分别介绍了蜗牛、蝈蝈、猫头鹰、萤火虫、螳螂、袋鼠、青蛙、蚯蚓、蜘蛛、啄木鸟十种动物的特性,简单易学,琅琅上口。在朗诵时态势语的设计要形象生动,如"蜗牛":弯腰驼背,作辛苦状;"蝈蝈":两根手指作触角状;"猫头鹰":瞪圆眼睛,作谨慎状;"萤火虫":提灯笼作寻觅状;"螳螂":双臂伸直,手掌前勾;"袋鼠":双手抱圆,双腿曲蹲,作袋子状;"青蛙":双掌张开作爪状,双腿曲蹲,双脚朝外侧;"蚯蚓":身体作扭摆状;"蜘蛛":嘴唇作吐丝状,食指拇指联合作捏线状,从唇边拉出;"啄木鸟":五指合聚,作鸟嘴状,脖子向前伸出。在谜底字眼加重音,强调。

从前有座山

传统儿歌

　　从前有座山,山里有个庙,庙里有个锅,锅里有个盆儿,盆里有个碗儿,碗里有个碟儿,碟里有个勺儿,勺里有个豆儿,我吃了,你馋了,我的故事讲完了。

　　连锁调,是用"连珠"(又称"顶针")的修辞方法组成全歌,或者前后句随韵黏合,逐句相连。随韵黏合的连锁调往往前后句只是句尾押韵,在意思上不一定有什么联系,但节奏感极强。当然,也有一些儿歌克服了传统连锁调没有什么特别的思想意义的不足,如樊家信的《孙悟空打妖怪》,就用连锁调的形式描写了孙悟空三打白骨精的故事。在朗诵连锁调这一类儿歌时,要注意体现押韵自然、环环相扣的特点。

　　这首《从前有座山》的连锁调不知传承了几代人,几乎每个人的童年都离不开这首耳熟能详的经典儿歌,从"山"到"豆",一系列事物的组合巧妙有趣。朗诵时开头平稳叙述,引入"从前有座山,山上有个庙"时语气充满神秘感;从"锅里有个盆儿"到"勺里有个豆儿"时注意把握节奏,轻快有趣;后两句"我吃了,你馋了"诵出挑逗的意味。注意儿化音的发音准确到位。

《衣服整理歌》三首

叠衣服

衣服展开来,小门关关紧。双手抱一抱,衣服叠整齐。

脱裤子

脱下小裤子，两腿变一腿，裤腰裤腿碰碰头。

卷袜子

两个袜子并并拢，脚尖脚尖卷啊卷。袜筒轻轻钻过去，袜子变成小球球。

《衣服整理歌》这一组儿歌是属于生活类儿歌，幼儿由于受年龄和思维的限制，生活经验不够丰富，在生活中碰到诸如穿衣服、系鞋带、卷袜子等小事时会不知所措。而生活类的儿歌特别适合幼儿一边做一边吟诵，既能锻炼口齿，又能增加独立劳动带来的乐趣。在幼儿园一日活动中，教师可以随机适时地选用儿歌帮助幼儿建立生活规则，在洗手可以采用《洗手歌》，在午睡时可采用《午睡歌》等。朗诵这一类具有指导生活秩序与规则作用的儿歌时，主要采用边朗诵边动作的朗诵策略，在主要动词上加重音并做出相应的动作，即达到动作与语音相协调。例如，《叠衣服》儿歌中重音为"展、紧、抱、叠"，重音的表达方式为加重音量、放慢语速、配合动作、做好示范。此组儿歌在朗诵时需要准备教具，即上衣、裤子与袜子，教师与幼儿边诵儿歌边叠衣服、脱裤子、卷袜子，寓教于乐，在游戏中完成儿歌吟诵与生活演练。

四 季 姑 娘

南边来了春姑娘，身上穿着绿衣裳，头上戴着七色花，脖上项链闪闪亮。小鸟见了"喳喳"叫，蜜蜂见了"嗡嗡"唱，青蛙乐得"呱呱"响，都夸春姑娘真漂亮。

东边走来夏姑娘，绿绿长发披肩上，两只眼睛水灵灵，风儿一吹满身香。雨儿见了哼小曲，小树见了忙鼓掌，都说夏姑娘长得美，有她大地才漂亮。

西边走来秋姑娘，五彩斗篷披身上，珍珠玛瑙一串串，浑身上下闪金光。秋姑娘送来丰收粮，家家开门迎接忙，马儿拉，车儿载，喜庆锣鼓敲得响。

北边走来冬姑娘，手撒银花笑声响，大山穿上白衣袍，小树裹上素银装。小朋友，跑出门，堆个雪人白又胖，笑声"咯咯"漫天飘，齐夸冬姑娘好心肠。

《四季姑娘》这首儿歌属于时序歌，是一种传统的儿歌形式。它借助儿歌优美的韵律，引导孩子根据时序的递变去观察、认识大自然。依照"时序"描写世间万物是时序歌的主要特点，或向孩子们介绍某个时期的大自然现象，如农事活动、花卉瓜果、民风民俗等，具有鲜明的知识性。因此，时序歌是一种孩子最初步的自然知识教材。《四季姑娘》这首按照春、夏、秋、冬四季顺序唱诵的儿歌，用拟人的手法向孩子们呈现了四季所带来的不同景象以及富有季节特征的动植物，带领幼儿经历四季奇妙的变化，儿歌以"ang"做押韵，使作品琅琅上口，洋溢着一种欢快的基调。

整首儿歌节奏明快，朗诵时表情语应符合儿歌此种情境，面带微笑，眼神有光。在朗诵之前要帮助幼儿认识儿歌中有关的季节性的景象与动植物，例如，春天的小鸟、蜜蜂、青蛙；夏天的小雨、小树；秋天的葡萄、粮食；冬天的雪景与寒冷等。可以借助图片、影音视频等教具以加深幼儿感知；同时也要帮助幼儿正确认识儿歌中的方位词（东、西、南、北）。

注意儿歌当中出现的轻声与儿化等音变现象，如正确读准"姑娘"、"衣裳"、"漂亮"、"眼睛"、"朋友"等轻声词；注意方位、介词出现时词语的弱读现象，如"头上"、"身上"、"脖上"、"裹上"、"肩上"、"穿上"、"东边"、"西边"、"北边"、"南边"等。

拟声词在本首儿歌中较多，在朗诵中应注意声音造型。如小鸟的"喳喳"：音细且亮，欢快动感；蜜蜂的"嗡嗡"：使用鼻音，降低音量；青蛙的"呱呱"：嘴角尽量向两侧裂开，用喉咙震动发出声音；小朋友的

"咯咯":发音部位靠前,塑造儿童化音色。

此首儿歌适合大班阶段小朋友吟诵,因为句式较长、结构复杂、内容偏多。朗诵时可采用分组朗诵的方式,让小朋友扮演春夏秋冬四种角色,为小朋友戴上象征四季的头饰,如春姑娘:柳树;夏姑娘:荷花;秋姑娘:葡萄;冬姑娘:雪人等。让孩子们在角色扮演中体认大自然的四季变幻。在每一小节后注意停顿略长,以区分不同的季节。

手 指 宝 宝

两个大拇指,(两手成拳相对,拇指伸直,向前方伸出)

比比一样高。(两拳相合,拇指并在一起,展示平等)

相互点点点,(两手拇指向前弯曲,配合节奏运动)

接着弯弯腰。(两手拇指向前弯曲,配合节奏运动)

两个小拇指,(两拳打开,两手小拇指伸直,在胸前展示)

一样都灵巧。(两手小指弯曲运动)

相互拉拉钩,(两手小指反复拉钩)

点头问问好。(两拳竖起,两手小指相互弯曲运动)

食指,(弹食指)

中指,(弹中指)

无名指,(弹无名指)

样样事情离不了。(两手食指、中指和无名指弯曲运动)

摊开双手数数数,(两手心向上,十指伸展)

一、(左手拇指弯曲)

二、(左手食指弯曲)

三、(右手中指弯曲)

四、(左手无名指弯曲)

五、(左手小指弯曲)

六、(右手拇指弯曲)

七、(右手食指弯曲)

八、(右手中指弯曲)

九、(右手无名指弯曲)

十、(右手小指弯曲)

都是我的好好宝宝!(两手互拍)

这是一首手指谣,顾名思义,也是手指游戏的一种。通过手指游戏不仅能调动幼儿的听、说、想等各种感官,使幼儿手部肌肉群得到发展,而且手指活动能开发幼儿的右脑,促进左右脑和谐发展。通过循序渐进地玩手指游戏,来锻炼手指的小肌肉群,提高其动作的灵活性、准确性及控制能力。做游戏时,十个指头上下、前后、左右、正反、相互缠绕,不停地运动,可以使四十多个指关节和小肌肉群得到充分的运动,并带动腕、肘、肩等关节一起运动。幼儿在说歌谣和做游戏过程中,随语言节奏的变化变换动作,可以促进大脑的发育和神经细胞的增殖,使幼儿反应更加敏捷,更加心灵手巧、聪明智慧。《手指宝宝》这首儿歌在数数的同时更形象地让幼儿认识五个手指头,在朗诵中首先教会幼儿认识拇指、食指、中指、无名指、小拇指这五个手指头。其次,手指谣的朗诵贵在手指运动与童谣朗诵的和谐结合,节奏要统一、一致,动作的张弛应与语音的张弛相一致。最后,手指谣因其特点限制,朗诵时语速应较慢,以配合手指动作,语音应清晰明了,教师或家长的示范性充分,便于幼儿模仿。还有最重要的一点是,手指谣的选择应遵循幼儿年龄的特点,如小班幼儿可选择句式简单、结构短小、手指动作简单的手指谣;中班幼儿可选择句式稍微复杂、手指动作相对有难度的手指谣;大班幼儿可选择句式复杂、手指动作丰富的手指谣。示范如下——

小班手指谣

五个好娃娃

五个好娃娃,乖乖睡着啦。
公鸡咯咯啼,叫醒五娃娃。
拇指哥哥起床了,食指哥哥起床了,
中指哥哥起床了,无名指弟弟起床了,
小指妹妹也起床了。

朗诵时可左手握拳,边念儿歌边用右手将左拳从拇指开始——掰开,这对于小班幼儿来说简单易学。

中班手指谣

猫 头 鹰

猫头鹰,眼睛大,(用食指和大拇指围成圆圈放在眼睛上)
敏锐的鼻子,(用食指指向鼻子下方,不要太近,否则遮挡面部)
机灵的耳朵,(在头边伸出手指,指向耳朵方向)
爪子就是脚。(弯曲的手指像爪子)
住在高树上。(指向头顶)
当它看见你,(指另一个孩子)
它就拍翅膀,(弯曲肘部拍打手臂像翅膀)
一边拍,一边叫:"呜"、"呜"。(气长声粗,模拟猫头鹰声)

大班手指谣

手 指 上 课

手指上课!(两手五指相顶)
大门开了,(两手拇指分开)
小门开了,(两手小指分开)
二门开了,(两手食指分开)
后门开了,(两手无名指分开)
中门也开了,(两手中指分开)
小朋友都进来了。(两手十指交叉抱拳)

教室门开了,(两手拇指分开)

老师走进来了,(左手食指竖起)

全体起立,(交叉的十指全部伸展)

坐下。(两手交叉抱拳)

报数, 1.(手形同上,右手食指伸出,然后立即放下)

2.(左手食指伸出,然后立即放下)

3.(右手中指伸出,然后立即放下)

4.(左手中指伸出,然后立即放下)

5.(右手无名指伸出,然后立即放下)

6.(左手无名指伸出,然后立即放下)

7.(右手小指伸出,然后立即放下)

8.(左手小指伸出,然后立即放下)

大家早操一二一,(先伸展左手手指,然后换右手。按口令左右手轮番伸展)

一二一,(先伸展右手手指,按口令右手左手轮番伸展)

立定! 解散!(立下时停止运动,双手成交叉状,解散时两手放开)

你属哪一个

一个人,有一个,每家都有好几个,数起来,十二个,小朋友猜猜是什么? 小老鼠,排第一,个子不大真神气。老牛第二,虎第三,兔子第四跑得欢。龙第五,蛇第六,马是老七,不落后。羊第八,猴第九,十是公鸡跟着走。狗排十一汪汪叫,老猪最后来报到。小朋友,说一说,到底你属哪一个?

《你属哪一个》这首儿歌以一首生活谜语开头,它的谜底是"属相",并且引导幼儿掌握十二属相的排列顺序,在吟诵中帮助幼儿开动脑筋找到答案,增添了儿歌的乐趣。这首儿歌融知识性、文学性和趣味性于一体,既给幼儿以思想的磨砺又赋予文学的陶冶。在朗诵这首儿歌前首先要带领幼儿体认十二种小动物(鼠、牛、虎、兔、龙、蛇、马、羊、猴、鸡、狗、猪),并帮助幼儿通过动手操作为十二属相的动物们排排队,增添儿歌教学过程中的乐趣。

在朗诵开头的谜语时,应具有疑问的语气与表情。具体来说就是气细、声粘、踌躇的感觉;问句句尾语势向上。"小朋友猜猜是什么?"后停顿较长,给小朋友思考的时间。

整首儿歌注意重音位置与表达。例如,"小老鼠,排第一","第一"音强、语速较慢,强调首位;"个子不大真神气","真"强调重音,可加重音量,拖长音节,体现小老鼠排在第一位的骄傲感;"兔子第四跑得欢","跑得欢",唇舌有力,音量加大,强弱对比明显;"老猪最后来报到","最后",重音慢读,放慢语速,拖长音节,渲染末尾的情感色彩;"小朋友,说一说,到底你属哪一个",在幼儿的思考中结束儿歌。

注意儿歌中的"序数词"与"十二生肖"要朗诵清晰准确,但不必过分追求态势语的运用,如果每个数字都用手势语来表示,会影响儿歌的整体节奏,此首儿歌态势语贵在自然、适当。最后,让幼儿思考自己的属相是什么,从而加深对儿歌的体认。

红灯停 绿灯行

红灯停,绿灯行,红灯绿灯要分清。该走,赶快走,该停,马上停。交通规则遵守好,队伍整齐向前进。

《红灯停　绿灯行》是一首游戏儿歌,旨在让幼儿在快乐游戏的同时掌握生活中常用的交通规则。朗诵多用实声,注意动作进行有效的停顿,不必过分追求技巧。儿歌中的"停"、"走",须作重音处理,加强音量。这首儿歌在朗诵时可结合以下游戏规则:把参加游戏的小朋友分成人数相等的几个单行纵队,并排在一条横线后面。老师左手拿红旗,表示红灯,右手拿绿旗,表示绿灯,站在小朋友对面十米左右远的另一条横线上。当游戏开始时,老师诵读"红灯停,绿灯行,红灯绿灯要分清"时,小朋友在原地作踏步运动;当老师举起绿旗时,小朋友诵读"该走,赶快走",并且各队一起快步前进;当老师举起红旗时,小朋友诵读"该停,马上停",并且各队站在原地不动。在老师红旗、绿旗上下挥动时,小朋友们学习到了最基本的交通规则。也可结合口令,让小朋友做一些辅助动作,如立正、稍息等。最后看哪一队最先到达终点,大家齐诵"交通规则遵守好,队伍整齐向前进"。

连念七遍就聪明

江苏儿歌

天上七颗星,地下七块冰,树上七只鹰,梁上七根钉,台上七盏灯。呼噜呼噜扇灭七盏灯,嗳唷嗳唷拔掉七根钉,呀嘘呀嘘赶走七只鹰,抬起一脚踢碎七块冰,飞来乌云盖没七颗星。一连念七遍就聪明。

这是一首源自江苏民间的经典绕口令儿歌,是典型的语言游戏,不管孩子连念七遍绕口令后是否变聪明了,孩子的口齿一定比以前更清楚了,思维也更敏捷了。这首绕口令里难点字音包括:"星"、"冰"、"鹰"、"灯"、"钉",其中"星"、"冰"、"鹰"、"灯"都是同韵不同声,而"钉"、"灯"则是同声不同韵,这些字读音相近,且前面的修饰语复杂,故分辨起来确实比较困难。此外,这小小的儿歌中包括了五个方位词("天上"、"地下"、"树上"、"梁上"、"台上")、五个量词("盏"、"根"、"只"、"块"、"颗")、五组动词("扇灭"、"拔掉"、"赶走"、"踢碎"、"盖没")和三组摹声词("呼噜呼噜"、"嗳唷嗳唷"、"呀嘘呀嘘")。可见,这首生动、有趣的儿歌,不仅扩大了孩子的词汇量,更锻炼了口齿,可谓一举数得。读好这首绕口令儿歌首先须读准读音相近的"星"、"冰"、"鹰"、"灯"、"钉",并找准它们的修饰词,带领幼儿先掌握词汇再练习儿歌不失为练习绕口令的有效方式;其次须演示好这三组拟声词,"呼噜呼噜",利用喉部力量发音,送气,扇风状;"嗳唷嗳唷",气足力强,使劲状;"呀嘘呀嘘",声清不着力,驱赶状。最后,绕口令中主要动词须重音展示,可采用重音重读的方式,咬字清晰有力。

对数儿歌

我说一,谁对一,哪个最爱把脸洗?你说一,我对一,小猫最爱把脸洗。我说二,谁对二,哪个尾巴像扇子?你说二,我对二,孔雀尾巴像扇子。我说三,谁对三,哪个跑路一溜烟?你说三,我对三,兔子跑路一溜烟。我对四,谁对四,哪个圆圆满身刺?你说四,我对四,刺猬圆圆满身刺。我说五,谁对五,哪个蹦跳上大树?你说五,我对五,猴子蹦跳上大树。我说六,谁对六,哪个扁嘴水里游?你说六,我对六,鸭子扁嘴水里游。我说七,谁对七,哪个叫人早早起?你说七,我对七,公鸡叫人早早起。我说八,谁对八,哪个鼻子长又大?你说八,我对八,大象鼻子长又大。我说九,谁对九,哪个沙漠天天走?你说九,我对九,骆驼天天沙漠走。我说十,谁对十,哪个耕地有本事?你说十,我对十,黄牛耕地有本事。

这是一首经典的对数儿歌,是一首问答歌与数数歌相结合的对数谣。它围绕孩子生活中熟悉的动物设问,一问一答,按数字顺序由一问到十,由一回答到十,介绍了小猫、孔雀、兔子、刺猬、鸭子、公鸡、大象、骆驼、黄牛十种可爱形象的动物。这首对数歌之所以琅琅上口、广为流传得益于其中的音韵和谐、节奏鲜明。

掌握儿歌中同韵不同声、读音相似的十组字。"一"与"洗"、"二"与"子"、"三"与"烟"、"四"与"刺"、"五"与"树"、"六"与"游"、"七"与"起"、"八"与"大"、"九"与"走"、"十"与"事"。这十组字紧密相联,造成诵读时发音的紧迫感,亦有一种天然的节奏感。朗诵时注意发音准确、到位,区分明显,吐字归音到位。

儿歌中抓住了十种动物的行为特征或形象特征,在朗诵中根据节奏加入恰当的态势语,模拟十种个性鲜明的小动物,则为此首对数歌的朗诵增色不少。举例如下——

"小猫":张开双手,掌心朝内,交叉向面部两侧滑动,作胡须摇摆状;

"孔雀":拇指、中指相碰,其余各指向外翘,模拟孔雀的头部形态,左右手均造型;双臂向外展开,左右手相碰并分开,模拟开屏状;

"兔子":食指、中指分开,拇指、无名指、小拇指聚拢,作兔子耳朵状置于头部两侧,并配合腿部动作上下弹跳,模拟兔子蹦跳状;

"刺猬":两只手掌置于肩部上方两侧,持续作聚拢、放开的动作,展示刺满身的状态,类似于星星一闪一闪的动作;

"鸭子":双手掌心相对,置于嘴前,合拢、放开,模拟鸭子扁嘴的造型;

"公鸡":左手五指张开侧立于头顶中央,模拟大公鸡的鸡冠;右手掌心向下,置于身体后方,掌间翘起,模拟大公鸡的尾巴;

"大象":左手捏住鼻子,右手臂从左手与鼻子构成的环形中穿过去,模拟大象的长鼻子;

"骆驼":双腿曲蹲,身体前倾,两手掌心向下,掌尖翘起,置于身后,作负重状,模拟骆驼驼重物的形象;

"黄牛":双手拇指、食指、小拇指翘起,无名指、中指弯曲,模拟牛角的样子置于头顶两侧。

朗诵此首儿歌时,建议组织孩子两人一组,一边互拍手掌,一边唱诵。在十种动物处,两个小朋友相向做出相应的态势语,既增长知识,又极其富有乐趣,孩子在轻松愉快的游戏过程中掌握儿歌,增添生活情趣。

此首儿歌亦可仿照句型进行创编,充分发挥幼儿的想象力与思维力。例如,"你说三,我对三,哪个身后背座山?你说三,我对三,骆驼身后背座山。"或者:"你说八,我对八,哪个叫声呱呱呱?你说八,我对八,青蛙叫声呱呱呱。"

菜园里的歌

寒 枫

豆角青青细又长,黄瓜穿身绿衣裳,茄子高高打灯笼,萝卜地下捉迷藏,辣椒长个尖尖嘴,倭瓜越老皮越黄,红绿黄紫真好看,菜园一片好风光。

这是一首为幼儿介绍植物的儿歌,为小朋友们描绘出一幅生机勃勃的菜园图景。儿歌中包含了六种常见的蔬菜:豆角、黄瓜、茄子、萝卜、辣椒、倭瓜。作者抓住了每一种蔬菜最典型的特征加以形象描绘:"豆角"颜色青青又细又长,"黄瓜"带着小刺儿浑身透绿,"茄子"摇摇晃晃挂在枝头像极了灯笼,"萝卜"埋在土底下,"辣椒"尖尖的小嘴儿透着不服输的辣劲儿,"倭瓜"个头矮皮儿黄。这五颜六色的菜园子可真吸引人哪！整首儿歌运用比喻、拟人手法，加上丰富的想象，把一个菜园子活生生地展现在小朋友面前。

朗诵这首儿歌前可带小朋友观察六种植物，让孩子们说说这六种植物的主要特征，加深他们的印象，从而更好地体认整首儿歌的内容。让孩子看一看、摸一摸、闻一闻、想一想、说一说，在观察中获得真知，并学会使用形容词"细"、"长"、"尖"等。

注意把握儿歌的整体节奏："××/××/×××"，整首儿歌节奏统一，韵律感强，听觉效果明快舒适。结尾两句可速度放慢，"好风光"可采用一字顿的停顿方式，彰显菜园满园景色的情景。

适当加入儿化音，增加活泼亲切感，如"萝卜儿"、"皮儿"等。注意轻声词的运用："黄瓜"、"衣裳"、"茄子"、"萝卜"。

可适当对此首儿歌进行创编，将其变化为问答歌的形式，与幼儿一问一答，以游戏的形式吟唱儿歌，例如："什么青青细又长？豆角青青细又长。什么身穿绿衣裳？黄瓜身穿绿衣裳。"等等。

我们都是小图形

我是小圆形，四周圆又圆。我是长方形，长长两条边。我们两个握握手，变成一间小房子。我是三角形，三边三个角。我是长方形，长长两条边。我们两个握握手，变成一棵小松树。

我们都是小图形，我们一起变变变，世界变得更精彩。

这是一首有关形状的儿歌，我们熟悉的此类儿歌有《饼干圆圆》："饼干圆圆像个太阳，嗷呜一口变成月亮，嗷呜一口变成小船，小船小船开到嘴边，嗷呜一口不见了。"孩子们边吃圆形的饼干边学儿歌，不仅使孩子学得有趣，还让孩子们知道了图形是可以变化的。在《我们都是小图形》这首儿歌里介绍了三种基本形状：圆形、长方形、三角形，并通过这三种形状的奇妙组合变成小房子与小松树。此首儿歌可用于幼儿艺术领域中绘画里的教学，幼儿边诵儿歌，边组合形状，感知图形世界带来的乐趣。在朗诵前，可让幼儿体认这三种不同的形状，并观察生活中哪些物品属于这些形状，如硬币是圆形的、门是长方形的、小红旗时三角形的；教师边诵儿歌边教学时，注意儿歌的节奏与下笔作画的节奏相一致，才能达到这首儿歌的教学目的。

总之，儿歌充满儿童情趣并具有教育意义，陪伴着幼儿的成长，是幼儿喜爱的精神食粮。学龄前儿童想象和思维十分活跃，对儿歌也最感兴趣，唱诵儿歌已成为幼儿生活中不可缺少的娱乐、教育活动。陈伯吹曾说过："儿童文学作家总是善于从儿童的角度出发，以儿童的耳朵去听，以儿童的眼睛去看，特别是以儿童的心灵去体会。"童心就是小孩子天真纯朴的心，是赤子之心。童趣就是儿童情趣，童趣是童心的升华与折射。可以说，儿歌的朗诵亦是如此，我们主张首先要怀着一颗童心，从幼儿的视角出发，读出儿歌的童趣来。其次我们可以从声音造型、形象造型、审美创造等诸多方面去品味吟诵，但需要注意的是过多的技巧的使用可能会肢解艺术形象，使其支离破碎。最后，儿歌的朗诵应区别于幼儿诗的朗诵，重在情趣和听觉效果。

第九章
儿童诗的朗诵

儿童诗是儿童心灵的窗户,是儿童心灵的天空,有美丽的星星和烛光在里头闪烁,它让每一个心灵空间都充满了快乐。儿童诗从儿童心灵深处抒发出来,生动地传达出孩子们那种美好的感情、善良的愿望、有趣的情致,以激起小读者感情上的共鸣。儿童诗的朗诵要有声音造型的审美化表达。

第一节　儿童诗朗诵要点

一、虚实相间的声音造型展现作品意境

有些诗歌需要修辞性地描摹现实,如《雨铃铛》,春雨的艺术化声响、小燕子春天的忙碌都流露在朗诵者轻松、明快、喜悦、虚实相间的声音造型中。"沙沙沙,沙沙沙(虚),春雨洒在房檐上(实)。房檐上,挂水珠(实),好像串串小铃铛(虚)。丁零当啷,丁零当啷(虚),它在招呼小燕子(实),快快回来盖新房(实虚)。"虚实相间映衬现实时间与心理世界的和谐相生,生动诠释了"雨"与"铃铛"之间的勾连,拓展学生的空间,放飞想象的翅膀。

在纯粹幻想型的诗歌里,更需要利用声音造型辐射幻想的斑斓和多维性,想到的"点"与描述般的"面"利用虚实来分界和融合。例如《我想》:"我想把小手安在桃树枝上(实)。带着一串花苞,牵着万缕阳光(虚),悠呀,悠——悠出声声春的歌唱(虚)。我想把脚丫接在柳树根上(实)。伸进湿软的土地,汲取甜美的营养(实),长呀,长——长成一座绿色的篷帐(虚)。我想把眼睛,装在风筝上(实)。看白云多柔软,瞧太阳多明亮(虚),望呀,望——蓝天是我的课堂(虚)。"虚实声音的处理配合诗歌的结构,整齐、统一。

更多诗歌是在作者流动的情绪中,现实与想象交错辉映。实声重在对现实的描摹,在飘飞的思绪中渐缓、渐淡,幻化成假象的图画。例如在艾青《下雪的早晨》中:"我们很久没有到树林里去了,那儿早已铺满了落叶,也不会有什么人影;但我一直都记着那个小孩……"开始承上启下从客观的现实过渡:"和他那很清很清的歌声,此刻他……"声音的虚化从这里开始,采用绵长气息的呼出,声母阻气要有力,气音缓慢、温和,使受众借助听觉形象进入文章的意境,从而体悟诗情。

二、运用声腔体现浓烈的情绪

声音的哭和笑是声音造型的常用手法,常通过声音的化妆来表达浓烈的情感。如《歌唱二小放牛

郎》，颂扬了抗日小英雄王二小为了掩护八路军后方机关和数千老乡，把敌人领进埋伏圈，自己英勇牺牲的壮举。在情节和感情发展的高潮，也是最震撼人心的时刻："敌人把二小挑在枪尖，摔死在大石头的旁边。我们十三岁的王二小，英勇地牺牲在山间。"悲怆的语气、缓慢的节奏，配合颤音的技巧，吸气在抖动，呼气要战栗，使悲愤的心绪内敛，在内心积蓄力量。"干部和老乡得到了安全，他却睡在冰冷的山里边。他的脸上含着微笑，他的血染红蓝天。"两两对比，在朗诵"冰冷的山里边"、"血染红蓝天"时，在声情合一的基础上，欲抑难抑声抖动，让受众在声音造型中得到深深的感动、情感的升华。

而艾青的《太阳的话》正好相反。在诗歌中抒发了太阳渴望唤醒人们、敲开人们心灵的急切心情，从而激发人们热爱太阳、热爱生活的情感，形成积极进取、乐观向上的精神。在明快的节奏中，踩着鼓点，"让我进去，/让我进去/进到你们的小屋里"，"快起来，/快起来/快从枕头里抬起头来"，多么热切的盼望！"金黄的花束"、"林间的香气"、"亮光和温暖"、"满身的露水"都是世上美好温馨的事物，全文可以在轻盈的语速中，放松口腔喉部，弹动小腹膈肌，气打软腭，运用笑言的技巧并增加声音的弹性，充分表达作品浓烈的情绪。

三、运用精细的角色感创设内心视象

文章的语言分为叙事语言、角色语言（对白、独白）。在声音的造型中，角色感和对象感都是重要的概念。不同的诗歌有不同的受众，更有不同的角色，角色的声音造型要符合年龄特征和社会形象。如《老树的故事》是一首富有童趣的儿童诗，教学目的是通过创设语言环境与生活有机的结合，拉近孩子与"老树"的距离，引导孩子在朗诵中感悟大自然与人的情谊。教师的声音造型就是学生内心视象形成的过程。作品的叙述人是一个天真烂漫的儿童，睁着圆圆的大眼睛，边抚摸老树粗糙的树干边在树下问老树，有疑问，有猜测，也有撒娇。朗诵者要把握角色的年龄特征，发音器官部位靠前，嗓音甜润略带童嗓，语气语调顺应儿童腔体现儿童的心理特点，只有儿童的声音造型才能展现这首诗的童真和童趣。

同样是儿童诗歌，《天外来客——陨石》的叙述人转化为循循善诱的自然馆的讲解员或者是教师。节奏舒缓，有现象有原因有解释，角色的年龄和风格都有所改变，所以声音造型以稳重为主，起伏不大的语调配合重音和舒缓的停顿，给人以信服之感。要抓住感觉和形象，音色音量要恰当，语气语调要跟上。

儿童诗歌的音乐性不限于押韵，还表现在情绪的节奏上。要有规律地安排声音的抑扬顿挫，安排抒情的节奏，使感情和句式的节奏协调。和儿歌相比，儿童诗的语言样式更丰富，词汇文采更有艺术性，适合较大的孩子。如儿歌《房间》——

这里就是/儿童房，小小桌椅/小小床。
玻璃窗户/明晃晃，小小柜子/装衣裳。
屋里干净/又清爽，孩子快乐/又健康。

这是一首典型生活性的儿歌，对仗整齐、工整，合辙押韵。"房"、"床"、"晃"、"裳"、"爽"、"康"，韵尾押 ang 韵，采用四二拍的节奏，句调顺着韵尾的字调，上下起伏回环。"房"（阴平）、"床"（阳平）用升调，"晃"（上声）、"裳"（轻声）用降调，"爽"（上声）用降调，"康"（阴平）用升调。富有音乐性的儿歌可以引起儿童语言的美感和学习的愉悦感，使儿歌易读易记易唱。可以看出，儿歌更简单，语言样式既有节奏，变化也较小。

第二节　儿童诗朗诵解读

春 的 消 息

金 波

风，摇绿了树的枝条，水，漂白了鸭的羽毛，盼望了整整一个冬天，你看，春天已经来到。

让我们换上春装，像小鸟换上新的羽毛，飞过树林，飞过山岗，到处有春天的微笑。

看到第一只蝴蝶飞，它牵引着我的双脚；我高兴地捉住它，又爱怜地把它放掉。

看到第一朵雏菊开放，我会禁不住欣喜地雀跃，小花朵，你还认得我吗？你看我又长高了多少！

来到去年叶落的枝头，等待它吐出新的绿苞；再去唤醒沉睡的溪流，听它唱歌，和它一起奔跑。

走累了，我就躺在田野上，头顶有明丽的太阳照耀。是谁搔痒了我的面颊？啊，身边又钻出嫩绿的小草……

儿童诗歌是儿童文学作品中韵体作品的统称。童诗的语言精炼、内容生动、想象丰富，有优美的韵律和节奏，易懂易记，它是以儿童为主体接受对象，适合于儿童听赏、吟诵、阅读的诗歌。具有饱满的儿童情感、儿童式的丰富想象、新颖巧妙的构思、天真而精粹的语言、童稚而优美的意境等特点。

在这首《春天的消息》中，诗人金波以一颗童心与大自然无拘无束地交流。全诗共分六个小节，描写了孩子们殷切地盼望了"整整一个冬天"，春天到来时尽情地在大自然中寻找、感受春的消息，直至尽情地嬉戏、玩耍，将喜悦之情表现得淋漓尽致，表达了作者对春天、对大自然浓浓的爱意。

第一节将"春风、春水、树枝、鸭"构成了一幅春意盎然的图画，语调轻柔、和缓，微微蓄势。"你看，春天已经到来"要诵出终于盼来了期待已久的春天的那份喜悦，声音略高昂，眼神虚视，好像看到了一片盎然的春色。在朗诵时应适当加上动作，比如"风，摇绿了树的枝条"可以双臂摇晃，声音和动作一起将显得更有感染力。

第二节作者把自己比成了快乐的小鸟，换上春装，飞过树林，飞上山岗，在朗诵时要表现出寻找春天那种快乐高兴的心情，面带微笑，语调轻快，咬字轻盈。

第三节写捉、放飞舞的蝴蝶，要诵出看到第一只蝴蝶时的那种高兴之情，而最后一句"又爱怜地把它放掉"是爱，是怜，是珍惜，"爱怜"和"放"两个词要重点体会，所以要读出对蝴蝶的怜惜之情，语调要变柔变轻。

第四节写问候开放的雏菊，是欣喜，是雀跃，在朗诵时要表现出雀跃的感觉，声音又从第三节轻柔的语调变得清亮；孩子把花当成亲密的朋友，后两句"小花朵，你还认得我吗？"诵出小孩子对好久不见的花朵的提问，天真烂漫。最后一句"你看我又长高了多少"诵出孩子对自己长高的开心和自信的语气。

第五节写枝条吐出绿苞，语调轻柔，把溪流拟人化，将自己比成熟睡的人，轻轻地去唤醒。"听它唱歌，和它一起奔跑"要带有轻快的节奏、快乐的感情。

第六节描写明丽的太阳、痒面颊的嫩草。"走累了，我就躺在田野上，头顶有明丽的太阳照耀。"要有充分的内心视像，想着自己懒洋洋地享受沐浴着明媚阳光，一切都是那么惬意、放松。"是谁搔痒了我的面颊？"要读出质疑的口气，带着疑问。当知道是身边小草时要读出惊喜的感觉。

全诗主要以轻快、明朗的节奏为基调，描写生机勃勃的春天，让喜欢春天的孩子陶醉于春的消息之中。要读出快乐之情，在朗诵过程中还要加上适当的动作表情，使情感抒发得更充分。

春天是一本书

常福生

春天是一本　彩色的书——黄的迎春花　红的桃花　绿的柳叶，白的梨花……
春天是一本　会笑的书——小池塘笑了，酒窝圆又大；小朋友笑了，咧开小嘴巴……
春天是一本　会唱的书——春雷轰隆隆，春雨滴滴答，燕子唧唧唧，青蛙呱呱呱……

这是一首描写春天的儿童诗，春天是美丽的，春天是活泼的，春天是浪漫的。诗人从声音、色彩等方面采用了排比的形式描绘春天生机勃勃的景象。因此全诗的感情基调是欢快的，要读出节奏感。

"春天是一本书"，"一本彩色的书"，"一本会笑的书"，"一本会唱的书"，这是多么优美、新颖的比喻呀；春天是会笑、会唱的书，又是多么奇特的拟人化的描述；全诗三个小节的开头结构相似，形成了排比，增强了情感的渲染。诵读时应体现出重轻的区分度。

第一节采用前紧后松的方式。读"黄"、"红"两句的逗号停顿短一点，而"绿"句的顿号要长一点。最后一句的语速也要慢些再"白的"后要稍稍停顿，因为这句后是省略号，说明还可能有很多的颜色。

第二节的朗诵，要带着欢快的心情，"笑"、"圆"、"咧开"要表现得夸张。

第三节的四个拟声词要读得模拟得形象，"轰隆隆"、"滴答答"、"唧唧唧"、"呱呱呱"要有造型音色扁宽、长短、轻重、抑扬的区分，体现事物的特征。

整首诗歌，巧妙地运用比喻、排比、拟人的修辞方法，增强了诗歌的艺术性。而诗歌的韵脚取"a"韵，读起来顺畅，一气呵成；又以排比近似于反复吟诵的手法，使全诗形成了回环迁转的旋律，更增强了音乐性。因此朗诵时不仅要怀着欢快赞美的情感，还要注意节奏和停顿才能把儿童诗所要表达的情感展现出来。

夏 弟 弟

圣 野

悄悄地，悄悄地，他像一个活泼泼的　爱爬竿子的绿孩子，伸着小腿儿到处爬。
爬啊，爬啊，给树，添上树叶。爬啊，爬啊，给葡萄架，披上绿纱。
爬啊，爬啊，给墙，绕上绿藤。爬啊，爬啊，给小山坡，穿上绿衣……
他，还给大地带来那么明亮的阳光，那么充足的雨水！
太阳照，雨水淋，山林，更翠了！田野，更绿了！庄稼啊，咧咧咧，一个劲儿往上长，正在酝酿一个喜人的好收成。
人们都爱这么夸奖他：这一个绿孩子真勤劳！我们看他不见，摸他不着，可是我们确实知道他来了！——他给我们带来了多么可爱的绿颜色！
那个为了祖国四个现代化，在洒满绿荫的窗口，勤奋看书的学生，给他取个名，说他的名字就叫夏弟弟。

圣野的《夏弟弟》是一首饱含着童真的激情去描摹夏天绿意的诗。全诗采用拟人手法，形象生动，耐人回味，诗人把夏天比喻成"爱爬竿子的绿孩子"，由衷地赞美他给我们带来了"多么可爱的绿颜色！"表面上诗人在赞美大自然那绿的生命力，实际上是在赞美"为了祖国四个现代化，在洒满绿荫的窗口，勤奋看书的学生……"这才是夏天真正的充满绿意的风景。

　　全诗的节奏欢快明朗,在朗诵时应注意展开想象,进入意境。诗中对夏天的迷人景色作了形象的描述,如"给树,添上绿叶……给墙,绕上绿藤……"等句子都充分表现了夏季的美丽可爱,诵读时要有充分的感情酝酿,具体地感受,展开想象,进入意境。

　　真挚的感情是朗诵好这首诗的基础,诗中有好几处排比、反复,如"悄悄地,悄悄地""爬啊、爬啊"等,所以在诵读时应用虚声突出重音,表达感情。

　　第一小节的朗诵中,"悄悄地"、"爬啊"、"活泼泼"用诵出夏弟弟孩子般的神采,这几处重音可采用虚声,放慢速度的方法处理。

　　在读到四个"爬啊,爬啊……"的时候,"爬"字要重读,"啊"要次重读,可适当延长。后面的四个"给……"要读出夏天给人们带来的喜悦感。除了注意句子的重音,我们还要注重句子的停顿,例如:他像一个活泼泼的|爱爬竿子的|孩子。

　　第六小节中,"他"字要重读,"明亮的阳光"、"充足的雨水"语气可以逐渐上扬。在两个"更"字的衬托下,"翠"、"绿"字作为重音,体现出声音宽窄长短的变化,表现出夏天无所不在的绿意。拟声词"唰唰唰"作为拟声性重音,可传全句之"神",要读出动感。

　　第七小节中,"夸奖"一词总领本小节,"确实"、"可爱"为重音,诵读时带着兴奋和喜悦之情。

　　最后一节朗诵时速度放慢,语调轻缓,注意停顿,要给小听众留下联想和回味的余地。让儿童受到美的熏陶的同时增强少年儿童渴望知识、热爱生命的意识,树立对社会的责任感。

雨　后

冰　心

　　嫩绿的树梢闪着金光,广场上成了一片海洋! 水里一群赤脚的孩子,快乐得好像神仙一样。

　　小哥哥使劲地踩着水,把水花儿溅得高高。他喊:"妹,小心,滑!"说着自己就滑了一跤!

　　他拍拍水淋淋的泥裤子,嘴里说:"糟糕——糟糕!"而他通红的欢喜的脸上,却迸射出兴奋和骄傲。

　　小妹妹撅着两条短粗的小辫儿,紧紧地跟在泥裤子后面。她咬着唇儿,提着裙儿,轻轻地小心跑,心里却希望自己　也摔这么痛快的一跤!

　　《雨后》是一首描写童稚举止、心态的诗,也是一支充溢着童真童趣的欢乐的歌。全诗一共四节,寓语于情、寓情于景,描绘了雨后广场上孩子们无忧无虑、尽情玩耍的场面,刻画出一对小兄妹在雨后踩水嬉戏的情境和心理。明快的笔调、幽默的语言,奠定了这首诗轻快的朗诵基调。

　　第一节,"嫩绿的树梢闪着金光",写出了春末夏初雨后初晴的美景,语气欢快上扬,诵出那份期盼已久的欢愉;"广场上成了一片海洋",可见这广场之阔大,朗诵时"一片海洋"要重音慢读,眼神环视,读出赞叹,略带惊喜的夸张表情,并配上手势;"水里一群赤脚的孩子,快乐得好像神仙一样",从面上写出雨后孩子们淌水嬉戏的图景,"快乐"和"神仙"读重音,表现"乐在其中"的自我陶醉。

　　诗的第二、三、四节,具体地描绘了众多孩子们中的一对小兄妹踩水嬉戏的动人情景。其中第二、三小节写哥哥踩水:"小哥哥使劲地踩着水,把水花儿溅得高高。""使劲"、"溅得高高"可谓点睛之笔,将小哥哥的情态、兴致摹状得惟妙惟肖,朗诵时语调兴奋高昂。"妹,小心,滑!"要以靠前稚气的高而远的声音来"喊话",体现哥哥对妹妹的友爱。"说着自己就滑了一跤!"强调"滑了一跤",语气忽转低,有些懊恼,有点滑稽。小哥哥对于滑了一跤很高兴,"他拍拍水淋淋的泥裤子,嘴里说"糟糕——糟糕!""动作麻利,憨态可掬,加上"拍"的动作,以稍快的、自言自语的语气来读。"而他通红欢喜的脸上,却迸射出兴奋和骄傲。"朗诵者面带微笑,疼爱地娓娓道出这个男孩子的淘气、勇敢和快乐。

第四节写小妹妹紧跟在小哥哥后边小心翼翼地踩水。这几行诗，新颖、精巧，小妹妹举止、心态的反差写得那么真实、生动。朗诵时，以轻快的语调描绘小妹妹可爱的情态，"紧紧"、"咬着唇儿"、"提着裙儿"、"轻轻地"、"小心地"，重音轻读，动词短促，面露微笑，表现女孩子踩水的"斯文"样和紧张兴奋、小心翼翼、好奇爱玩的心理。"心里却希望自己，也摔这么痛快的一跤！"通过"痛快的一跤"的语调升高变化，突出妹妹举止与心态的强烈反差，读出妹妹的羡慕，想要尽情释放童稚的天性。

我 想

高洪波

我想把小手　安在桃树枝上。带着一串花苞，牵着万缕阳光，悠呀，悠——悠出声声春的歌唱。

我想把脚丫　接在柳树根上。伸进湿软的土地，汲取甜美的营养，长呀，长——长成一座绿色的帐篷。

我想把眼睛　装在风筝上。看白云多柔软，瞧太阳多明亮，望呀，望——蓝天是我的课堂。

我想把自己　种在春天的土地上。变小草，绿得生辉，变小花，开得漂亮。成为柳絮和蒲公英，更是我最大的愿望。

我会飞呀，飞——飞到遥远的地方。不过，飞向遥远的地方，要和爸爸妈妈商量商量……

这首清新悠畅的小诗，以独特的视角、亲切的语言展现了春天的美好，道出了孩子们置身于春天的遐想，勾勒出一个纯真的精神世界与想象世界……字里行间充满了童心、童趣。

这首诗描写的都是美好的幻想，由于诗的格式大致相同，整首诗的基调是愉快中蕴含憧憬。朗诵时，要避免每一个小节都用同样的处理，而应根据诗歌具体描绘的情境，给予不同的变化。

第一小节："我想"读得梦幻轻柔，把重音放在"小手"、"安在"、"桃树枝上"，让这美丽奇幻的想象意象化，"带着一串花苞"，读得喜悦轻快，"牵着万缕阳光"把速度相对放慢、放轻，读出阳光明媚，洒满世界的意境。"悠呀，悠——"读得轻、柔、慢，带着点虚声，"悠出声声春的歌唱"。朗诵时由轻渐重，直至"唱"字最响。

第二小节："我想把脚丫/接在柳树根上。"可读得活泼俏皮一些，"伸进湿软的土地，汲取甜美的营养"，把重音放在偏正搭配上，"长呀，长——"用虚实相替的读法，实音重音落在最后一个"长"，突显这"长"的期盼、快速与力度，"长成一座绿色的帐篷"，要读出向上伸展的感觉，配上期盼的眼神和指示向上的手势。

第三小节："我想把眼睛/装在风筝上。"可配以调皮的眨眼动作，重音落在"风筝上"。"看白云多柔软"，读得惊喜、轻快，"柔软"要读得轻柔，虚声，读出"柔软"的感觉，"瞧太阳多明亮"中"明亮"要读得放开，读出亮堂的感觉。"望呀，望——"最后一个"望"字延长，虚声，以表达"望不尽"的感觉，"蓝天是我的课堂"，把重音落在"课堂"上。

第四小节："我想把我自己种在春天的土地上。"最后一个"上"字读轻音，轻快、短促，读出迫不及待的感觉。"变小草，绿得生辉，变小花，开得漂亮。"拉长"绿"与"漂亮"，使其意象化，"成为柳絮和蒲公英，更是我最大的愿望。"重音落在"最大的愿望"，"最大"还可适当拉长声音，声音要含情。"我会飞呀，飞——"用虚声，拉长，"飞到遥远的地方"。读得轻、虚、长。

最后两句："不过"，这个词要从无边的想象中返回现实，因此，要诵出孩童特有童稚的认真劲，相对前面，可稍显"一本正经"点，"飞向遥远的地方，要和爸爸妈妈商量商量"，最后的"商量商量"要读出明显的轻声，读得轻、慢、长。

诵读该首诗时，如若能再加上向往、快乐、纯净的眼神，象形、指示等动作的辅助，配以班德瑞《安妮的仙境》或《清晨》的背景音乐,定能把人带进一个纯真、快乐、梦幻的春的殿堂。

打　翻　了

张晓风

　　太阳打翻了,金红霞流满西天;月亮打翻了,白水银一直淌到我床前;春天打翻了,滚得满山满野的花儿;花儿打翻了,滴得到处都是清香;清香打翻了,散成一队队的风;风儿打翻了,飘入我小小沉沉的梦。

　　有一些诗,不能说,不可说。比如张晓风的这首《打翻了》,怎么解释都有画蛇添足之感。张晓风这首诗文字"柔婉中带刚劲",适合在此起彼伏的师生对口接诵或轻轻地吟哦。在作者地笔下,什么东西被打翻了呢? 有"太阳",有"月亮",有"春天"、"花儿"、"清香",还有"风儿"。似乎是不合常理中的常理:太阳下山时,金红霞染红了西天;如水的月光透过窗子,照到了床前;春天来了,漫山遍野的花儿都在风儿的抚摸下盛开了……而且被打翻的东西常常是液体状的,所以诗人选用的动词也跟液体有关,"流"、"淌"、"滚"、"滴"、"散"。作者的眼睛看到的都是美,美在她的想象中孕育、发芽成了这样灵动的诗。这四个词要作为重音,读出画面感。

　　这首《打翻了》具有很强的音乐性和节奏感,"打翻了"一句不断地出现,就像一首歌中的主旋律一样。一次次地"打翻了",读着就像见老朋友一样亲切。这首诗中后四句写到的内容,"花儿→清香→风→梦",运用顶针的手法,就像一环套着一环的链条一样紧紧相连。气息绵长、连贯,读后令人感受诗歌的流畅与顺达,意味深长。

童年的水墨画

张继楼

街　头

　　听不见马路上车辆喧闹,哪管它街头广播声高。书页在膝盖上轻轻地翻动,嘴角漾着丝丝抹不掉的笑。阳光从脚尖悄悄爬上膝盖,也想着"黑旋风"水战"浪里白条"。

溪　边

　　垂柳把溪水当做梳妆的镜子,人影给溪水染绿了,钓竿上立着一只红蜻蜓。忽然扑腾一声人影碎了,草地上蹦跳着鱼儿和笑声。

江　上

　　像刚下水的鸭群,扇动翅膀拍水戏耍。一双双小手拨动着浪花,你拨我溅笑哈哈。是哪个"水葫芦"一下钻入水中,出水时只见一阵水花两对虎牙。

　　诗人摄取了一组儿童生活的镜头,表现了孩子们童年生活的快乐。

　　第一小节《街头》——读《水浒传》的孩子,那样的专注,尽管马路街头是那样的喧闹,却丝毫不能影响他,对时间的推移也浑然不觉。无边的喧闹和一隅的安静,形成了鲜明的对比。读这一小节时应有充分的内心视像,眼前浮现出"一个读书的小孩",坐在喧闹的街头,全神贯注地读着名著《水浒传》,汽车鸣笛,喇叭声响,行人哗笑,一点儿没有影响到他"这样的画面,读时要慢,"哪管它街头广播声高","哪管"要读出转折,重音强调。"书页在膝盖上轻轻地翻动","轻轻地翻动",要读得轻,"嘴角漾着丝丝抹不掉的笑","阳光从脚尖悄悄爬上膝盖","丝——丝——抹——不掉的笑",要读得慢又轻,"悄悄"、"丝丝"要读得轻柔些。

第二小节《溪边》——钓鱼的孩子,那样的快乐,静静的溪水映着爱美的柳树,映着钓鱼孩子的倒影,静静的钓鱼竿,立着红蜻蜓,我们仿佛觉得空气都停止了流动,似乎大家都怕鱼受惊,而鱼上钩的一刹那,这种静立刻被打破了,溪水动了,人影碎了,鱼跃人欢,寥寥几句,勾勒出一个现代垂钓儿童的形象。读前两句话时应该用平和的语气,"染绿"和"立着"采用重音轻读的方式,读出怕把鱼儿惊动的感觉。"忽然扑腾一声人影碎了","忽然扑腾一声"语速紧张急促。"草地上蹦跳着鱼儿和笑声",这句转入激动愉悦,读时要有"鱼跃人欢"的画面感,注意动静结合。

第三小节《江上》——戏水的孩子,那样的调皮,一群孩子像鸭群一样跳入水中,在水里互相你泼我溅地嬉戏。就在这嬉戏中,一个孩子钻入水中,不见了,突然一阵水花,他出现了,调皮地笑着,露出两对小虎牙。一群孩子的嬉戏和一个孩子的特写,给人以鲜明的形象感。因此这个小节要有明快活泼的节奏。"出水时只见一阵水花两对虎牙"用笑言读出。

植物妈妈有办法

孩子如果已经长大,就得告别妈妈,四海为家。牛马有脚,鸟有翅膀,植物要旅行靠的什么办法?

蒲公英妈妈准备了降落伞,把它送给自己的娃娃。只要有风轻轻吹过,孩子们就乘着风纷纷出发。

苍耳妈妈有个好办法,她给孩子穿上带刺的铠甲。只要挂住动物的皮毛,孩子们就能去田野、山洼。

豌豆妈妈更有办法,她让豆荚晒在太阳底下,啪的一声,豆荚炸开,孩子们就蹦着跳着离开妈妈。

植物妈妈的办法很多很多,不信你就仔细观察。那里有许许多多的知识,粗心的小朋友却得不到它。

这是一首关于自然知识的诗歌,主要介绍了蒲公英、苍耳、豌豆三种植物传播种子的方法,同时告诉小读者植物传播种子的方法很多,仔细观察就能得到更多的知识。诗歌运用拟人手法,把植物和种子分别当作"妈妈"和"孩子"来写,读起来亲切、有趣,易于调动读者的阅读兴趣和观察探索大自然的欲望。全文朗诵基调是轻松活泼、充满童真。

第一节与牛马和鸟相比,提出问题:"植物要旅行靠的什么办法?"读这句话时,带着疑问启迪的语气,这里用"旅行"一词来指种子离开植物妈妈落到其他的地方去,用"四海为家"一词指植物种子在各个地方生根发芽,这两个词要读得慢,注意停顿。

第二节至第四节具体介绍了三种植物传播种子的本身条件、外界条件以及传播方式:蒲公英用降落伞乘着风,苍耳用带刺的铠甲挂住动物的皮毛,豌豆让豆荚晒在太阳底下炸开。这里的"降落伞"、"带刺的铠甲"、"豆荚"是植物本身的条件;"风"、"动物的皮毛"、"太阳"是外界的条件;"乘着"、"挂住"、"炸开"要读重音,强调是传播方式。诗中把蒲公英种子和苍耳种子分别比作"降落伞"和"带刺的铠甲",直观、形象,可以配以形象直观的手势动作;又用"准备"、"送给"、"穿上"几个词给植物赋予了人的感情,写出了植物的灵性,生动、传神;第三小节中的"只要挂住动物的皮毛,就能去田野、山洼"。关联词要有逻辑感受。

第四小节的"豌豆妈妈更有办法","更"字对比前一个小节要读重音,语调要惊喜,象声词"啪"准确地描摹了豆荚炸开的声音,反映了自然界的丰富多彩,要读得轻快活泼。"啪的一声,豆荚炸开,孩子们就蹦着跳着离开妈妈。"读到"蹦着跳着离开妈妈"要配以动作,手指着前方,眼睛看着远方。

第五小节,"植物妈妈的办法/很多很多",读时语气要有总结的意味。"粗心的小朋友却得不到它",用笑言的方式读得俏皮、幽默。

初　春

王宜振

　　春天的毛毛雨　洗得小树发亮　一些新芽,像鸟嘴　啄得小树发痒

　　泥土里拱出两片新叶　说是浅绿,更是鹅黄　像两只闪闪烁烁的眼睛　望着新鲜的世界痴痴畅想

　　捡起一粒石子,抛出去　会变成一只蝴蝶展翅飞翔　掀开一页书,贴耳倾听　能听到每个字儿都变成蜜蜂歌唱

　　一只只蝌蚪游在池塘　像美人的雀斑一样漂亮　夏天来了,定有一片蛙鸣　在房前屋后低吟浅唱

　　春天在我的心上荡漾　春天在弯弯的小路徜徉　春天的风筝驮着一片阳光　春天的脚步总是那么匆忙

　　采一片树叶做一支叶笛　把春天吹得摇摇晃晃　走进家门抖一抖衣袖　竟抖出一地春的芳香

　　王宜振《初春》是儿童的春天。从某些方面看,作者着力描写的是春天景色,从毛毛雨到新芽,从蛙鸣到风筝,还有蝴蝶、蜜蜂、蝌蚪等。这些春天的景象,在以春为题的诗歌中,可能是老生常谈了,但是读这首诗时,我们并不觉得陈旧,相反有一种强烈的清新感。这种清新感来自对春天景象的一种崭新的感觉。这种感觉究竟新在哪里呢?且看诗歌第一小节,这一节充满小清新。作者所关注的春天景象,不同寻常,有一种"小小"的感觉。雨是小小的、毛毛的,树是小小的,新芽当然也是小小的,就连比喻的喻体,像鸟嘴,也是小小的。这些小小的景象,是不是有一种小小的眼光在背后?小树被雨洗得发亮,而新芽则被啄得发痒。这个"痒"字,本来很普通,可是用在这里,却很精彩:鸟的嘴巴会把小树啄得发痒,这样的小小的感觉,是不是只有小孩子才有?因此读第一小节时要紧紧抓住"小"字,读出幼小的感觉,"发亮"、"发痒"要重音轻读,特别是"发痒"要读得轻慢柔。

　　这首诗的特点,就集中在幼小的、童稚的感觉之中。抓住这个小小的、童稚的感觉,才能抓住这首诗的想象的出发点。

　　从这幼小的"痒"的感觉开始,发展下去,逐渐透露出一系列的孩子气。第二小节读时仍然充满新鲜感和孩子气。"拱出的两片新叶","拱出"要读重音,双手做托举的动作。叶子的颜色是美的,这是大人也有的感觉,但是把新叶当成闪闪烁烁的眼睛,则不像是大人特有的想象。下面的一句就更让人感觉到,这不仅是孩子的感觉,而且有孩子气的感情,除了孩子,谁会觉得这个世界"新鲜"?大人早已习惯了,早就没有新鲜的感觉了,就是偶尔有一点,也不会对着它"痴痴"地想。"痴痴"这两个字,可是很传神。幼稚的心灵,对一切都感到新鲜的,因为新鲜,才好奇,知识又不多,想象认真入迷,却是孩子气的。"痴痴"地想,读出天真烂漫,读时应放慢节奏。

　　第三小节整节要略带有调皮的语调。"抛石子",当然是孩子才会干的,但是,最出色的还是想象石子"会变成一只蝴蝶展翅飞翔"。这不但是天真烂漫,而且有点调皮了。这里的联想是很讲究的,石子抛出去,运动的弧线和蝴蝶的飞翔,是相似的。"抛出去"、"会变成"蝴蝶,要带有想象之美,可以稍带动作,"展翅飞翔"语调要上扬,读出希望和天真。至于"掀开一页书,贴耳倾听","能听到每个字儿都变成蜜蜂在歌唱",读时要带有点神秘的感觉。

接下来的小节孩子气渐渐地淡了一点,但还是有新奇感,比如"蝌蚪"像"美人的雀斑",风筝可以"驮"一片阳光。最妙的是叶笛可以"把春天吹得摇摇晃晃"。"吹得摇摇晃晃"、"抖一抖衣袖"可以边读边做动作,吹笛人仿佛陶醉在摇摇晃晃的春天中。喻体部分用修辞重音,读得更有形象感。

不要送伞来,妈妈

邱易东

不要送伞来,妈妈,我喜欢在小雨中 慢悠悠地走回家。我喜欢细细的雨丝 对我悄悄说话。

不要送伞来,妈妈,我喜欢头上顶着 外衣裹住的书包,变成大雨里机灵的小鹿,在五彩的伞群中奔跑。

妈妈,我懂得你的爱,但我不是小糖人,雨点不会把我淋坏。我像街边的小树,风雨中更加勇敢、欢快。

整首诗充满积极向上的基调。学习了一天的孩子,此时走在大街上最想干什么? 一定是最想美美地欣赏一下街边的雨景,难怪文中的小朋友要慢悠悠地走回家,他也想好好地欣赏雨中美景,享受大自然雨露的滋润。

第一小节孩子很会发现美,想享受这如诗如画的细雨,"慢悠悠"、"细细的雨丝"、"悄悄说话"读得慢又轻,带着小雨丝的喜爱。第一小节读出对亲近大自然的喜爱之感。

第二小节要读出小孩的调皮机灵,"喜欢"读重音,"顶着"、"裹住"读次重音,"奔跑"重音轻读。"五彩的伞群"要读得活泼,充满色彩。原来他早已想好办法,要用外衣裹住书包,准备在雨中锻炼自己。所以他依然说——妈妈,不要送伞来。

第三小节要读出小孩的欢快。"我懂得你的爱",读得深情,而"不是小糖人"、"街边的小树"语调上扬,充满激情。把困难当成了自己成长中愉快的历练,他在风雨中是如此地欢快。

窗前,一株紫丁香

滕毓旭

踮起脚尖儿 走进浓绿的小院,我们把一株紫丁香,栽在老师窗前。

老师,老师,就让它绿色的枝叶,伸进您的窗口,夜夜和您作伴。

您听,您听,绿叶儿在风里沙沙,那是我们给您唱歌,帮您解除一天疲倦。

您看,您看,满树盛开的小花,那是我们的笑脸,感谢您时时把我们挂牵。

夜深了,星星困得眨眼,老师,快放下教案吧,让花香飘进您的梦里,那梦呀,准是又香又甜。

《窗前一株紫丁香》讲的是一群活泼可爱的孩子,在老师的窗前栽下一株紫丁香,让绿叶和花香送去他们对老师的问候,表达他们对老师无限的赞美和感激之情。这是一首情感丰富而又意境优美的小诗,全诗充满着童真、童心、童味,字字句句都清纯明净,诗歌想象丰富而美好,语言欢快流畅,读起来琅琅上口。文章以儿童的口吻,浅显易懂的文字,表达了浓浓的师生情。文章虽然是从儿童的角度写,但教师高大的形象也跃然纸上：为工作而疲倦，时时把学生挂牵、夜深了，还在写教案，高度赞美了教师的辛勤劳作。那绿色和花香代表了孩子们对老师真诚的爱，这样的情意真让人感动。

全诗的朗诵基调轻盈、舒展而优美。读第一小节时，放低音量，用恐怕惊动了、惊醒了老师的语气，来表达学生对老师的深情的爱。一个"踮"字，重音轻读，把一群调皮可爱的孩子，悄悄地潜入老师的小院，为老师栽种丁香花的动人形象，活脱脱跃然纸上，有声有色。第二、三、四节要有充分的内心视像，亲切、深情。"您听"、"您看"，喻体用修辞重音，以表达孩子们迫切要让老师知道的一种兴奋的心情。最后一节节奏舒缓，音量渐弱，配合"飘进您的梦中"的意境。

吃 云

常福生

云儿飘，云儿飘，有的像蛋糕，有的像面包。
花儿叫：云儿云儿快下来，我要吃蛋糕。
树苗叫：云儿云儿快下来，我要吃面包。
云儿飘，云儿飘，蛋糕面包手拉手，哗哗哗哗往下掉。
花儿张开小嘴巴，吃呀吃个饱。树苗张开小嘴巴，吃呀吃个饱。
花儿说：蛋糕甜，蛋糕香，云儿蛋糕味道好！
树苗说：面包甜，面包香，云儿面包呱呱叫！

这是一首香香甜甜的儿童诗，诗歌中，作者把云、花、树这些事物的自然现象与小孩的生活现象，通过大胆的联想进行嫁接，赋予了事物的形象与灵性，塑造出两个活泼可爱的既嘴馋又嘴甜的娃娃形象。

整首诗有七个小节，第一和第四小节主要运用比喻的手法，先把天空中飘荡的"云儿"比作"蛋糕"和"面包"，然后又自然地把"下雨"形象地说成是掉"蛋糕和面包"。其他五个小节把"花儿"和"树苗"形象地比拟成活泼可爱的要蛋糕和面包吃的两个小孩子。第五小节："花儿张开小嘴巴，吃呀吃个饱。树苗张开小嘴巴，吃呀吃个饱。"这里直接以人物吃的动作状态对花儿和树苗进行了描述。第二、三、六、七小节则直接以人物的语言分别对花儿和树苗进行了描述。

第一小节的"云儿飘，云儿飘"，要读轻声；"有的像蛋糕"，用升调；"有的像面包"要平调。"云儿云儿快下来"，要读得急促些。"我要吃蛋糕"，"我要吃面包"，这两句话要把"蛋糕"和"面包"重音轻读，表示把"云儿"想象成"蛋糕和面包"，读出快乐的情趣。第四小节的"云儿飘，云儿飘"，可以边读边做手臂波浪状，读出轻快之情。"哗哗哗哗往下掉"要注意读出拟声词的音乐美、节奏美。

第五小节的"花儿张开小嘴巴，吃呀吃个饱。树苗张开小嘴巴，吃呀吃个饱"，运用排比进行语势推进，"张开小嘴巴"声音要带有童真童趣，"吃呀吃个饱"中的"吃呀"要把声音拉长，"吃个饱"可以边读边做动作，一脸高兴的样子。"云儿蛋糕味道好！""云儿面包呱呱叫！"用笑言配合并伸出大拇指表赞许的意味。整首诗读起来琅琅上口。具体可感的形象，活泼可爱的情感，琅琅上口的韵律，使整首诗童趣盎然。

狗 尾 草

金 波

那些红的野花，紫的野花，蓝的野花，都没有了。这儿，只剩下一片青草。
别人都采到了花儿，老师，我呢？怎么，您就给我揪一把狗尾草？

　　我撅着嘴，望着那一把狗尾草，只见它在老师的手里，扑棱棱，摇一摇，扑棱棱，跳一跳，一会儿，变成了一只小狗，送给我，我抿嘴笑了；一会儿，变成了一只小猫，送给我，我拍手跳了；一会儿，又变成了一只毛茸茸的小鸟，送给我，我举着它到处飞跑！

　　……从那天起，我们也都喜欢狗尾草，因为我们的小手呀，也变得和老师的手一样灵巧！

　　整首诗充满童真、欢快。第一小节中的"都没有了"，要强调"都"，整句读轻声，表示什么都没有，为下一句转调做准备，"这儿，只剩下一片青草"用平调，"青草"要读重音。

　　第二小节的"老师，我呢？"语气上扬。"怎么，您就给我揪一把狗尾草？"疑惑中含着失望。

　　第三小节的情绪是欢快的。"撅着嘴"要读出天真的神态。"扑棱棱，摇一摇，扑棱棱，跳一跳"，读得轻快短促，要边读边做动作。"送给我"字音要轻而短；"我抿嘴笑了"、"我拍手跳了"配合"笑"、"跳"的动作，要读出童年的无邪纯真。"到处飞跑！"语调要上扬。

　　第四小节的"从那天起"似在描述故事，回味老师的授予，语速要慢。"也都喜欢"要读重音，起强调作用。最后两句要放慢速度，强调"灵巧"。

下雪的早晨

艾 青

　　雪下着，下着，没有声音，雪下着，下着，一刻不停，洁白的雪下满了院子，洁白的雪盖满了屋顶，整个世界多么静，多么静。

　　看着雪花在飘飞，我想的很远，很远，想起夏天的树林，树林里的早晨，到处都是露水　太阳刚刚上升，一个小孩，赤着脚，从晨光里走来，他的脸像一朵鲜花，他的嘴发出低低的歌声……他的一双小手拿着一根竹竿，他仰起小小的头，那双发亮的眼睛，透过浓密的树叶，在寻找知了的声音……他的另一只小手，提了一串绿色的东西，——一根很长的狗尾草，结了蚂蚁，金甲虫和蜻蜓，这一切啊，我都记得很清。

　　我们很久没有到树林里去了，那儿早已铺满了落叶，也不会有什么人影；但我一直都记着那个小孩，和他那很清很清的歌声，此刻他不知在哪间小屋里，看着不停地飘飞的雪花，或许想到树林里去抛雪球，或许想到湖上去滑冰，他决不会知道　有一个人想着他，就在这个下雪的早晨。

　　本诗作者为我国著名诗人艾青，写于1956年，整篇诗文体现了那个特定环境中作者的心境。诗人假托了对一个小孩的思念，他的脸像鲜花，眼睛发亮，脚踏露水，在大自然中尽情嬉戏，表达了作者对童年的期盼向往。

　　这首诗歌共三节，描述了宁静的早晨，雪花飘飞，想起了夏天树林里的小孩天真、活泼时的喜悦心情和期盼之心。从字里行间无不感染着我们，让我们想起了童年美好的时光，同时也能感受到作者对童年的眷恋，表达了自己对美好纯真生活的热切希冀。

　　第一小节描绘了一个安静的、美丽的早晨，在我们的眼前展现了一幅千里冰封、万里雪飘、白雪皑皑、银装素裹静谧的乡村雪景图。"雪下着，下着，没有声音，雪下着，下着，一刻不停。"声音变得舒缓而恬静，体会雪悄没声地、静静地飘落下来的形态；"整个世界多么静，多么静"一句中，两个词语的重复使用突出了静谧的雪的世界。"雪下满了院子"，"盖满了屋顶"整个世界充满了洁白与纯净，一片银色的世界，给人以纯洁、美丽的享受。因此这句话中的两个"满"也要读重音，但后一个"盖满"节奏要放慢。

　　读第二小节时开始畅想。"很远，很远"语速要放慢，要虚声轻读拖长。表示诗人随着雪花的飘飞，思绪也飘得很远很远。想起了夏天树林里的小孩赤着脚、像鲜花一样的小脸、轻轻的歌声，拿着竹竿、寻找知了、捉蚂蚱的天真烂漫调皮的形象。仰起小小的头,发亮的眼睛寻找知了的声音要读出高兴的情绪。"在寻找知了的声音"一句,"寻找"要读重音。这一节,诗人展现了一个个意象,正是这些意向承载了诗人的向往。"他的另一只小手,提了一串绿色的东西,——一根很长的狗尾草,结了蚂蚱、金甲虫和蜻蜓。"用重音清晰地描绘物象,读出孩子的活泼、可爱、天真、快乐、无忧无虑。"这一切啊"要重音延长。

　　第三小节,雪还下着,诗人还沉思着——虽然"我们很久没有到树林里去了",虽然这孩子并不知道我正在想着他,但我一直都记得他那鲜花一样的小脸和很轻很轻的歌声,想着他此刻在雪地里玩耍的情景。我多么盼望像他一样无忧无虑自由自在啊。这句话中"很久"要读重音,"树林"读次重音。"此刻他不知在哪间小屋里",这句话是关节点,"此刻"要读轻声把镜头拉长,这是引导听者进入思绪的关节点。在幻想和现实交错中,声音虚实相间。"或许想到树林里去抛雪球,或许想到湖上去滑冰",两个"或许"要读出排比语气,第一个"或许"要稍作停顿,接着节奏开始转快,"或许想到湖上去滑冰",语调要转为升调。"他决不会知道"声音要回落转调。"下雪的早晨"既点题又以此结束全文,要读得轻而慢,言有尽而意无穷。

第十章
童话的朗诵

童话是一种带有浓厚幻想色彩的虚构故事,基本特征是幻想,通过幻想折射式地反映现实,是现实生活象征性的概括,有时代的烙印。

童话按作者划分,可分为民间童话、创作童话;按照体裁划分,可分为童话故事、童话诗、童话剧;按照人物形象划分,可分为超人体、常人体、拟人体;按照内容划分,可分为文学童话、知识童话。

第一节 童话朗诵要点

童话的朗诵,要体现儿童的口吻,唤起儿童新奇的情趣,以便使儿童的思维和情感顺利地进入到童话故事之中去,在新奇的故事中长知识、受教育。朗诵时应努力适合儿童幼稚好奇的心态,体现不同角色说话的音色特点。还要把叙述语言和人物角色语言恰当地用高低音区分开来,并根据故事情节,灵活调整朗诵的语速,调配好各种朗诵的语气因素,使内容读得恰如其分、情切意合。

一、在情节的推进中把握好情绪的转换

在《好事情》中,尤拉的沉思、幻想、不耐烦,各种不同的情绪叠加在作品中,在情节的推进上脉络要清晰,增加朗诵的层次感。"他想:'如果马莎掉到河里,我就跳下去救她!''如果狼来抓小狗,我就开枪把狼打死。'"在角色的代入感中,拖长声音,实中带虚,幻想的语气。"不,别打扰我想事情!""走开,我正在想事情。"尤拉的不耐烦语气在气息的硬度和咬字的间密性、尾音的突兀停止上得以抒发。

又如——

门铃和梯子

周 锐

野猪家离长颈鹿家挺远的。但为了见到好朋友,野猪不怕路远。

到了。咚咚咚!野猪去敲长颈鹿的门。

敲了好一会儿,没人来开门。

野猪大声问:"长颈鹿大哥不在家吗?"

"在家呢。"长颈鹿在里面答应。

"咦,在家为什么不开门?"

"野猪兄弟,你往上瞧,我新装了一个门铃。有谁来找我,要先按门铃。我听见铃响以后,就会来开门。"

野猪抬起头来,看见了那个门铃。"长颈鹿大哥,我很愿意按铃的,但你把它装得太高,我够不着。所以我还是像以前那样敲门吧。"——咚咚咚

可是长颈鹿仍然不开门。"对不起,野猪兄弟,我知道你真的够不着。但你就不能想想办法吗?要是大家都像你这样图省事,敲敲门算了,那我的门铃不是白装了吗?"

野猪没话说了,但又怎么也想不出能按到门铃的办法,只好嘟嘟囔囔回家去了。

过了一些日子,野猪又来看长颈鹿。这回他"哼哧哼哧"地扛来了一架梯子。

野猪把梯子架在长颈鹿门外,爬上去,一伸手,够着了那个门铃。

可是,怎么按也不响。急得野猪哇哇叫。

"对不起,野猪兄弟,"长颈鹿在里面解释说,"门铃坏了。只好麻烦你敲几下门了。"

"这怎么行!"野猪叫起来,"只敲几下门? 那我这梯子不是白扛来了?!"

童话《门铃和梯子》是一个极具幽默诙谐的故事。故事的主人公长颈鹿和野猪,一高一矮,在形象上有着巨大的反差,使人猜想一定会有滑稽的事情发生。作者通过对比手法,借用门铃和梯子这两样道具,以及充满趣味的场景和对话,形象地勾勒出长颈鹿和野猪的个性。

野猪家离长颈鹿家挺远的。但为了见到好朋友,野猪不怕路远。语调是由平调变化到升调的,重音落在"挺远"、"不怕路远"上,体现野猪为了见好朋友,能够克服困难的坚定语气。"到了",语气欢快,语调较高,体现野猪走了很远的路,终于眼前出现长颈鹿的家时那种疲惫感顿时消失,内心充满喜悦的心情。"敲了好一会儿"采用曲调,其中"好一会儿"、"没人"读音较重,读出野猪由欣喜到紧张的心情变化。野猪大声地问话,采用升调,节奏紧张,语速较快,读出野猪迫不及待想见到朋友,不想白跑一趟的紧张和担忧。长颈鹿的话语调平平、语气慵懒,因为长颈鹿迫切希望人们使用新门铃敲门,而野猪没有按门铃,所以长颈鹿是慵懒不愿搭理人,与野猪的不辞劳苦、担心焦虑形成一种语气的对比。野猪松了一口气,知道朋友在家,可是又马上转为疑惑。这段话采用升调读法,读出野猪的疑惑不解。长颈鹿娓娓道来,不急不慢。但是说到它新装了一个门铃时,是兴奋的语气,所以"新装"、"先按"要读重音。野猪的语气既无奈又焦急,重读"很愿意"、"装得太高"、"够不着",体现出野猪的急迫和无奈。长颈鹿的说话采用升调,节奏快,体现长颈鹿急于想要别人使用它的新门铃的急切和不给野猪开门的坚定。野猪沮丧极了,语调下降,节奏低沉。"过了一些日子,野猪又来看长颈鹿。"采用曲调,表示惊讶和意外。其中"又来"、"扛来"、"一架梯子"重读。"野猪把梯子架在长颈鹿门外,爬上去,一伸手,够着了那个门铃。"这段话虽然几乎采用平调的叙事口吻,但是要读出让人联想接下来会发生什么事的悬念,所以停延一会儿,其中"够着了"要读重音。"可是,怎么按也不响,急得野猪哇哇叫"采用升调读法,心情紧张,语气急促。长颈鹿的解释用降调,表示它沉痛挫败的心情。语速是舒缓,声音低沉,无奈只能要求野猪敲门。野猪的愤怒语调用升调,它是叫喊起来的,要叫喊出野猪的气急败坏和不服气。

童话故事总是这样一波三折,在情节的推动下调节情绪的明暗变化,饶有趣味。

二、角色语言和叙述语言区分开,掌握"跳进跳出"的技巧

童话里有诸多角色,如何准确地把握角色呢?
(一)把握角色的履历特征:性别、年龄、学历、工作;
(二)把握角色的体格特征;
(三)把握角色的品德特征;
(四)把握角色的性格特征;

（五）把握角色的情绪变化。

如《一片树叶》，短短的文章中包含叙述语言和小兔、小猴、小熊的角色语言。音色区分不同的动物形象，口腔和共鸣腔变化的位置要准确。语势的模拟要综合运用语言的轻重、快慢、长短、间歇、高低、强弱等因素，用以表达角色的性格、感情和生活经历等。总之，角色的声音造型要符合年龄特征和社会形象。小兔声音有弹性，温柔可爱，气息舒缓，发自内心地对叶子赞叹："哟，一棵多么漂亮的小树！当然应该爱护。""小树太可爱了，把一片嫩叶夹在我的画册里当书签，那多美啊！"小猴语速偏尖偏快，性子急，活泼调皮，气息急促，句子间歇处多次连读，为自己的摘叶子行为百般寻找借口，自认为理所当然："多么秀丽的小椿树哇！以后它一定会长得高耸入云。到那时，我要在树干上做攀登技巧表演。噢，让我取片叶子做个纪念吧，对，只要一片。"小熊慢条斯理，声音粗哑，气息笨拙，对自己的摘叶子行为采取理性的价值判断，并自我安慰："这棵小树不只长得好看，还有股醉人的香味儿。我要摘一片叶子尝尝，看到底是什么滋味。不错，为了爱护小树，我绝对不采第二片叶子。"

间或插入的叙述语言必须能迅速"跳进跳出"，切换清晰。为了和角色语言对比，叙述语言偏中性、客观，语调平稳，不偏不倚，不温不火，充当穿针引线的的作用，作品的前后要有连贯性，形成较为稳定的语言风格。

第二节　童话朗诵解读

小蝌蚪找妈妈

根据方惠珍、盛璐德作品改写

池塘里有一群小蝌蚪，大大的脑袋，黑灰色的身子，甩着长长的尾巴，快活地游来游去。

小蝌蚪游哇游，过了几天，长出两条后腿。他们看见鲤鱼妈妈在教小鲤鱼捕食，就迎上去，问："鲤鱼阿姨，我们的妈妈在哪里？"鲤鱼妈妈说："你们的妈妈有四条腿，宽嘴巴。你们到那边去找吧！"

小蝌蚪游哇游，过了几天，长出两条前腿。他们看见一只乌龟摆动着四条腿在水里游，连忙追上去，叫着："妈妈，妈妈！"乌龟笑着说："我不是你们的妈妈。你们的妈妈头顶上有两只大眼睛，披着绿衣裳。你们到那边去找吧！"

小蝌蚪游哇游，过了几天，尾巴变短了。他们游到荷花旁边，看见荷叶上蹲着一只大青蛙，披着碧绿的衣裳，露着雪白的肚皮，鼓着一对大眼睛。

小蝌蚪游过去，叫着："妈妈，妈妈！"青蛙妈妈低头一看，笑着说："好孩子，你们已经长成青蛙了，快跳上来吧！"他们后腿一蹬，向前一跳，蹦到了荷叶上。

不知什么时候，小青蛙的尾巴已经不见了。他们跟着妈妈，天天去捉害虫。

童话世界是瑰丽而生动的，在童话作品中，天地日月、风云雷电、山川鸟兽、花草虫鱼，都可以被赋予"人"的性格、"人"的思想感情，并以其鲜明的形象和独特的个性活跃在幻想生活的舞台上。童话故事语言浅显、生动优美、情节引人，具有鲜明的教育意义与启迪作用，所以总是特别受到孩子们的欢迎。

《小蝌蚪找妈妈》就是一篇极富童趣的童话故事。一群天真活泼的小蝌蚪在寻找妈妈的过程中，不知不觉变成了小青蛙，并帮助妈妈一起捉害虫。虽是童话故事，同时又呈现了青蛙生长过程的科学知识，蕴含了从小独立生活、遇事主动探索的道理。

朗诵这样的知识童话，应注意以下几个要点。

一、理解全文，把握基调

著名文学家、戏曲家李渔曾说："言者，心之声也，欲代此一人立言，先以代此人立心。若非梦往神游，何谓设身处地？"因此，朗诵前，必须先对整个童话故事有正确、全面的理解。这个童话故事按照事情的发展顺序来写，共有六个自然段。第一自然段介绍了小蝌蚪的外形。第二至第五自然段讲了小蝌蚪找妈妈的经过，在这过程中先是遇到了鲤鱼，然后通过鲤鱼的介绍它们又错把乌龟当作自己的妈妈，最后在乌龟妈妈的帮助下终于找到自己的妈妈——青蛙了，小蝌蚪找妈妈的过程也就是小蝌蚪变青蛙的过程。第六自然段写小青蛙跟着青蛙妈妈一起去捉害虫。整个故事情节较为轻松，赞美了小蝌蚪主动探索的精神。所以朗诵时，整体基调是柔和舒缓的，声音平稳清晰，语速较慢，语气柔和，停顿多，拖音多，以便于听众理解。

但是，朗诵基调在保持统一的同时，又要根据童话的内容和表达的思想感情的变化有所变化，这样才能避免单调呆板。这个童话故事布局巧妙，全文贯穿两条主线：一是"找"，小蝌蚪在鲤鱼妈妈和乌龟的帮助下找到了自己的妈妈；二是"变"，小蝌蚪在找妈妈的过程中身体发生了三次变化：第二至第四自然段的第一句皆体现了"变"，这三句话句式相同，两条主线自然融为一体。在朗诵"找妈妈"的相关语句时，要读出急切、盼望、激动的心情；而在朗诵"变"的相关语句时，则要舒缓些，因为小蝌蚪的变化是在不知不觉之中悄然发生的，又是有时间跨度的，所以可拉长音。

二、变化音调，刻画形象

朗诵童话，在把握作品基调的基础上，还需"化妆"好角色。因为童话故事中，"人物"往往非常丰富。朗诵者有时要担当好几个角色，有时即使是担当一个角色，可由于这个角色的情绪、态度多变，也需要多次变化自己的音调，以期刻划出与众不同的栩栩如生的形象。朗诵时，可以适当地把声音"化化妆"以加强表现力，朗诵的音色因角色不同而有所变化。为了逼真地表现出作品中的角色，可以进行模仿、夸张，例如朗诵小蝌蚪的话时，声音可以清亮一些、稚气一些，展现小蝌蚪的活泼可爱；朗诵鲤鱼妈妈的话时，可以是温柔的、慈爱的、亲切的，体现鲤鱼妈妈的善良；朗诵乌龟妈妈的话时，可以把声音放低一些、慢一些，因为乌龟总是慢腾腾的；而朗诵青蛙妈妈的话时，则要柔中见刚，因为青蛙妈妈见到小蝌蚪时是喜悦的，又为小蝌蚪变成小青蛙而骄傲，所以音调可以稍高些，音色也亮些。这样，每种角色的感觉和具有他们特有色彩的语言就做到了"招之即来，挥之即去"，语调旋律高低快慢，有起有伏，形成对比，不但塑造出个性鲜明的形象，还加强了作品的艺术效果。

三、入情入境，表演精当

朗诵虽以有声语言表达为主，但不应仅仅只满足于把文字搬到口头上。朗诵与朗读不同，朗诵者大部分是出现在舞台上，只有把入情入境的表演与饱含感情的声音紧密配合，融为一体，从而更深刻、更完美地表达作品的思想内容，展现作品的形象和意境，从而打动听众，走进听众的心。

"小蝌蚪找妈妈"发生在一个小池塘里，所以舞台上可布置一些绿油油的水草、粉红的荷花、高高的小树等道具，增加场面感。朗诵者站在水草之间，想象着自己就是那一群可爱的小蝌蚪，活泼泼地齐声诵读——"池塘里有一群小蝌蚪，大大的脑袋，黑灰色的身子，甩着长长的尾巴，快活地游来游去。"声音清脆，心情愉悦，其中"大大的脑袋"、"长长的尾巴"可读得夸张些，拉长声音，同时动动自己的脑袋，扭扭自己的屁股，使用体态动作作为表情达意的辅助手段，再现小蝌蚪的童真童趣。

朗诵第二、第三、第五自然段的第一句"小蝌蚪游哇游，过了几天"，要放慢语速，语气轻柔些，"长出两条后腿"、"长出两条前腿"、"尾巴变短了"读重些，语调一次比一次高，体现小蝌蚪的不同变化。朗诵小蝌蚪和鲤鱼妈妈、乌龟妈妈、青蛙妈妈的三次对话时，要把"迎上去"、"追上去"、"游过去"读得稍快些，体现它们急切的心情。朗诵者要注意通过眼神、手势、体态把自己的感受传达给听众，但要注意动作不能过于频繁，否则会引起喧宾夺主的反面效果。

朗诵第四自然段时，可变化队形，靠近"荷花"，睁大自己的眼睛，仿佛眼前出现的就是一只"披着碧绿的衣裳，露着雪白的肚皮，鼓着一对大眼睛"的大青蛙，带着好奇的心情，声音亮些，把"碧绿的"、"雪白的"、"大"这三个词拉长音、读得夸张些，体现青蛙妈妈之美。

朗诵第五自然段"他们后腿一蹬，向前一跳，蹦到了荷叶上"要抓住"蹬"、"跳"、"蹦"三个动词，读得有弹性些，"蹦"字加重，清脆的音色把小蝌蚪们激动、欢快的心情淋漓尽致地表现出来。

童话最后一部分"不知什么时候，小青蛙的尾巴已经不见了。他们跟着妈妈，天天去捉害虫"则要恢复舒缓柔和的语调，读"捉害虫"时要打开共鸣腔，一字一字拉长，音断气不断，给人言尽而意未尽的感觉，仿佛看到小青蛙跟着妈妈在田里捉害虫的忙碌景象。

小 马 过 河

彭文席

马棚里住着一匹老马和一匹小马。

有一天，老马对小马说："你已经长大了，能帮妈妈做点事吗？"小马连蹦带跳地说："怎么不能？我很愿意帮妈妈做事。"老马高兴地说："那好啊，你把这半口袋麦子驮到磨坊去吧。"

小马驮起口袋，嗒嗒嗒往磨坊跑去。跑着跑着，一条小河挡住了去路，河水哗哗地流着。小马为难了，心想：我能不能过去呢？如果妈妈在身边，问问她，那多好啊！他向四周望望，看见一头老牛在河边吃草。小马跑过去，问道："牛伯伯，这条河，我能蹚过去吗？"老牛说："水很浅，刚没小腿，能过去。"

小马听了老牛的话，立刻跑到河边，准备蹚过去。突然从树上跳下一只松鼠，拦住他大叫："小马！别过河，别过河，河水会淹死你的！"小马吃惊地问："水很深吗？"松鼠认真地说："当然啦！昨天，我的一个伙伴就是在这条河里淹死的！"小马连忙收住脚步，不知道怎么办才好。他叹了口气，自言自语道："唉，还是回家问问妈妈吧！"

小马甩甩尾巴，跑回家去问妈妈。妈妈说："河水到底是深还是浅呢？你仔细想过他们的话吗？"小马低下了头，说："我……我没想过。"妈妈亲切地对小马说："孩子，光听别人说，不能了解河水究竟有多深。你去试一试，就会明白了。"

小马跑到河边，试着往前蹚……原来河水既不像老牛说的那样浅，也不像松鼠说的那样深。他顺利地过了河，把麦子送到了磨坊。

童话语言活泼、生动有趣，是培养儿童语感的好材料。《小马过河》是一篇情节曲折、富于幻想、角色丰富、语言通俗的好童话，能激起爱幻想、好新奇的儿童强烈的阅读、朗诵的兴趣。

全文运用童话拟人的表现手法，描写了小马帮妈妈把半口袋麦子驮到磨坊去的全过程，依次表现了小马欢快、疑惑、沮丧、喜悦的心理变化。文中还有多个角色：老马、老牛、小松鼠，它们的外形、声线各有特色，对待小马过河这一事件也持有不同的看法，因此说话的语气也就各有不同。

第一段交代了马棚里住着一匹老马和一匹小马。

这开篇之句虽很简洁，却为我们展开了一个温馨画面，我们仿佛看到了妈妈和孩子一起快乐生活的场景，亲切质朴，朗诵时宜用舒缓、柔和的语调。

第二段写老马和小马的对话。老马对小马说："你已经长大了，能帮妈妈做点事吗？"妈妈的语气是高兴、亲切的。"长大了"这个词可采取加强音量和"大"字尾音适当上扬、拖长的方法，充满了母亲见到孩子健康成长的欣喜与慈爱。而"能帮妈妈做点事吗？"这句则应气细、声柔，给小马带来温和、妈妈需要帮助的感觉，诱起小马关爱妈妈，体贴妈妈的情感。

小马的话则应抓住关键词"连蹦带跳"、"很愿意"，感受小马那种乐意帮妈妈做事的欢愉。"怎么不能？"以反问的句式出现，更加重了小马对自己长大了、能帮妈妈做事的兴奋自豪的心情，因此声音要高昂,语速要加快,展示出激动的神情,加上适当的动作,把声音和动作神态结合在一起,就有了活泼的跃动感,小马天真、懂事的形象便显得更有感染力。

第三段写小马被小河挡住了去路,面临巨大的考验,小马为难了,此时他多么希望妈妈就在身边,小马的这一心理活动把小马虽已长大但"羽翼"还未丰满的形象展现出来,读的时候气细、声黏、充满踌躇的感觉,要把小马疑惑的情感体现出来。但小马并没有就此放弃,当他发现老牛在河边吃草时立即跑过去寻求帮助,他问话的语气是高兴的,因为正在一筹莫展时牛伯伯的出现是及时的;当然也可以是充满疑虑的,因为小马还沉浸在过不了河的困惑中。"一千个读者,就有一千个哈姆雷特。"不一样的理解感悟,就有不一样的朗诵表达。朗诵中的"有感情",不仅仅是文本所要传达的感情,更是文字引发出的个体的心灵波动,因此,朗诵应尊重个体独特的心理感受,才能避免整齐划一乃至矫揉造作。

牛伯伯的体态肥大而强壮,因此他回答时发音部位靠后,嘴巴张得大而圆,声音可以粗又响。语气则要轻松愉快,因为这条小河对他来说太浅了。

第四段当小马听了老牛的话兴奋地准备趟过河时,松鼠一声大叫:"小马!别过河,别过河,河水会淹死你的!"这段话有两个短句,作者连续用了两个惊叹号、两个"别过河",说明小松鼠认为情况紧急,因此这段话语速要快、声音要高,语气果断不容分说。还因为松鼠的体形娇小可爱,因此声音要尖。而后一句松鼠认真地说:"当然啦! 昨天,我的一个伙伴就是在这条河里淹死的!"要抓住关键词"认真",说明松鼠并非危言耸听,而是确有其事,读的时候要气提、声凝,有紧缩、害怕的感觉。

小马听了叹了口气,自言自语道:"唉,还是回家问问妈妈吧!"这个句子中的"唉"是小马被小河阻断去路后由焦急到松一口气再到害怕的情绪的总爆发,所以要读得气沉、声重,尾音要适当拉长。"还是回家问问妈妈吧!"可以皱起眉头翘起嘴巴,读出小马无奈的感觉。

第五段妈妈对小马说了两句话,两句都可以面带微笑、声音温柔,娓娓道来,呈现一个慈母的形象,给小马温和、充满爱的情感体验;也可以前一句语气严厉,后一句亲切。严厉时读得气粗、声平,语速适中。见小马难为情地低下头结巴地说:"我……我没想过。"知道他知错了,才又用和缓、温柔的语气与小马对话。这样一个严中有爱、爱中有严的母亲形象就展现在我们眼前。凡事不能光听别人说,都要亲自去试一试的道理也在母亲的讲述中深深地印入孩子的脑海里。

最后一段"小马跑到河边,试着往前趟……原来河水既不像老牛说的那样浅,也不像松鼠说的那样深。"句中的"原来"、"既……也"让我们感受到小马内心有抑制不住的喜悦,读之前不妨在心中先读一个感叹词"啊",在内心产生一种恍然大悟、如释重负的轻松感和即将完成任务的喜悦感,再换口气用轻松、愉悦的语调读出,并将"原来"、"不像"二词作重音稍加强调。

"他顺利地过了河,把麦子送到了磨坊。"此时的小马一定会有摆脱小河阻断去路之苦后的轻松和满足,朗诵时应将这种情绪传达出来。须将"顺利"作重音处理;而"把麦子送到了磨坊"是小马无比快乐和心满意足的源头,读时应保持语气的连贯性,一字一字拖长音并渐呈降势,以表现小马成功帮妈妈把麦子送到目的地的踏实感和满足感。

小木偶的故事

吕丽娜

老木匠做了个小木偶。小木偶有鼻子有眼,能走路,会说话。老木匠左瞧右瞧,总觉得小木偶脸上还少点什么。少了点什么呢? 老木匠怎么也想不起来。"你知道吗?"老木匠问小木偶。"不知道。"小木偶板着脸回答。老木匠一下子想起来了,小木偶脸上少的东西是笑!

"笑是很重要的。"老木匠对自己说,"谁要是不会笑,谁就不会过快乐的日子!"老木匠拿起他的雕刻刀,在小木偶的脸上添了一个笑嘻嘻的表情。"现在好了。"老木匠为小木偶收拾了一个红背包,把他送出了家门。

　　"走吧,外面的世界大着呢!"老木匠对小木偶说。热闹的大街上,小木偶兴冲冲地大步向前走。一只小红狐跑过来,很亲热地说:"嗨!小木偶!你的红背包真漂亮,让我背一下好吗?就背一下。我想看看这种红和我的毛色是不是相配。""好的。"小木偶说。小红狐一背上背包就拼命地逃跑。小木偶愣住了。等他反应过来,小红狐已经跑出去好远了。木偶有两条长长的、灵活的木头腿。他很快就追上了小红狐,拽住了小红狐毛茸茸的大尾巴。"放开!放开!"小红狐拼命挣扎。"吵什么!"一只穿警服的熊过来把他们分开。"报告警官,他抢我的包!"小红狐撒谎一点儿都不脸红。"那是我的,我的,我的!"小木偶尖叫。穿警服的熊看看小红狐,小红狐满脸的愤怒;再看看小木偶,小木偶一副笑嘻嘻的表情。穿警服的熊拎起小木偶,把他扔出去好远。小木偶委屈极了!可是有什么办法呢?老木匠只给了他一种表情,那就是笑!小木偶突然觉得脑袋很疼,只好抱着脑袋蹲下来。一只小兔子走过来,温柔地问:"你怎么啦?""脑袋疼。"小木偶抬起头,笑嘻嘻地回答。"嘻嘻。装得一点都不像!你瞧,应该像我这样。"小兔子龇牙咧嘴地做了个痛苦的表情,蹦蹦跳跳地走开了。一个老婆婆走过来:"小木头人,你病了吗?""脑袋很疼。"小木偶还是一副笑嘻嘻的表情。"真不像话,连小木头人都学着撒谎!"老婆婆嘟嘟囔囔地走开了。小木偶的头疼得越来越厉害了。现在,他真希望自己还是一段没有脑袋的木头!

　　蓝鼻子小女巫就在这时候赶来了。她能用鼻子闻出空气中的伤心味儿。"你头疼,是吗?"小女巫问。"是,而且越来越疼了。"小木偶可怜巴巴地说。"那是因为你很伤心,却不会哭。"小女巫用魔杖在小木偶的脑袋上点了一下,"哇——"小木偶放声大哭起来。慢慢地,小木偶不再伤心了,脑袋也不疼了。"小木偶,我把人类所有的表情都送给你。"小女巫说完,又用魔杖在小木偶的脑袋上点了几下。现在,小木偶会哭,会笑,会生气,会着急,也会向别人表示同情和关心了。老木匠说得没错,笑是很重要的。不过,要是只会笑,那可是远远不够的。

　　这篇童话故事通俗易懂、情趣盎然,以"笑"为线索展开故事情节:老木匠在小木偶的脸上添了一个笑嘻嘻的表情;小木偶因为笑嘻嘻而受冤枉,遭误解,被怀疑;直到女巫出现,赋予了他所有的表情,才让他真正获得了快乐。童话构思巧妙,让我们目睹了小木偶曲折的遭遇。

　　朗诵的语气应因不同语境的变化而变化。

　　例如:老木匠做了木偶后,感觉少了些什么时,应气细、声黏,读出思考的感觉,并作沉思状。当老木匠想起小木偶脸上少的东西是笑时,要开心点,读出恍然大悟的感觉。"笑是很重要的……快乐的日子!"读老木匠这段自言自语的话时,要气少、声平,读出肯定的感觉。当老木匠为小木偶添上表情后的语言,应读出一种自我陶醉的语气,突出老木匠的心满意足。

　　小木偶见小红狐撒谎并诬赖他后,对熊警察说"那是我的,我的,我的"时,应读出申辩的语气,表现出小木偶的气愤,声音要高,因为小木偶是尖叫着说的;而小红狐在这里一个奸诈狡猾的角色,他的声线可以是尖细型的,曲折调,说话前眼珠子骨碌一转,给人虚伪的感觉。

　　在读小木偶回答小白兔、老婆婆的答话时,应语调低沉,语速缓慢,读出一种伤心和无奈的情绪,因为熊警察、小兔子、老婆婆都不相信他的话,他感到十分委屈。而小白兔的话可采用高升调,语势由低到高,读出嘲笑的语气;老婆婆的话应读出责备、不解的语气。

　　蓝鼻子小女巫在这篇故事中是一个很受人喜爱、尊敬的角色,她如同老师,如同妈妈,面对满怀委屈、伤心、无奈的小木偶,她说话的语气是那么温柔,声音是那么亲切,如一股春风温暖着小木偶。小木偶在她的帮助下,"哇——"地一声哭了起来,这一声哭应该是痛痛快快,尽情的宣泄。

　　结尾部分:"小木偶会哭,会笑,会生气,会着急,也会向别人表示同情和关心了。"这段话虽是叙述性的语言,但语气不应是平和的,而应该是充满快乐,语调上扬,因为他终于拥有了丰富的表情,即将拥有五彩生活。

最后"老木匠说得没错,笑是很重要的。不过,要是只会笑,那可是远远不够的"。这句总结句可以用平缓的语调,充满感悟。"那可是远远不够的",读时应保持语气的连贯性,一字一字拖长音并渐呈降势,读出语尽意未尽的感觉,以引起人们的深思。

一 粒 种 子

一粒种子睡在泥土里。他醒过来,觉得很暖和,就把身子挺一挺。

他有点儿渴,喝了一口水,觉得很舒服,又把身子挺一挺。

春风轻轻地吹着。种子问蚯蚓:"外边是什么声音?"

蚯蚓说:"那是春风。春风在叫我们到外边去。"

"外边什么样儿? 也这么黑吗?"

"不,外边亮得很。"蚯蚓一边说,一边往外钻,"我来帮你松一松土,你好钻出去。"

种子听了很高兴,又把身子挺一挺。

春风在唱歌,泉水在唱歌,小鸟在唱歌,小孩子也在唱歌。种子听见外边很热闹,连忙说:"啊,我要赶快出去!"

种子又把身子挺一挺,眼前忽然一亮,啊,好一个光明的世界!

这个知识性童话故事发生在春回大地、万物复苏的初春时节,给人以生机勃勃、舒适恬淡的感觉,因此整篇文章的感情基调是轻松愉悦的,叙述性的语句语气要平和,语调要清新明朗。

第一、二段写种子从沉睡中苏醒过来,稍许慵倦又很快转变为精神,读的时候语气前轻后微扬,例如:"一粒种子睡在泥土里。"读的时候语气平缓,声音轻柔,给人沉睡的感觉。接下来的语段转为轻快而富有童趣,用甜甜的声音、轻松愉悦的语气读种子醒来后的语句,特别是"暖和"和"舒服"这两个词语调可略高,极力营造快乐的氛围。

这两段还出现了两次"挺一挺",加上第七和第九自然段出现的,全文共出现四次,每一次都有不同:第一次是因为"暖和";第二次是因为"舒服";第三次是因为听到春风的声音,再加上遇上热情的蚯蚓为他松土,他很高兴;第四次是因为对外边热闹的世界充满好奇与向往。读时要用自己的情感体验去表现种子每一次"挺一挺"的情绪变化,以便于更准确地表达种子对美好、光明世界的向往之情。读的时候语气由轻松、欢愉、欢畅到兴奋甚至是迫不及待依次变化着,语速也由慢变快,再辅以动作,力求突出种子一次比一次更加努力、更加积极地快乐生长的状态。

接下来的段落在种子和蚯蚓的对话中发展,我们仿佛看到了一个天真可爱的小娃娃与一个热情的小哥哥。种子的话语充满了好奇,例如:"外边是什么声音?""外边什么样儿? 也这么黑吗?"一连用了三个问号,读时可采用高升调,语势由低到高,气细,声黏。而蚯蚓的回答要热情洋溢,并带有小哥哥那种"我知道得挺多,外边很美好"的自豪感,气满、声高,给人跳跃的感觉,"亮"字可加强音量,特别是"我来帮你松一松土,你好钻出去",可一拍胸脯,再用高扬的语势、坚实的声音展现蚯蚓作为哥哥为小娃娃服务的兴奋与得意。

第八和第九自然段是故事的高潮部分,"春风在唱歌,泉水在唱歌,小鸟在唱歌,小孩子也在唱歌。"语速语调由舒缓轻柔到活泼欢快,展现这优美的风景、热闹的场景。融入这美景中,种子的快乐与兴奋无与伦比,种子迫不及待地说:"啊,我要赶快出去!""啊"要读出孩子特有的兴奋感,语调高,语音短,"我要赶快出去!"语速要快,尾音要上扬。

最后的"啊,好一个光明的世界!"中的"啊"有别于第八自然段的"啊",此时种子已被眼前的美景吸引住,正留心观赏着,所以语速变缓,延长音节,再换口气用愉悦、激动的语气读"好一个光明的世界!"把种子经过奋力拼搏后"守得云开见月明"的满足感充分呈现。

勇敢的小 "怕怕"

"怕怕"是一只可爱的小猴子,为什么叫"怕怕"呢? 因为呀,它的胆子特别小,不论做什么事情都要妈妈陪在身边,见了人从来不说话,妈妈问它为什么? 它就低着头说:"我害怕!"

一天,妈妈在厨房做饭,脚下一滑,"扑通"一声摔倒在地上,疼得头上直冒汗,说什么也站不起来了。"怕怕"吓得"哇"的哭了出来:"妈妈,妈妈,你怎么了? 妈妈,妈妈,你怎么了?"妈妈说:"好宝贝,别哭了,妈妈有件事要你去做。""什么事,妈妈?""妈妈要你去找松鼠爷爷,告诉它妈妈不小心把腿摔了,请他快来看看。"怕怕一听:"不行不行,我怕! 妈妈,我扶您去找松鼠爷爷好吗?""傻孩子,妈妈要是能动,说什么也不会让你自己去找松鼠爷爷呀! 妈妈的腿可能断了,如果不及时治,以后站不起来怎么带你玩儿,怎么给你做饭呀?!""可是,妈妈,我真的怕呀!""别怕,妈妈教你一个好办法:你害怕的时候就大声说'我是最勇敢的小猴子,我不怕!'这样你就不害怕了。相信妈妈,快去吧,妈妈等着你。"看着妈妈难受的样子,怕怕只好低着头走出了家门。妈妈不放心地说:"孩子,路上小心! 慢点儿走!"

松鼠爷爷的诊所其实就在怕怕家旁边的大树上,怕怕走着,感觉到自己的心"砰砰"地跳得特别快。来到大树下,树可真高啊! 怕怕鼓起勇气,开始爬树。爬着爬着,忽然,怕怕停了下来,吓得一动也不敢动了。你们猜:怕怕看见了什么?

其实,怕怕看见的是一条毛毛虫。怕怕平时最害怕毛毛虫了,这回吓得浑身哆嗦:"妈妈,我怕!"可是想起妈妈难受的样子,怕怕对自己说:"我一定要找到松鼠爷爷,给妈妈看腿!"这时忽然想起妈妈的话:"你害怕的时候就大声说'我是最勇敢的小猴子,我不怕!'这样你就不害怕了。"于是怕怕对自己说:"我是最勇敢的小猴子,我不怕!"可是声音太小,说完还是有些害怕,它又大声说:"我是最勇敢的小猴子,我不怕!"然后它慢慢地从毛毛虫旁边爬了上去:一步、两步、三步、四步……怕怕忽然觉得毛毛虫也没有那么可怕了。

到了树顶,怕怕喘了一口大气,轻轻地敲了敲门:"松鼠爷爷! 松鼠爷爷! 妈妈把腿摔坏了,您快去看看吧!"松鼠爷爷开门一看,原来是怕怕! 惊讶地说:"怕怕,你是自己来的,真是个好孩子! 快走,我跟你去看妈妈!"松鼠爷爷到了怕怕家,很快帮妈妈敷上了药。

妈妈的腿好得很快,妈妈见人就说:"多亏了我们怕怕,要不我的腿还不知道会怎样呢! 谁说我们怕怕胆小,其实我们怕怕最勇敢了!"

这是个生动有趣、很有教育意义的童话故事,故事中讲述了天生胆小的"怕怕"在妈妈脚受伤的情况下,克服心里的惧怕,勇敢地走出家门,避开毛毛虫,为妈妈请来医生的全过程,依次表现了怕怕害怕、心疼、自我激励、轻松的心理变化。

第一自然段是对"怕怕"这个角色进行介绍,虽是叙述性的语句,但语言丰富,富有变化,应采用曲折调,语势曲折变化,有起有伏。"可爱的小猴子"要读得快乐些,重读"可爱","为什么叫'怕怕'呢?"语意突然一转,应声黏,给人踌躇的感觉。"我害怕!"要读得气提、声凝,给人紧缩之感。

第二段妈妈摔倒受伤后的语段,语调要低些,语速稍慢,读出痛苦的感觉。当读妈妈要求怕怕帮她做事的话时,声音柔和,语气亲切,给怕怕带来温和、妈妈需要帮助的感觉,诱起怕怕关爱妈妈、体贴妈妈的情感。当怕怕因害怕而拒绝时,妈妈对怕怕晓之以理、动之以情的话语要用谈话的语气朗诵,语速放慢,亲切自然,给人语重心长的感觉,"傻孩子"、"也不会"、"带你玩"、"给你做饭"作重读处理,"呀"字语音要上扬,作感叹状。最后妈妈不放心让怕怕一个人出去,对怕怕的嘱咐要语调上扬,充满关切。

在文中怕怕有三句话需要重点关注。

1.“妈妈，妈妈，你怎么了？妈妈，妈妈，你怎么了？”

这段话出现在怕怕发现妈妈受伤后，吓得哭出来的时候，一连用了四个“妈妈”、两个“你怎么了”，说明怕怕真的怕极了。读这两句话时要带着哭腔，一句比一句语速快，语调高，把怕怕害怕、为妈妈担心的情绪通过有声语言传达出来。

2. 怕怕一听：“不行不行，我怕！妈妈，我扶您去找松鼠爷爷好吗？”

此时，怕怕虽镇定了一些，但还是不敢一个人去找松鼠爷爷，所以“不行不行”要读得重且急，并使劲摆手；“我怕！”读得慢且无力，并把头深深地埋下，体现出怕怕因为不能帮妈妈做事而深感愧疚。片刻后，他想到办法，把头抬起来说：“妈妈，我扶您去找松鼠爷爷好吗？”这时一个懂事的小怕怕展现在我们面前，他正和妈妈商量着，态度诚恳，语气轻柔，声调平，声音小。

3.“可是，妈妈，我真的怕呀！”

怕怕虽然还无法战胜自己的胆小，但在妈妈的劝说下，怕怕知道事情的严重性，镇定下来了，所以说这句话时不再像前两句反映那么强烈了，比较平静，有寻求帮助之意。读时气少、声凝。

第三段怕怕遇到了平时最害怕的毛毛虫，虽吓得叫妈妈，但他心疼妈妈，马上坚定信念，告诉自己：“我一定要找到松鼠爷爷，给妈妈看腿！”因此语气坚定，“一定”作重音处理。

此时，怕怕想起妈妈的话：“你害怕的时候就大声说‘我是最勇敢的小猴子，我不怕’”，还两次用这句话自我鼓励。读转述妈妈的话时，语气平稳地把这句话表述出来。读第二句时，声音稍小，犹疑，显得底气不足。第三句读时要提声，底气十足，展现一个逐渐坚强、勇于面对困难的小猴。

最后，妈妈夸怕怕的话要读出妈妈为怕怕而感到自豪的感觉，气满声高，“最勇敢”要作重音处理。

岩石上的小蝌蚪

谢　华

一个绿油油的小山坡上，有一块光秃秃的大岩石。

一天下了一场大雨，岩石上一个凹下去的地方积了水，就像一个浅浅的水塘。在这水塘里，忽然来了两只小蝌蚪，身子一扭一扭，尾巴一摆一摆，游过来又游过去。

“小东西，我这儿是你们玩的地方吗？”

谁在说话？两只小蝌蚪吓了一跳。啊，原来就是这块大岩石，它的岁数很大了，得叫他岩石老公公。

“小东西，你们是怎么到我这儿来的？”

“我们嘛，”两只小蝌蚪一起回答，“我是一个圆脸蛋的小哥哥带来的，他可喜欢我们了，就要把我们养起来，看我们变成大青蛙。”

“哦，小哥哥就把你们养在我这儿吗？”

“不，不！”一只小蝌蚪说，“他把我们装在小玻璃瓶里，他不小心，把小玻璃瓶打碎了，只好让我们在您这儿待一会儿……”

另外一只小蝌蚪抢着说：“小哥哥会来接我们的，他去拿一只漂亮的杯子，还装上水草，让我们住在里面。”

“嗯，是这样。”岩石老公公抬头看看天上的太阳。“可是，等一会儿，太阳会把这点儿水晒干的，你们的小哥哥可得赶快来呀。”

小哥哥没来，来了一只小花狗。小花狗口渴了，看见大岩石上有个浅浅的小水塘，就伸出了舌头。

"不行,不行!你不能喝这儿的水。"岩石老公公叫了起来。

小花狗这才看见小水塘里有两只小蝌蚪,就不喝水了。它对小蝌蚪说:"呀,这点儿水很快就给晒干了。让我带你们下山坡去吧!"

"不,小哥哥说好来接我们的,我们在这里等他。"

小花狗听了点点头,跑下山坡去了。小河里有的是水够他喝的。

太阳晒得更厉害了,水慢慢地给晒热了。小蝌蚪浑身不舒服起来,只好一个劲地扭着身子。

岩石老公公看见他们这样子,心里真着急,这时候正好有只小花鸭,从他跟前走过。他急忙叫住小花鸭:"小花鸭,帮个忙,把小蝌蚪送下山坡去吧。"

"好啊!"小花鸭说,"我正要到河里去洗澡,我带他们去。"

可是小蝌蚪不愿意,一只小蝌蚪说:"小哥哥说过要来的呀!"另外一只小蝌蚪说:"是啊,要是小哥哥来了,找不着我们,他多难受啊!"

"真是一对小傻瓜!"小花鸭叹了口气,摇摇摆摆走了。

小水塘里的水越来越烫了,越来越少了。小蝌蚪把身体紧紧地贴在岩石老公公的身上,一动也不动。

"你说,小哥哥这会儿是在找杯子,还是在捞水草?"一只小蝌蚪轻轻地说。

"他一定走在路上了,拿着漂亮的杯子,盛着清凉的泉水,那水好清好甜哟!"另一只小蝌蚪想把头抬起看一看,可是已经抬不动了。

山坡上静悄悄的,一个人影也没有。

快到中午了,太阳晒得好厉害!小水塘里的水给晒干了。岩石老公公难受极了,不停地叹气。小蝌蚪觉得浑身像着了火,一会儿就什么也不知道了。

过了好久,真有一个圆脸蛋的小哥哥上来了,手里拿着一个漂亮杯子,杯子里盛着清清的泉水,还装着许多水草。可是他没跑到大岩石跟前来,就在山坡下的一条小河边,捉起小蝌蚪来。

只有岩石老公公还记得两只可怜的小蝌蚪,它们已经变成两个小黑点了,紧紧地贴在它的身上。它们在做梦呢,梦见漂亮的杯子,清清的泉水,绿色的水草,圆脸蛋的小哥哥。

这是一篇童话故事,讲的是小男孩和两只小蝌蚪的故事。故事中的小男孩违背了自己的诺言,而小蝌蚪却坚守诺言,最后小蝌蚪怀着对小哥哥的无限信任和美好憧憬死了。

这个故事里的角色、对话较多,有两只小蝌蚪、岩石老公公、小花狗、小花鸭。为了角色形象更加生动,可以赋予这些小动物不同的性格特征。例如:把一只小蝌蚪塑造成可爱的小女孩,把另一只小蝌蚪塑造成憨厚的小男孩,小花狗则是行侠仗义的小青年,小花鸭化身为乐于助人的大姐姐。这些形象一定位,每种动物说话的声音、语气就各具特色,读起来便会更吸引儿童。

故事分为五部分。

第一部分(第一—十自然段),讲小蝌蚪告诉岩石公公自己为什么会在岩石上。从他们的谈话中可以看出小蝌蚪很天真,岩石公公很替他们担心。这时候岩石上还有比较多的水,小蝌蚪"游过来又游过去",很快乐,没有意识到危险。因此第一、二自然段感情基调是愉快而轻松的,语速适中。

第三、五自然段是岩石老公公的话,读的时候要有老公公的特点,发音部位靠后,声音略粗,很有威严,语气中略带责备。

第六、八、九是小蝌蚪的回答,情感仍是悠闲、快乐的,特别是"两只小蝌蚪一起回答"的这句话更是要读得响亮悦耳,"可喜欢"、"养起来"、"看"要加重语气,把小蝌蚪为能得到小哥哥的喜爱而骄傲,并且对小哥哥绝对的信任之感表现出来。可辅以动作——把胸脯挺得直直的,头抬得高高的。第八自然段,一只小蝌蚪作为小女生形象,她急于为小哥哥解释,两个"不"要读得急些、紧凑些,她天性善良纯真,对小哥哥充满了爱,很能体谅小哥哥的打碎玻璃瓶的行为,因此,声音始终是甜美柔和的。第九自然段是另一只小蝌蚪抢着说的话,这只小蝌蚪作为憨厚小男生的形象,声音圆润洪亮,充满美好的期待。

第十自然段,岩石老公公抬头看看天上的太阳,很为两只纯真善良的小蝌蚪担心,读的时候气多、声撇,给人焦虑感。

第二部分(第十一——十五自然段),小蝌蚪拒绝被小狗带到山坡下,他们相信小哥哥会来找他们。

读"小哥哥没来"时气要沉,声要缓,语气中带点失望。来了只小花狗伸出舌头就要喝水,岩石老公公急了,他说的话要读得气短、声促,有紧迫的感觉。当小花狗发现水塘里的两只小蝌蚪后,马上想到这点水很快就会晒干的,它提出要带两个小蝌蚪下山坡,说话时中气十足,语调高昂,语速稍快,很有侠客风范。

而小蝌蚪拒绝了小花狗的好意,坚持要等小哥哥。他们说话的声音依旧甜美,但没了一开始的兴奋,语速开始放慢。

第三部分(第十六——二十自然段),水被晒得越来越热,小蝌蚪浑身不舒服,但还是不让小花鸭把他们带下山。

水越来越热,越来越少,情况越来越危急,接下来的感情是着急、沉闷的。岩石老公公看见小蝌蚪难受的样子,心里真着急,他的话要读得气短、声促,带给人紧迫感。小花鸭的出现让岩石公公看到了一丝希望,他请求小花鸭把小蝌蚪送下山坡去,读时要气满、声高,态度诚恳,"帮个忙"、"送下山坡去"要作重音处理,"吧"做次重音处理,不延长声音。

小花鸭是一个乐于助人的小姐姐,她很爽快地答应了,因此"好啊!"读的时候应声音响亮,语调高昂;"我正要到河里去洗澡,我带他们去。"读得气满、声高、充满热情。

可是小蝌蚪不愿意,蝌蚪妹妹说:"小哥哥说过要来的呀!"此时,她已经有点虚弱了,所以声音微弱,语速有些慢,但尾音上扬,因为她相信小哥哥会来。蝌蚪弟弟也应和着:"要是小哥哥来了,找不着我们,他多难受啊!"可见,小蝌蚪心里想的是别人,即使面临生命危险,想到的还是要信守诺言。所以蝌蚪弟弟尽管快要虚脱了,但语气中还是充满真诚,朗诵时宜用曲折调,先轻轻读出"要是小哥哥来了,找不着我们",读到"他多难受"时加强音量,"啊"的尾音适当拉长。这样就将一只一心只为他人着想的小蝌蚪活灵活现地展现在听众眼前。

面对如此坚守的小蝌蚪,小花鸭无奈地叹了口气,说了声:"真是一对小傻瓜!"读的时候可以创造性地加入一声叹息,以加强小花鸭替小蝌蚪惋惜的心情。读"真是一对小傻瓜!"时,语气当中没有嘲笑,有的只是怜惜。

第四部分(第二十一——二十五自然段),小水塘里的水被晒干了,小蝌蚪昏死过去。在这之前,他们仍然相信小哥哥会回来。

第二十一自然段是小蝌蚪接近死亡的现状描写,可用低抑的语势、深沉的声音和缓慢的节奏来读,把读者的心紧紧地揪住。

这时,一只小蝌蚪轻轻地说:"你说,小哥哥这会儿是在找杯子,还是在捞水草?"这时她已经是气若游丝,没有什么精气神了,但她还是充满着期待,坚定地认为小哥哥正在为给她一个好的生活环境而努力着,所以声音虽然非常微弱,但依然甜美。

另一只小蝌蚪和她一样,他仿佛看到了漂亮的杯子,喝到清凉的泉水,虽已无力抬头,但心中没有一丝怨恨;声音虽然很弱,明显是后气不足,但依然清澈。这种鲜明的对比更能把小蝌蚪疲惫的心和期盼的情,通过有声语言传达给听者,让听者的情弦被这两只善良的小蝌蚪深深地拨动。

"山坡上静悄悄的,一个人影也没有。"这句话是环境描写,同时也预示着没人能来救这两个小可怜了,他们期盼的小哥哥也没有来。此句要读得很轻很轻,带着满心的遗憾。

第五部分(第二十六——二十七自然段),小哥哥来了,可是他忘记了自己的诺言;小蝌蚪怀着美好的愿望死去。

圆脸蛋的小哥哥真的来了,正如另一只小蝌蚪临死前想的一样:手里拿着一个漂亮杯子,杯子里盛着清清的泉水,还装着许多水草。但读的时候要与之不同,要气粗、声重,语气中略带责备。

最后一段分成两部分,前一部分描写岩石老公公的心理活动要读得气徐,有万般怜爱的感觉。后一部分写小蝌蚪美好的梦境,他们在美好的憧憬中死去,这一悲剧性结尾,可以给孩子们的心灵以很大的震撼。我们心里虽然悲痛,但是读的时候却应该反其道而行,要美美地、甜甜地读,起到以喜衬悲的作用,使孩子们认识到失信给别人带来的伤害,激发他们的同情心以及善良的愿望,加深对诚实守信的认同感。

想飞的乌龟

从前,有一只乌龟。

一天,乌龟听见一群小鸟在喊:"我们走吧! 我们快走吧!"

乌龟问:"你们要去哪儿?"

小鸟说:"我们要去一个很美丽的地方。"

乌龟问:"我能和你们一起去吗?"

小鸟说:"可你不会飞啊!"乌龟很伤心。

小鸟想出了一个办法。他们让乌龟叼着一根棍子,两只小鸟叼着棍子的两端。于是,小鸟带着乌龟飞起来了。

乌龟很高兴,他喜欢飞的感觉。小鸟越飞越高,白云在乌龟身边飘着,风儿从他耳边吹过。下面是绿色的田野,蓝色的小河,地上的房子都变得很小很小。乌龟开心极了,忍不住喊起来:"太美了! 啊——"

乌龟从天上掉下来了! 他重重地掉在地上,光滑的壳上摔出了好多裂纹。

从此以后,乌龟的壳就成了现在的样子。

《想飞的乌龟》主要写了一只乌龟想飞上天,他得到了小鸟的帮助梦想成真,不小心从天上掉下来,壳上摔出了好多裂纹。文章讲的道理很深刻,但是童趣十足,对话简洁,语言生动活泼,很容易引起儿童朗诵的兴趣。要读好这个故事关键在于抓住最能表现乌龟情感变化的词语,体验乌龟的情感世界,使听者真正进入乌龟的内心,跟着乌龟一起好奇、伤心、开心、沮丧。

这个故事中只有两个角色——乌龟和小鸟,它们形象不同,声音造型也不同。小鸟乐于助人,形象甜美,声音清脆响亮;乌龟充满梦想与追求,但憨厚,动作缓慢,声音较为厚实,语速稍慢。

第一自然段内容非常简单:"从前,有一只乌龟。"这是叙述性的语言,因此读的时候语速可适中,语调平缓。当然也可以把声音压低一下,读出神秘的感觉,一下子把孩子吸引过来。

第二自然段小鸟在喊:"我们走吧! 我们快走吧!"采用反复的手法,连用了两个"走吧",两个"!",且第二个加了个"快"字,可见小鸟急切的心情,读时应语速加快,声音高昂,重读"快"字,"吧"字要次重读,可适当延长,展现出着急、激动的表情。

第三自然段小鸟的叫声引起了乌龟的好奇,它赶紧询问。要读出质疑的口气。

第四自然段小鸟说:"我们要去一个很美丽的地方。"要读出小鸟能到那个美丽的地方的高兴的心情,读出小鸟似孩子般的天真,又有点像向别人炫耀的兴奋、自信的口气。

第五、六自然段,乌龟一听说小鸟要去一个很美丽的地方,就想和它们一起去,说明乌龟怀抱着美好的愿望。所以"我能和你们一起去吗?"要读出乌龟充满向往的感觉,语速稍快,"一起"、"去"重读,眼里满是期待。一听说不会飞就不能去,乌龟"很伤心",读这句时语气低沉,声音缓慢,有迟滞的感觉。

第七自然段善良的小鸟不忍乌龟如此伤心,想出了一个巧妙的办法——带着乌龟飞,心里怎能不开心呢,所以"飞起来"作重音处理,语调上扬。

第八自然段描写了乌龟的所见所感。这段中描写的景色都是乌龟在地面上不可能看见,想也想不出来的。所以读的时候用笑言,语气中充满迷恋。乌龟"开心极了",竟忘记嘴里叼着的棍子而忍不住喊起来:"太美了!"朗诵时应展示乌龟愉快、激动的表情,气满,声高。最后的那声"啊——"使愉快的情绪急转直下,因为此时的乌龟已经在往下坠,这声"啊——"叫得凄厉,气提、声凝,有紧缩感。

第九、十自然段写结果——乌龟摔下来,光滑的壳上摔出了好多裂纹。乌龟得此结果,值得同情和肯定,因为它怀抱美好愿望,并能为实现愿望和小鸟一起想办法,这是一只有追求有理想的乌龟,因此应读出对乌龟的怜惜之情,语调要变轻。

池塘边的叫声

小鱼在池塘里遇到了青蛙,就上前打招呼:"青蛙大哥,你好! 你在干什么?"青蛙说:"我在岸上玩了半天,太热了,来洗个澡。"

小鱼好奇地问:"岸上什么样? 我从来没去过。"

青蛙的大眼睛转了一下,说:"那好办。你趴在我的背上,我背着你去看看。"

小鱼连连摆着尾巴,说:"不行,离开水我会干死的!"

青蛙的大眼睛转了两下,说:"有办法了! 每天傍晚我到池塘边来,给你讲讲岸上的故事。"

小鱼高兴地游到青蛙身边,亲了亲青蛙的白肚皮,说:"太好了! 谢谢你了!"

从此,每天傍晚,池塘边就响起了"呱呱"的叫声,那是青蛙在给小鱼讲岸上的故事呢。

这是一个有趣的童话故事,写了小鱼想知道岸上是什么样子,青蛙想办法帮助它,每天呱呱地叫着,给小鱼讲岸上的故事,展现了青蛙乐于关心、帮助朋友,善于动脑筋的形象。

故事在青蛙和小鱼的对话中发展变化,它们的对话充满童趣。例如:"大眼睛转了一下"、"好奇地问"……想象情景,体会情感,有助于更好地读出相应的语气。

故事的开场:小鱼问候青蛙,语气温和、柔美,给人非常有礼貌的感觉。青蛙在岸上玩了半天,心情愉快,回答时气满、声高,重读"玩了半天","洗个澡"次重读,因为想象洗澡后全身清凉、轻松,青蛙大哥不禁快乐起来。

第二自然段"好奇"表明小鱼对岸上的事物很感兴趣,想知道岸上怎么样。读时可睁大眼睛,气细、声粘,充满疑问,把小鱼天真活泼、对一切新事物充满热情的小孩的形象展现出来。

第三自然段青蛙"大眼睛转了一下"说明青蛙在认真动脑筋,读时可借助"转动眼睛",把认真思考的神态表现出来。"那好办"读时情绪可兴奋些,声音高些,表现出青蛙想出办法后的喜悦。

第四自然段,要想象鱼离开水的危险境况,理解小鱼害怕、心急的情绪,读出着急的语气,此时语速快些,并辅以摇手的动作,把小鱼连连摆着尾巴的动作展现出来。

第五自然段与第三自段有些相似,只是情绪上应该更高涨些,语气也更兴奋些。这是青蛙大哥第二次想办法,读时可以把眼睛转几下,表现出青蛙想办法时可爱的神态。

第六自然段是青蛙想出办法时,小鱼为表示自己的感激、亲昵之情亲了亲青蛙的白肚皮,这类似我们握住朋友的手摇着,或亲吻朋友,读的时候气息徐徐而出,声音甜美、温柔。"太好了! 谢谢你啦!"连用两个"!",把小鱼真诚的谢意展现无遗,语调稍高,声音洪亮。

第七自然段写青蛙信守承诺,每天给小鱼讲故事。这是个很圆满的结局,充满了喜感,"呱呱"的叫声就像讲故事的声音,应重读,语音清晰明了。"那是青蛙在给小鱼讲岸上的故事呢。"这句话用了感叹词,却没用感叹号,这给朗诵者提了个醒,此句语调无需上扬,可面带笑容,语速放慢,语调轻缓,注意停顿,给听众留下联想和回味的余地,增强儿童乐于助人、坚守承诺的意识。

巨人的花园

王尔德

　　从前,一个小村子里有座漂亮的花园。那里,春天鲜花盛开,夏天绿树成荫,秋天鲜果飘香,冬天白雪一片。村里的孩子都喜欢到那里玩。花园的主人是个巨人,他外出旅行已有好久了。花园里常年洋溢着孩子们欢乐的笑声。

　　有一年秋天,巨人突然回来了。他见到孩子们在花园里玩耍,很生气:"谁允许你们到这儿来玩的! 都滚出去!"

　　孩子们吓坏了,四处逃散。赶走孩子以后,巨人在花园周围砌起围墙,而且竖起一块"禁止入内"的告示牌。

　　不久,北风呼啸,隆冬来临,刺骨的寒风吹起雪花。巨人孤独地度过了漫长的严冬。春天终于来了,村子里又开出了美丽的鲜花,不时传来小鸟的欢叫。但不知为什么,巨人的花园里仍然是冬天,天天狂风大作,雪花飞舞。巨人裹着毯子,还瑟瑟发抖。他想:"今年的春天为什么这么冷,这么荒凉呀……"

　　一天早晨,巨人被喧闹声吵醒了。他抬头望去,一缕阳光从窗外射进来。好几个月没见过这么明媚的阳光了。巨人激动地跑到花园里,他看到花园里草翠花开,有许多孩子在欢快地游戏,他们大概是从围墙的破损处钻进来的。孩子们的欢笑使花园增添了春意。可是巨人又发脾气了:"好容易才盼来春天,你们又来胡闹。滚出去!"孩子们听到可怕的训斥,纷纷逃窜。与此同时,鲜花凋谢,树叶飘落,花园又被冰雪覆盖了。巨人不解地看看四周,突然发现桃树底下站着个小男孩。

　　"喂! 你赶快滚出去!"巨人大声叱责。小男孩没有拔腿逃跑,却用他那会说话的眼睛凝视着巨人。不知怎么,巨人看着他的眼神,心里感到火辣辣的。这个小男孩在树下一伸手,桃树马上绽出绿芽,开出许多美丽的花朵。

　　"噢! 是这么回事呀!"巨人终于明白,没有孩子的地方就没有春天。他不禁抱住了那个孩子:"唤来寒冬的,是我那颗任性、冷酷的心啊! 要不是你提醒,春天将永远被我赶走了。谢谢你!"小男孩在巨人宽大的脸颊上亲了一下。巨人第一次感到了温暖和愉快。于是,他立刻拆除围墙,把花园给了孩子们。

　　从那以后,巨人的花园又成了孩子们的乐园。孩子们站在巨人的脚下,爬上巨人的肩膀,尽情地玩耍。巨人生活在漂亮的花园和孩子们中间,感到无比的幸福。

　　这是英国作家王尔德写的一篇童话故事,讲的是一个巨人将孩子们拒于花园墙外。从此,园里一片荒凉,春、夏、秋都不肯光临,只有冬天永远留在这里。后来,在小男孩的启发下,巨人醒悟了,拆除了围墙,花园成了孩子们的乐园,巨人生活在漂亮的花园和孩子们中间,感到无比的幸福。这篇童话,让我们体会到:和大家一起分享的快乐才是真正的快乐。

　　本文运用对比的方法展开故事情节、揭示道理,多处进行对比,例如:巨人砌墙与拆墙后花园情景的对比,巨人砌墙与拆墙后态度的对比、感觉的对比。在这些对比中,故事的情节变得跌宕起伏,朗诵时的情感、声音、语调也都随之起着变化。

　　首先,我们先来关注这神奇的花园,它的景色会随着巨人和孩子而变化,课文中共有四处描写花园的景色,第一处是巨人外出,孩子们在里面玩耍时——那里,春天鲜花盛开,夏天绿树成荫,秋天鲜果飘香,冬天白雪一片。这是一座多么漂亮的花园呀! 春夏秋冬景色各异,读的时候可边读边想象,让自己置身于那美丽的画面,把文字美充分地表达,读出春的温柔、夏的热情、秋的甜香、冬的晶莹……

第二处是巨人回来,砌起围墙禁止孩子入内时——春天终于来了,村子里又开出美丽的鲜花,不时传来小鸟的欢叫。但不知为什么,巨人的花园里仍然是冬天,天天狂风大作,雪花飞舞。村子里的春意盎然与巨人花园里凄凉的严冬景象形成了鲜明的对比。要有充分的内心视像,看到"美丽的鲜花",听到"鸟儿的欢叫",心情愉悦,朗诵时声细、调轻快、脸上带着甜美的笑容;看到"天天狂风大作、雪花飞舞"让人心情沉重,皱起眉头重读这两组词,读时声粗、调沉,给人压抑、寂寞、凄凉不见天日的感觉。

第三处是孩子们偷偷钻入玩耍时——一缕阳光从窗外射进来。好几个月没见过这么明媚的阳光了。巨人激动地跑到花园里,他看到花园里草翠花开,有许多孩子在欢快地游戏,孩子们的欢笑使花园增添了春意。阳光明媚、草翠花开、快乐的孩子,构成了多么美好的画面,朗诵的时候不仅要诵在嘴上,更要诵入心里,能不能让自己进入这美丽的花园中,就要看朗诵者是否真正走进文本,此时就要让朗诵者把自己当成巨人,把巨人久久盼望后喜得春天的快乐之情全部表达出来,声音可高昂些,语速可稍快些。

第四处是巨人又一次训斥孩子离开——与此同时,鲜花凋谢,树叶飘落,花园又被冰雪覆盖了。当巨人赶走孩子的同时,也赶走了春天、温暖以及快乐。童话的魅力让人不得不为之叹服,里边的景、物完全不受自然规律的限制,具有超强的魔力。花园景色的瞬间变化,要赋予不同的语气和语调,诵出作品内在情绪的流动。

接着,我们把目光引向巨人,文中有三处描写巨人对待孩子的行为和语言——

1. 他见到孩子们在花园里玩耍,很生气:"谁允许你们到这儿来玩的!都滚出去!"

2. 可是巨人又发脾气了:"好容易才盼来春天,你们又来胡闹。滚出去!"

3. "喂!你赶快滚出去!"巨人大声叱责。

三次都是赶孩子们走,都用了"滚"字,体现了巨人的自私、冷酷,读的时候气促、声硬,有挤压的感觉,把巨人冷酷的形象展现出来。

三次说话句尾都用了感叹号,可见巨人说这些话时是很生气的,读时可气粗、声重,给人严厉的感觉。

三次说话巨人一次比一次生气,态度一次比一次冷酷。第一次是责怪、命令,第二次是气恼,最后大声叱责,想必是怒气冲天了,一个"喂"字把巨人的蛮横无理、怒气冲冲展露无遗,因此读这句话时,无论从声音、语速、语调上都要比前两句更强势些。

文章的最后,那个天使般的小男孩,面对巨人的叱责,用那会说话的眼睛凝视着巨人,眼睛里传递的是平和、善良、童真。就是这不谙世事的眼光给了巨人重新认识自己的力量。因此,这部分虽作为文章的高潮部分,可读它时却反而要平和、温柔,给巨人带来宁静的感觉,带来思考的空间。巨人最后说的这两句话:"噢!是这么回事呀!""唤来寒冬的,是我那颗任性、冷酷的心啊!要不是你提醒,春天将永远被我赶走了。谢谢你!"用了三个感叹号,表现出巨人恍然大悟、猛然释怀的情感体验,因此读的时候,可气少、声平,给人沉着平稳的感觉;也可气满、声高、充满跳跃,给人传递幡然悔悟、释怀的快乐情绪。在这儿我们提倡个性朗诵,一千个读者就有一千个哈姆雷特嘛!

分享是一种神奇的东西,它使快乐增大,使悲伤减小。巨人在小男孩子的亲吻下第一次感到了温暖和愉快。小男孩的爱感化了巨人,他拆除围墙,把花园给了孩子们。他和孩子们在花园里玩闹在一起。分享传递着正能量,快乐在无限放大……这一部分的朗诵应如和风般温馨、畅快,给人意犹未尽之感。

第十一章
寓言的朗诵

寓言是文学体裁的一种,以散文或韵诗的形式讲述带有劝谕或讽刺意味的故事。当代德国著名哲学家恩斯特·卡西尔在《符号形式哲学》中认为:人类自身发展有三大里程碑:语言的产生——神话的繁衍——理性思维的发展。寓言产生在人类发展的第二里程碑与第三里程碑之际,对人类群体起了启蒙与桥梁的作用。因为语言的寓体(故事)连接神话(原始)思维,本体(寓意)连接理性思维。

俄国寓言家陀罗·雪维支说:"寓言是'穿着外套的真理'。"法国寓言家拉封丹说:"一个寓言可分身体和灵魂两部分:所述的故事好比身体,所给予我们的教训是灵魂。"寓言的产生和应用是作者把生活中获得的启迪、领悟出的事理加以艺术化,从而达到印证其合理性、增强其说服力的目的,是一种"把思想穿上外衣、赋予血肉、而使之形象化"的创作。寓言故事的精髓在于寓事说理、寓事言他。

寓言有如下几种鲜明的艺术特色。

一、鲜明的寓意,由喻体和本体组成。喻体的故事是寓言的表层,本体是作者所要阐明的教训和哲理。

二、篇幅短小。往往截取一个最精彩的片段,故事单一,情节简洁,不展开细致刻画,不安排悬念和细节。

三、比喻的象征性。寓言的比喻和修辞的比喻不同:寓言采用故事比喻,而修辞采用句段的比喻;寓言的比喻没实体而修辞的比喻是简单实物。

寓言的分类方式有多种:按角色形象可分为人物寓言、动物寓言;按思想内容、寓意可分为说理性寓言(哲学寓言、哲理寓言、经验教训寓言、教育寓言、劝学寓言、道德修养寓言、政治寓言、宗教寓言)、批评性寓言(劝诫寓言、讽刺寓言)、赞美性寓言(颂扬性寓言、鼓励性寓言)。按题材可分为历史题材寓言、神话题材寓言、现实题材寓言。

第一节　寓言朗诵要点

一、夸张对比,把握寓言形象的性格本质

寓言形象的性格本质往往很集中、单纯,寓言形象可以通过朗诵的夸张对比来体现:音色的淳厚与薄弱,音量的高亢与低沉,速度的急促与缓慢,语气的欢乐与悲伤,重音的重读与轻吐,气息的沉与浮等,声音造型的综合利用可以深化角色形象的本质特征。下面以《猴吃西瓜》为例。

猴 吃 西 瓜

猴王找到了一个大西瓜,可是,怎么吃呢?这个猴啊,是从来也没有吃过西瓜。忽然,他想出了一条妙计,于是,把所有的猴都召集来了。

他清了清嗓子:"今天,我找到了一个大西瓜。至于这西瓜的吃法嘛,我当然……当然是知道的。不过,我要考验一下大伙的智慧,看看谁能说出这西瓜的吃法。如果说对了,我可以多赏他一块。如果说错了,我可要惩罚他!"

大伙你看看我,我看看你,谁也没有吃过西瓜。

小毛猴眨巴眨巴眼睛,挠了挠腮说:"我知道,吃西瓜是吃瓤!"

"不对!小毛猴说得不对!"秃尾巴猴跳了起来:"我小的时候跟我妈去姥姥家,吃过甜瓜,吃甜瓜就是吃皮。我想,这甜瓜也是瓜,西瓜也是瓜,吃西瓜嘛,当然也是吃皮咯。"

这时候,大伙争执起来,有的说:"吃西瓜吃皮!"有的说:"吃西瓜吃瓤!"可争了半天,也没争出个结果,于是都不由地把目光集中到一个老猴的身上……

这老猴认为出头露面的机会来了,他将了将胡子,清了一下嗓子说:"这吃西瓜嘛,当然……当然是吃皮咯。我从小就爱吃西瓜,而且……而且一直都是吃皮的。我想,我之所以老而不死,就是因为吃了这西瓜皮的缘故……"

大伙都欢呼起来:"对!吃西瓜吃皮!""吃西瓜吃皮!"……

猴王认为找到了正确答案,他站起身来,上前一步,开言道:"对!大伙说得对!吃西瓜是吃皮。哼!就小毛猴崽子一个人说吃西瓜吃瓤,那就让他一个人吃吧!咱们大伙,都吃西瓜皮!"

西瓜一刀两半,小毛猴吃瓤。大伙,是共分西瓜皮……

有个猴吃了两口,就捅了捅旁边的说:"哎,我说这可不是滋味啊!"

"咳,老弟,我常吃西瓜,西瓜嘛,就是这味……"

在寓言故事《猴吃西瓜》中,角色的出场并不多,有些角色只是寥寥数语,把握寓言形象的性格本质就显得尤为重要。猴王的权威,小毛猴的爽直,秃尾巴猴的理性,老猴的倚老卖老、不懂装懂,其他猴的人云亦云,都可以通过夸张对比的声音造型来体现。猴王采用粗、稳,气息饱满、重音加重拉长的方式,在征求意见时,声色俱厉,对赏赐与惩罚语气语调有强烈的对比。对正确者语气温和、语调上升;对错误者语气严厉,语调下降。小毛猴可以通过音尖、细弱、语速急促的方式表现它的不假思索。秃尾巴猴有点见识,从吃甜瓜的生活实践中推理出吃皮的结论,属于年轻一代略有学识的一类,可以采用有理有据、慢条斯理、气息绵长、边想边说的方式。老猴年纪大,声音自然是沙哑、气息偏薄弱,略带颤音,又因为带有老学究气,摇头晃脑,语气语调回环曲折,其说话断断续续,既是因为年纪大的缘故,也是因为内心游移不定,找辞自圆其说,因此不甚连贯。

再如——

狐狸维持的秩序

黄瑞云

狐狸从鸡鸭棚里拖出一只小鸡,躲在酸枣树下吃。酸枣树上的喜鹊看到了,责问道:"大白天残害生命,该当何罪?"

　　"什么残害生命！"狐狸喝道，"我要执行我的使命，对任何危害社会秩序的东西进行惩罚。这些东西一个夏天都在池塘里游个没完，把整个池塘的水都弄脏了，使得我们大家都没有干净的水喝。"

　　喜鹊说："就算弄脏了池塘是一个错误，但游水的是鸭子，你怎么抓鸡，鸡什么时候弄脏了池塘呢？"

　　"抓鸡怎么样！"狐狸争辩说，"鸡的危害更大。每天天还未亮它就大声号叫，闹得大家都不得安宁，难道鸡不更应该受到惩罚吗？"

　　喜鹊说："如果鸡啼打搅了你的安宁，啼的也是公鸡，可你抓的是一只母鸡呀！"

　　"母鸡更坏！"狐狸说，"它生那么多蛋，孵那么多鸡娃；你没看到，它引着一大群鸡娃，咯咯咯咯，在地里糟蹋了那么多庄稼！"

　　"真有意思，"喜鹊说，"狐狸先生维护社会的秩序，又还关心地里的庄稼！但是，你抓的这只母鸡还很小，它还没有开始下蛋呢！"

　　"胡说！"狐狸怒道，"它现在没有下蛋，难道它永远不下蛋！反正它迟早会下蛋，会孵鸡娃，我能容许它吗？什么有意思没有意思，你不必在树上吱吱喳喳，吱吱喳喳，有意见到我面前来光明正大地提吧！"

　　喜鹊知道狐狸的"光明正大"是什么意思，它没有下来。

　　在《狐狸维持的秩序》中，狐狸为自己偷吃了一只雌小鸡而百般辩解：先是说鸡把池塘水弄脏了，然后说鸡啼叫影响休息，说母鸡生小鸡糟蹋庄稼，最后说雌小鸡迟早都要下蛋，危害社会，威胁喜鹊，要它"正大光明地提意见"。狐狸的狡猾、善辩、无赖、气急败坏的语气逐渐在喜鹊的步步追问下升级。语速渐快、音量渐大，情绪愈加激动，语调愈加曲折，与此做参照物的是喜鹊的声满气足、言之有理、充满正义的追问。在音质的对比上，狐狸采用扁平、干瘪的声音，喜鹊采用圆润、洪亮的声音。

二、把握情感导向，明确寓意

　　在寓言的朗诵中，朗诵者要有正确的情感导向，才能使寓意鲜明。在《愚公移山》中，为了赞扬愚公的顽强、坚韧不拔、不达目的不罢休的精神，愚公的老伴的担心、智叟的嘲笑，显然是为了衬托，所以要有情绪的风向标，焦虑和讥讽的口气要特别强调重音，凸显愚公的伟大。

　　"靠您的这把老骨头，恐怕连魁父那样的小山丘都削不平，又怎么对付得了太行和王屋这两座大山呢？再说啦，您每天挖出来的泥土石块，又往哪儿搁呢？"

　　他劝阻愚公说："你也真是傻冒到家了！凭着你这一大把年纪，恐怕连山上的一棵树也撼不动，你又怎么能搬走这两座山呢？"

　　在《鲲鹏与蓬雀》中，大鹏和小蓬雀是两种迥然不同的形象，身上被赋予了两种不同的情感和寓意。情感导向是声音造型设计的重要依据之一。

鲲鹏与蓬雀

　　在那个草木不生的地方，有一片大海，是大自然造就的一片辽阔的水域。在这片水域中，生活着一条硕大无比的鱼，这条鱼的身体有几千里宽，而它的身体有多长呢，谁也说不清楚，这条大鱼的名字就叫作鲲。有一天，这条大鱼变作了一只鸟，也同样是大得不可思议。这只鸟的脊背有泰山那样高大，双翅一展，就像是挂在天空的云彩遮住了半个天空，这只鸟名叫鹏。

　　这只大鹏鸟打算从北海飞到南海一游，它扇动起两个巨大的翅膀，盘旋直冲天空而形成一股狂飙，大鹏鸟直飞到九万里的高空，那是一个连云气都达不到的地方。大鹏的脊背几乎是紧靠着青天了，然后它再准备朝南海的方向飞去。

　　有一群小蓬雀活动在一片灌木丛中，整天聚集在蓬刺矮树间跳来跳去、叽叽喳喳，倒也自得其乐十分满足。当它们听说了大鹏鸟飞上高空九万里的事情后，十分惊讶与困惑，它们嚷嚷道："简直是发了疯了，发了疯了。它干嘛要飞那么高呢？它到底想干什么呢？"其中一只蓬雀以一种批评家的口气说："我跳跃着向上一飞，也不过几丈高就落下来，我在灌木丛中飞来飞去，悠然自得，我这就是世界上最好的飞翔了，那只奇怪的大鹏干嘛要飞那么高呢？飞那高有什么意义呢？"

　　同样是重音，第一段的加点字要用宏大的气魄、响亮的声音、赞许的口吻塑造展翅高飞、一跃千里的鲲鹏形象，在重音咬字时，声母加重、韵腹拉开，开口度大，字词的疏密度加大。而第二段塑造蠢笨的蓬雀时，用讥讽、嘲弄、批评的语气，气息浅薄、字词的疏密度缩小，咬字力度减弱，曲折调明显增多。

第二节　寓言朗诵解读

狼和小羊

——选自《伊索寓言》

　　狼来到小溪边，看见小羊正在那儿喝水。

　　狼非常想吃小羊，就故意找碴儿，说："你把我喝的水弄脏了！你安的什么心？"

　　小羊吃了一惊，温和地说："我怎么会把您喝的水弄脏呢？您站在上游，水是从您那儿流到我这儿来的，不是从我这儿流到您那儿去的。"

　　狼气冲冲地说："就算这样吧，你总是个坏家伙！我听说，去年你在背地里说我的坏话！"

　　可怜的小羊喊道："啊，亲爱的狼先生，那是不会有的事，去年我还没有生下来哪！"

　　狼不想再争辩了，龇着牙，逼近小羊，大声嚷道："你这个小坏蛋！说我坏话的不是你就是你爸爸，反正都一样！"说着，就往小羊身上扑去……

　　人们存心要干凶恶残酷的坏事情，那是很容易找到借口的。

　　《狼和小羊》写的是本性凶恶的狼寻找种种借口要吃掉善良无辜小羊的故事，说明跟凶残蛮横的敌人打交道，靠讲理是行不通的。寓言围绕狼要吃小羊找的三次借口，生动、形象地描写了小羊与狼对话时的不同神态、动作与语言。这篇寓言以对话为主，在一问一答中揭示了狼蛮不讲理的凶残本性及小羊的善良可怜和无助，因此要着重抓住狼和小羊的对话部分，从分析狼和小羊的思想感情变化入手，运用不同的语气、声调进行表情朗诵。

　　在这篇寓言中狼是狡猾、凶恶、蛮横、蛮不讲理的形象，而小羊是温和、善良、弱小礼貌的形象。

　　"狼来到小溪边，看见小羊正在那儿喝水。狼非常想吃小羊，就故意找碴儿……"说话的是作者，是在给我们叙述这个故事，所以语气尽量做到自然、平静，"非常"稍稍重读一些。

　　第一次对话，狼的话以粗而低沉的语调来读，一字一句充满恶意，要读得稍快些，语调高昂些，要读出盛气凌人、横加指责的语气；小羊的话要读得平缓些，读出小羊小心翼翼地据理申辩的语气。"你把我喝的水弄脏了！"是狼借口的理由。读时，"水"字后稍作停顿，"弄脏了"三字加重语气，特别强调"脏"字。反问句"你安的什么心？"要读得重而快，语气凶狠，表现出狼有意挑衅、威胁的神情。"你"字后稍作停顿，"心"字读重音，尾音往上挑。小羊被这突如其来的问话惊住了，由于它善良和幼稚，明知恶狼是无理取闹，仍然抱定据理力争的态度，想通过讲理、解释取得狼的谅解。因此，小羊回话的态度是平静、温和的。"我怎么会把您喝的水弄脏呢?"这一反问句要读得平缓、稳重、不紧不慢,小羊说这话时的语气是温和、细柔、说理的,但这时的温和,是在吃惊纳闷情况下保持温和,这就可以看出小羊的善良与可怜。

第二次对话,"您站在上游,水是从您那儿流到我这儿来的,不是从我这儿流到您那儿去的"。可以加上表示方位感的指示动作。狼气冲冲地说:"就算这样吧,你总是个坏家伙! 我听说,去年你在背地里说我的坏话!"其中"就算这样吧"要读出狼的不情愿承认又充满蛮横劲儿,狼说:"你总是个坏家伙! 我听说,去年你在背地里说我的坏话!"此句语气上扬,且在"我听说"这句后要稍微停顿一下。"啊!"这字语气上扬,表惊讶。"亲爱的狼先生,那是不会有的事,去年我还没有生下来哪!"此句音重且急促,"去年"后应停顿,要抓住"喊道"一词,体会可怜的小羊要为自己争辩。狼的话要读出蛮横无理的语气,小羊的话要读出据理申辩和害怕的语气。

第三次,只写了狼的话和动作,要读出狼穷凶极恶的语气。句尾停前,声音要收住,然后有平稳的较长停顿。话将要说完时,气也将用完;话语声音停止,气息也呼出完毕,要急收。"你这个小坏蛋! 说我坏话的不是你就是你爸爸,反正都一样!"读这句时声音要大而急促,气满声高。

在寓言中,故事只是作者说道理的一种工具,作者最重要的画龙点睛之笔是最后的教训。作者讲这个故事的目的是为了给人们一个教训:恶人是不讲理的,千万不要像善良的小羊那样去跟狼讲道理。因此在读末句时,要运用重音"存心"和"容易"来突出作者的意图。这是阐明道理、肯定结论,应平稳慢速,用郑重的语气给人以启迪。

蚊子和狮子

——选自《伊索寓言》

无边无际的大草原上,一头威风凛凛的狮子正迈着矫健的步伐,在自己的领地里巡视。所有动物一看见他,立刻远远躲开,以免惹怒了这位百兽之王。看到这种情景,狮子觉得挺满意:"在这片草原上,所有动物都怕我,所以我是最伟大、最了不起的国王!"他来到阴凉的树阴下,打算好好儿睡个午觉。

忽然,耳边响起一阵"嗡嗡"声,狮子睁眼一看,原来有只蚊子正在他的头顶上方飞舞。狮子不高兴地说:"滚开,你这讨厌的小虫子,别打扰我睡觉!"蚊子被激怒了,尖声叫起来:"啊,你这可恶的家伙,凭什么驱赶我? 我要吸你的血!"狮子讥讽地说:"可怜的小东西,凭你也敢向我挑战? 告诉你吧,我就是大名鼎鼎的百兽之王! 我打败了无数强悍的对手。至于你这小小的蚊子,我只用两根手指就能把你捏扁!"蚊子毫不畏惧地说:"我不怕你,你并不比我强。你的力量究竟有多大? 是用爪子抓,还是用牙齿咬? 仅这几招,女人同男人打架时也会用。可我却比你要厉害得多。你若愿意,我们不妨来比试比试。"狮子气极了,伸出爪子扑了几下,想抓住这只讨厌的小蚊子。可是蚊子轻盈地飞舞着,狮子怎么也抓不住他。狮子气得暴跳如雷,他大声吼叫,拼命地挥舞利爪,恨不得把蚊子撕成碎片。可是蚊子依然在他头顶上方盘旋,并且挑衅地说:"你的爪子和牙齿对我都没用,现在应该让你尝尝我的厉害了!"蚊子吹着喇叭,飞快地向狮子冲去,冷不防在他的鼻子上叮了一口。狮子的鼻尖立刻红肿起来,疼得他"嗷嗷"直叫。狮子气极了,他看准目标,猛地伸出爪子向蚊子拍去。"啪"的一声,狮子这一爪没打着蚊子,却打在自己的脸上,留下几道深深的伤痕。狮子脸上火辣辣地疼,鼻尖又痒得难受,禁不住流下痛苦的泪水。

"啊,我打败了百兽之王,我太了不起了!"蚊子战胜了狮子,又吹着喇叭,唱着凯歌飞走,却被蜘蛛网粘住了。躲藏在一旁的蜘蛛立刻爬过来,得意地说:"啊哈,多么肥嫩的小蚊子! 做我的午餐再合适不过了!"蚊子气愤地说:"快放开我! 要知道,我可是打败过狮子的英雄!"蜘蛛毫不在意地说:"不管你有多么了不起,在我看来只是盘中的午餐而已!"蚊子又气又急,拼命地扭动挣扎,用尽了全部力气也无法挣脱蛛网。眼看蜘蛛步步逼近，蚊子伤心地说："我战胜了强大的狮子，却败给了小小的蜘蛛，这都是因为我骄傲自满，才犯下这致命的错误啊！"

这故事是说，骄傲是没有好下场的，有些人虽击败过比自己强大的人，也会被比自己弱小的人打败。

《蚊子和狮子》这个故事有着大篇幅的"叙述语言"。"叙述语言"要读得平稳、清晰，语速还要稍慢，语调稍低一点。"叙述语言"不能与"角色"的语言、感觉相混，但是也不能无动于衷，平淡无味，而应当与"角色语言"有机融合，为后面的"角色语言"做铺垫。

这个寓言故事采用了拟人手法，赋予动物以人的感情和性格。所以"角色语言"要读出个性，语调要比"叙述语言"略微提高，根据角色的特点灵活调节，不同的角色可以变换不同的音色来读。如狮子可将声音变粗，显得霸道，以表现出它是百兽之王的威严、骄傲。蚊子的声音可以用上童音，声音尖细一些，体现出它身材小巧，动作灵活。而蜘蛛的声音可以低而浑厚，速度要慢点儿。

在这个故事中，主要借蚊子讽刺了胜利后骄傲自满、得意忘形的思想意识，告诫人们任何时候都要谦虚谨慎，只有保持清醒的头脑，才能永远立于不败之地。所以描写蚊子的部分要注意揣摩它的心理再加以朗诵。"蚊子被激怒了，尖声叫起来：'啊，你这可恶的家伙，凭什么驱赶我？我要吸你的血！'""蚊子毫不畏惧地说：'我不怕你，你并不比我强。你的力量究竟有多大？是用爪子抓，还是用牙齿咬？仅这几招，女人同男人打架时也会用。可我却比你要厉害得多。你若愿意，我们不妨来比试比试。'"在这里，蚊子"狂妄"得不可一世，目空一切了，读时应提高音量，加快语速，"你并不比我强"，"可我却比你要厉害得多"，要读出狂妄自大的语气，把步步逼近、咄咄逼人的形象表现得淋漓尽致。"啊，我打败了百兽之王，我太了不起了！"蚊子战胜了狮子，又吹着喇叭，唱着凯歌飞走，却被蜘蛛网粘住了。蚊子完全陶醉于胜利的骄傲之中，语调要高扬，读出得意忘形的语气。然而被胜利冲昏头脑的蚊子丧失了警惕，被蜘蛛网粘住了。一个"却"字出人意料，朗诵时语调急转直下。"我战胜了强大的狮子，却败给了小小的蜘蛛，这都是因为我骄傲自满，才犯下这致命的错误啊！"朗诵时用懊恼的语调，徐缓的语速烘托气氛，表现出蚊子的沮丧悲痛。为了增强这一心情效果，可在句中加上语气助词，深叹一口气，与上文的"吹着喇叭，唱着凯歌"形成鲜明的对比，突出了蚊子可悲可笑的下场。"骄傲自满"放慢语速，"致命的错误"加重音量，这两个词的强调表现出蚊子对自己行为深深的反省。

最后一个自然段揭示了寓意，朗诵这些内容时要强化、突出，要用严肃、郑重、语重心长的语气读，要做到吐字沉稳。结尾处要舒缓、松弛地收住，给人以回味和思索的余地。

叶 公 好 龙

西汉·刘向

春秋时期，楚国叶县有一个名叫沈储梁的县令，大家都叫他叶公。

叶公非常喜欢有关龙的东西，他经常对别人说："我特别喜欢龙，龙多么神气、多么吉祥啊！"叶公的衣服绣上了栩栩如生的龙，酒壶、酒杯上刻着龙。而他的家就像龙宫一样，墙壁上画着龙，房檐屋栋上雕着龙，这些龙张牙舞爪，回旋盘绕，好似在云雾里飞翔。

叶公喜欢龙的消息传到了天宫中真龙的耳朵里，真龙想："没想到人间还有一个这样喜欢我的人呢！我得下去拜访拜访他。"一天，龙从天上降下来，来到了叶公的家里。它把大大的龙头搭在窗台上探望，龙尾拖在了厅堂里。叶公听到有声音，走出来一看，这一看可不得了了，一只真龙正在那里瞪着自己！他顿时吓得好像掉了魂似的，脸色骤变，浑身发抖，大叫一声逃走了。

由此看来，叶公并不是真的喜欢龙，他喜欢的是那些似龙非龙的东西。

《叶公好龙》这则寓言写了叶公表面上很喜欢龙,可见了真正的龙却吓得面无人色,魂不附体。借叶公的言行不一致,讽刺了装腔作势、口头上爱好某种事物而实际上并不真正爱好的虚伪态度。文章以小喻大,寓道理于简单的故事之中,具有鲜明的训诫性、讽刺性和哲理性。

第一自然段介绍了故事发生的年代、主人公,所以应用自然、平静的语气来进行叙述。

在第二自然段,叶公"喜欢"龙的这一部分,朗诵时应该放缓语速。"叶公非常喜欢有关龙的东西,他经常对别人说:'我特别喜欢龙,龙多么神气、多么吉祥啊!'"这句话中的"非常"要重读,稍微拉长,叶公说的话要带有得意的味道,从而突出一开始他是真的喜欢龙。叶公喜欢龙表现在:"衣服绣上了栩栩如生的龙","酒壶、酒杯上刻着龙","墙壁上画着龙","房檐屋栋上雕着龙"。朗诵时,"绣"、"刻"、"画"、"雕"这四个动词要加重音量,读得响亮,用来表现叶公喜欢龙已经达到了痴迷的程度。"这些龙张牙舞爪,回旋盘绕,好似在云雾里飞翔。"这个句子要用比较夸张的语气来进行描述,读得绘声绘色,"这些龙"后稍作停顿,"张牙舞爪"、"回旋盘绕"一字一顿,拉长音节,让人身临其境,如见其景。

在第三自然段,真龙说的话可用较低沉厚实的声音来读,用以体现它的高贵、尊荣。叶公见到真龙,吓得魂不附体的这一部分,朗诵时要与前面形成很大的反差和对比,语调要高,语速要快,语气急促,神态惊慌,还可适应地带上颤音的声调来辅助朗诵效果,表达十分恐惧之情,把叶公前后两种截然不同的态度表现出来。

最后一段是作者的议论,朗诵时不要有一带而过的匆忙感,语言不可轻飘,应当稳实、从容,用上严肃、郑重的语气,以体现这种议论的重要性。"叶公/并不是真的喜欢龙,他喜欢的是那些/似龙非龙的东西。"在"叶公"、"那些"后面稍作停顿,强调"不是真的"、"似龙非龙"这两个词,通过停顿和重读揭露出叶公言行不一的虚伪本质,突显出寓意。

拔 苗 助 长

——故事选自《孟子·公孙丑上》

古代宋国有一个农夫,是个急性子的人。他每天总是起早睡晚,辛勤地劳动。这年春天,他在地里种了一亩秧苗,他盼着禾苗快快成长,今天去量量,明天又去量量,可是一天、两天、三天、五天,他总感到禾苗好像一点儿也未见长,心中十分着急。晚上躺在床上睡不着,他一直在想:怎么能帮助禾苗长高呢?想着想着,他终于想出办法了,于是美滋滋地睡着了。

第二天,他早早起来,跑步到田地里,头顶着炎炎的烈日把禾苗一棵一棵地往上拔高。从早晨干到中午,又从中午拔到太阳快要落山,把田里的禾苗一棵棵全都拔了一遍。他干得筋疲力竭,累得腰酸腿痛,可是,心里却非常高兴,以为他自己的这个办法非常高明。

他拖着疲惫的双腿,摇摇晃晃回到家里,顾不得擦干身上的汗水,一边喘气一边说:"今天可把我累坏了!你们等着瞧,今年的庄稼,哪家也比不过我。"妻子问他:"你有什么好办法?"他骄傲地说:"今天我帮助禾苗快长,都往上拔了拔。"他的儿子听了不明白是怎么回事,马上跑到田里去看,糟了,早拔的秧苗已经干枯,后拔的也叶儿发蔫,耷拉下来了。

自然界万物的生长,都是有自己的客观规律的,人无力强行改变这些规律,只有遵循规律去办事才能取得成功。愚蠢的宋国人不懂得这个道理,急功近利,急于求成,一心只想让庄稼按自己的意愿快快长高,结果落得一个适得其反的下场。

《拔苗助长》是一篇家喻户晓的寓言故事,主要讲述了一个自作聪明的农夫,为了让自己地里的秧苗快快长高,竟干出了"拔苗助长"这样愚不可及的蠢事。这则寓言故事用生动、形象的语言描绘和摹写人物以及景物,使读者对描写对象获得真切的感受,以至如见其人,如临其境,并唤起情感的体验。

一开头"古代宋国有一个农夫"叙述了故事的年代、主人公,应用平稳、自然的语气缓缓道来。"是个急性子的人"突出了人物的性格特点,也暗指现实生活中那一类急功近利的人,所以把"急性子"加重音量,强调突出。"他盼着禾苗快快成长,今天去量量,明天又去量量,可是一天、两天、三天、五天,他总感到禾苗好像一点儿也未见长,心中十分着急。"朗诵这句时,要把声调提高,语速加快,读出农夫的急切之情。"又"字拉长音节,"十分"重读,体现出农夫的急不可耐。"一天、两天、三天、五天"不要用同等的速度来读,要有快慢的区别,可把"三天"、"五天"连着加快读,除了让人感觉有一种节奏的变化外,还能体现出时间的漫长。"他总感到禾苗好像一点儿也未见长",语气中要显露出失望的情绪。"他一直在想:怎么能帮助禾苗长高呢?"这句是农夫的心理活动,要用轻声读,语速稍慢,语气带有疑问、思考的意味。

"第二天,他早早起来,跑步到田地里,头顶着炎炎的烈日把禾苗一棵一棵地往上拔高。"要想象出农夫想要把自己的办法付诸行动的急切心情,朗诵时音量要适当加大,语速加快。"早早"、"跑"、"顶着"、"拔高"要读得响亮些。"一棵一棵"、"高"还要拖长音节强调。读到"筋疲力竭"、"腰酸腿痛"时,速度要放慢,音量下降,气息渐弱,表现出农夫十分疲惫的样子。"可是,心里却非常高兴,以为他自己的这个办法非常高明。"农夫虽然是累坏了,但看到禾苗长高了一大截,心情却是很好的,要读出农夫的沾沾自喜。

回到家,农夫已是疲惫不堪,但又急着把他的好办法说给家人听,读"今天可把我累坏了!"时要模拟出农夫累极了的状态,可先大口地喘着气,后面几句不要一口气读完,可断断续续插上喘气,用上气不接下气的气息状态来辅助朗诵效果。"今年的庄稼,哪家也比不过我。""庄稼"后面吸口气马上往下接,表达出农夫急着炫耀之情。之后农夫说的几句话都要带有得意洋洋的喜悦感,语调上扬。

最后一个自然段抒发了作者的议论,点明了寓意,读的时候要语速放慢,语气严肃认真。在读最后一句时,运用重音"急功近利"和"急于求成",体现出作者正语重心长地向读者阐明道理。"一心只想让庄稼按自己的意愿快快长高,结果落得一个适得其反的下场",可带上嘲讽的口吻,以突显出寓意。

井 底 之 蛙

——故事选自《庄子·秋水》

　　住在浅井中的一只青蛙对来自东海的鳖夸耀说:"我生活在这里真快活!高兴时,我跃出井外,攀缘栏杆,尽情地蹦跳。疲倦了,我回到井中,躲在井壁窟窿里,安然休息。跳进井水中,井水刚刚浸没我的两腋,托住下巴;稀泥没过我的双脚,绵软舒适。环顾那些虾、蟹、蝌蚪,没有谁能像我这样快活。而且,我独占一口水井,跨井栏、倚井栏的乐趣,算是到了极点,你何不进来跟我一起分享这些快乐呢?"

　　鳖接受了青蛙的邀请,准备下井去看看;但是他左腿还没有迈进去,右腿已经被绊住了。于是,他只好小心地退回来,向青蛙讲起大海的景观:"用千里之遥,不能形容海的辽阔,千仞之高,不足以形容海的深度。夏禹时代,十年九涝,海面却没因此增高;商汤时代,八年七旱,海面也没因缺雨而降低。大海不随着时间的推移而发生变化,不因为水增多减少而或进或退,这也可以说是生活在东海的大快乐吧。"

　　浅井之蛙听了这些话,瞠目结舌,觉得自己非常渺小。

《井底之蛙》讲的是生活在浅井里的青蛙孤陋寡闻、夜郎自大,把自己看到的一个角落当作整个世界,当它知道鳖生活的东海无限宽阔之后无地自容的故事。这则寓言故事通过青蛙和鳖的对话表现蛙囿于一方水井而洋洋自得和鳖畅游于大海的快乐,朗诵时注意揣摩青蛙和鳖不同的视野而衍生的不同情感。

"住在浅井中的一只青蛙对来自东海的鳖夸耀说"是作者在向我们叙述故事,读时用叙述的口吻,娓娓道来，"夸耀"一词是中心词，以重音体现青蛙洋洋得意的神态。

在这则寓言中青蛙见识短浅，洋洋自得。"我生活在这里真快活！"要读得稍快些，语调上扬，"真快活"读重音，强调快活的程度大。接下来便是尽情地夸耀井底的生活，朗诵时要特别注意寓言用整齐的句式，系列式的短句，明快的节奏描绘井底无忧无虑的生活。在整齐的句式中要注意语气的变化，读出"尽情地蹦跳"的欢乐和"安然休息"的自在。其中"高兴时，我跃出井外，攀缘栏杆，尽情地蹦跳"读时语调欢快，"跃出井外"、"攀缘栏杆"、"尽情地蹦跳"渐读渐快，咬字轻盈，读出欢蹦快活的语气。"疲倦了，我回到井中，躲在井壁窟窿里，安然休息。"朗诵时语调回落，语速减缓，"安然"一字一顿，读出怡然舒适的感觉。"跳进井水中，井水刚刚浸没我的两腋，托住下巴；稀泥没过我的双脚，绵软舒适"中，"刚刚"、"浸没"、"托住"、"没过"这些看似平凡的词又恰恰与下文"用千里之遥，不能形容海的辽阔，千仞之高，不足以形容海的深度"遥相呼应形成鲜明的对比，从而凸显井的渺小，井蛙的见识短浅，读时应强调。一个"绵软舒适"便道出青蛙安然生活于小小一方水井，而不曾探求井外世界的原因，读这个词时要拉长声音，表现青蛙对这方小小的水井安逸生活的无限满足。"环顾那些虾、蟹、蝌蚪，没有谁能像我这样快活。"这时青蛙又把自己和虾、蟹、蝌蚪进行对比，"环顾"语调高扬，稍慢，读出青蛙自以为是的傲慢，"没有谁"、"这样"读重而快，强调青蛙洋洋自得、夜郎自大的心态。"而且，我独占一口水井，跨井栏、倚井栏的乐趣，算是到了极点"，"而且"语气发生转折，语速渐缓，抓住"独占"一词揣摩青蛙囿于一方水井而盲目自大的心理，重读，读出炫耀的语气。"算是到了极点"语速渐快，"极点"，把青蛙骄傲的神气表现得淋漓尽致，因而宜重读。最后一句"你何不进来跟我一起分享这些快乐呢？"，一个反问"何不"语调要上扬，稍顿后接读，把青蛙那一种目光狭隘却犹不自知而洋洋自得的心情推向极致。

"鳖接受了青蛙的邀请，准备下井去看看；但是他左腿还没有迈进去，右腿已经被绊住了。于是，他只好小心地退回来，向青蛙讲起大海的景观"，这是作者的客观叙述，语气回落自然，有娓娓道来的讲故事意味。接下来是鳖的话，要用宏大的气魄、响亮的声音来展现海的辽阔无边和深不可测，从而和青蛙生活的那一个小小的水井形成鲜明的对比，在重音咬字时，声母加重，韵腹拉开，开口度大，字词的疏密度加大。"用千里之遥，不能形容海的辽阔，千仞之高，不足以形容海的深度"中，"千里之遥"、"千仞之高"语调上扬，重音分落"遥"、"高"，读出海的恢宏大气。"辽阔"、"深度"也要读重。在列举海不受旱涝影响，不因时间推移而变化则用舒缓的语气，既表现海的广阔无垠，又表现鳖不同青蛙局限于一方小小的天地而洋洋得意的开阔胸襟。"夏禹时代，十年九涝，海面却没因此增高；商汤时代，八年七旱，海面也没因缺雨而降低。"前后两个半句语式相仿，两个前半句语速可稍快，后半句降慢语速，"增高"、"降低"稍重，从而说明海水之深广。"大海不随着时间的推移而发生变化，不因为水增多减少而或进或退，这也可以说是生活在东海的大快乐吧。"前面两个小句读时不紧不慢，不缓不急，表现出鳖见多识广的从容大度，继续突出海之广阔与永恒。"大快乐"读重，强调生活在大海的"真快活"。

正是通过和鳖的对话，青蛙才认识到自己的微不足道，为自己的夜郎自大而羞愧，因而读文章的最后一句话语速要缓，语调要低，"非常渺小"慢读，声音渐虚，从而揭示寓言蕴藏的寓意。

老 鼠 报 恩

——选自《伊索寓言》

一头狮子正在睡觉，一只小老鼠没有见过狮子。"这是什么草呀？毛茸茸的。"它看见狮子的尾巴还以为是一种奇怪的草，它拿着狮子尾巴又拉又扯把狮子痛醒了。狮子一甩尾巴把小老鼠摔在地上。"好痛呀！"狮子说："该死的老鼠，你竟敢欺负到我的头上！""对不起，我不知道你是大王呀，大王你饶了我吧！以后我一定会报答你的！"狮子听了得意地哈哈大笑起来，放走了小老鼠。

过了一段时间，狮子中了猎人的陷阱，被套在了网里，"救命呀，救命呀！"小老鼠听到狮子的呼救声跑了过来,说:"大王你别着急,我来救你!""你这么小,怎么救得了我?"小老鼠说:"你放心,我自有办法。"它看到树上的绳子,心里有了主意。小老鼠爬到了树上,咬断了绳子,救出狮子。狮子非常感激地说:"没想到你还有这个本事,真是太谢谢你了!"狮子驮着老鼠高兴地离开了!

《老鼠报恩》讲的是一只小老鼠运用自己的聪明才智成功地救出被套在网中的狮子,从而说明一个深刻的道理:时运交替变更,强者也有需要弱者帮助的时候。故事情节曲折,通过动作、语言及侧面描写,生动形象地塑造了一只活泼机灵的小老鼠。朗诵寓言时要注意角色的区分,通过音质的对比变化,让角色更形象、更生动。百兽之王的狮子威风凛凛,不可一世,声音可压低,压粗,充满力度;小老鼠一派活泼可爱的机灵样采用圆润、清脆的童音来诠释。同时要注意分析角色情绪的变化,运用不同的语气、声调进行朗诵。

当小老鼠不明就里拉扯狮子的尾巴时,狮子大喊:"好痛呀!""该死的老鼠,你竟敢欺负到我的头上!"可配上手指的动作表现痛苦和愤怒,配合气冲冲、恶狠狠的表情,语速快,语调高昂,要读出气急败坏的语气。虽受到小老鼠无意的戏弄,但狮子仍表现出作为百兽之王不可侵犯的威风和一点儿也没把这只小小的老鼠放在眼里,充满不可一世的神气。当狮子勃然大怒时,小老鼠吓得胆战心惊,声音颤抖,语言断断续续,充满畏惧的神色。"以后我一定会报答你的!""一定"重读,以真诚的语气和神情来打动盛怒中的狮子。

当狮子误中猎人的陷阱时,那种危在旦夕的紧张、害怕纵是百兽之王也无法避免。"救命呀,救命呀!"要读出狮子的紧张、害怕,以至于歇斯底里,呼救的语气急促,声音痛苦,要配上痛苦、恐惧的表情及挣扎的动作,彼时百兽之王的威风在死亡面前已荡然无存,说明强者有时在命运面前也是无能为力,不堪一击。此时小老鼠是跑过来,应该带点喘气的声音"大王",稍一停顿;"别着急",重音;"我来救你!"语气坚定,正与上文小老鼠立下的承诺呼应。

"你这么小,怎么救得了我?"要读出狮子的不敢置信——"我堂堂百兽之王面对猎人设下的陷阱都无可奈何,凭你一只小小的老鼠是不可能救出我来。"而小老鼠的回答胸有成竹。后面的"有了主意"、"爬到"、"咬断"、"救出"一连串动词充分体现了小老鼠的聪明机灵,动作词可读快读重些,一连串一气呵成。最后狮子的话"没想到你还有这个本事,真是太谢谢你了!"与前文呼应,充满感激的意味。

会摇尾巴的狼

严文井

一只狼掉到陷阱里去了,怎么跳也跳不出来。后来,一只老山羊慢慢走过来了,狼连忙向老山羊打招呼:"好朋友! 为了友情的缘故,帮帮忙吧!"

老山羊问:"你是谁? 为什么跑到猎人安下的陷阱里去了?"

狼立刻装出一副又老实又可怜的模样,说:"我,你不认识吗? 一只又忠诚又驯良的狗啊,为了援救一只掉到陷阱里的小鸡,我不顾一切,牺牲自己,一下跳了进来,就……就再也出不去了。唉! 可怜可怜我这只善良的老狗吧!"

老山羊看了他几眼,有些不相信,说:"你真的是狗么? 为什么你那样像狼,为什么你用狼一样的神气看着我?"

狼连忙半闭了眼睛说:"我是狼……狼……狼狗啊,所以有些像狼。但是,请你相信,我的的确确是狗。我的性情很温和,我还会摇尾巴。不信你瞧,我的尾巴摇得多好。"

狼为了证明自己的话,就拖着那条硬尾巴来摇了几下。"扑扑,扑!"它把陷阱里的一些土块都敲打下来了。

老山羊慌忙后退了一步，说：

"是的，你会摇尾巴。可是会摇尾巴的不一定都是狗。你说，你真是一只狼狗吗？"

狼有些不耐烦了："没错，没错！我可以赌咒。快点吧，快点吧！为了友谊的缘故，只要你伸下一条腿来，我马上就可以得救了。我一出来马上就报答你。比方，我可以给你舔舔毛，帮你咬咬虱子。真的，我是非常喜欢羊，特别是老山羊的。"

老山羊还是有点犹豫，又往后退了一步："不成，我得考虑考虑。"

这时候，狼忍耐不住了，突然爆发起来。他咧开嘴，露着牙齿，对老山羊咆哮："你这老家伙！不快一点过来，你要干吗？"

老山羊冷静地看了它一眼，慢吞吞地回答说："什么也不干。因为你是狼。我看见你的尖牙齿了。去年冬天你咬我一口，差点没把我咬死。我一辈子也忘不了。你再会摇尾巴也骗不了我了，再见吧！"

这则寓言是现代著名童话作家严文井的作品，讲一只掉进陷阱的狼，用尽欺骗和威胁的手段，企图让老山羊救它。但是老山羊从它的花言巧语和硬尾巴上认出它是一只凶恶的狼，而没有受骗。故事告诉人们：像狼一样的坏人，和狼一样，本性是不会改变的。我们要善于识破他们的伪装，不被假象所蒙骗。这篇寓言以对话为主，在对话中分析狼的表现变化，认识狼狡猾、凶恶的本性；理解老山羊几次说话的意思，弄清老山羊是怎样逐步识破狼的本来面目的，从而揭示文章的寓意。

落入陷阱的狼为了脱困，企图拉近与山羊的距离，以"好朋友"相称，语气谄媚，"友"字拉长，声调略微上扬，在"为了"稍作停顿，强调"友情"一词，是狼打着友情的幌子想博得山羊的同情，获得山羊的帮助，再一句"帮帮忙吧！"充满哀求的意味。

为了获得老山羊的信任，狼三次说自己是狗。第一次，先用一个反问句"我，你不认识吗？"，说明他和羊早就认识，显得彼此很亲热。再用一个感叹句，"又忠诚又驯良"后停顿，"狗"读重，"啊"读"wa"，声调上扬，声音拉长，嘴巴开口度大，表明自己是狗，是羊的好朋友，一副花言巧语的样子。接着用救小鸡的谎言标榜自己的勇敢、善良，以骗取老山羊的同情。"不顾一切，牺牲自己，一下跳了进来"，语速快，体现其为了救小鸡的毫不犹豫；"就"稍顿再反复地读"就……就再也出不去了。""再也"重读，语调渐低，读出狼的巧言令色，为引诱老山羊上当那种泫然欲泣的可怜模样。最后"唉！"长长叹一口气："可怜可怜我这只善良的老狗吧！""善良的"稍微停顿，强调"老狗"的身份企图蒙混过关，恳求老山羊对他发发善心，从而体现狼的伪善和狡猾。

第二次，狼听老山羊说自己"很像狼"，忙"半闭着眼睛"以掩饰狼眼的凶光，还用"狼狗"来辩解，接着又是讨好，又是发誓。"我是狼……狼……狼狗啊"，说话前稍微轻轻地倒吸一口凉气，说话时支支吾吾，有点急切，表现狼没想到老山羊非但没轻易上当，还观察入微，有点慌了阵脚，急于掩盖自己是狼的真相，吸气时是狼在思索怎么迷惑老山羊，诱使老山羊上当。第三次是狼见老山羊识破了他的花言巧语，想用摇尾巴来证实自己的的确确是狗。"但是"再一停顿，"的的确确"读重，体现狼急于证实自己是狗的心情。"温和"读重，拉长，"我还会摇尾巴，不信你瞧，我的尾巴摇得多好"。声音急，充满了谄媚，狼的狡猾本性暴露无遗。

当狼看到老山羊一而再，再而三地都没有上当，便"不耐烦"，越发地着急，"没错，没错！我可以赌咒。快点吧，快点吧！为了友谊的缘故，只要你伸下一条腿来，我马上就可以得救了。"紧接着又是百般地讨好，语速慢，语调轻柔。"真的"、"非常"读重音，强调程度，"特别是"稍稍停顿，"老山羊"一字一字拉长音读，以表现狼为求脱困，蒙骗过关，极尽阿谀奉承的样子。"忍耐不住"一词说明狼的凶相是固有的，只是先前把凶相隐而未露，伪装被识破后，露出了本来的凶相，"咧开"、"露出"、"咆哮"一连串的动词写出了狼气急败坏的样子，读重，读快，读出狼恶狠狠的模样。"你这老家伙！不快一点过来，你要干吗？"这时候已是狼性毕露，一副穷凶极恶的样子。

老山羊也经历了怀疑——犹豫——明白这样的情感变化过程。老山羊并没有一下子相信狼的话，也没有被狼的哀求所打动，"你是"稍一停顿，"谁"读重，表示老山羊对狼的身份存在质疑，再一问："为什么跑到猎人安下的陷阱里去了？"则让我们看到了一只冷静、不轻易上当受骗的老山羊，读时语气平静、从容。在狼第一次称自己是狗时，老山羊先是"看了几眼"，动作虽不露痕迹，却表现了老山羊细心、谨慎的个性，读时声音自然，体现动作的细微。接着老山羊的三个问句，句句深入，直指狼的本性，先是怀疑狼的身份，语气平缓，语调略微上扬；第二个问句在"为什么"稍作停顿，指出其模样像狼；第三个问句在"你用"后停顿，指出其具有狼的神气，而这些怀疑都是刚刚老山羊"看了几眼"得出的结论，有根有据，读来有条不紊，句句在理。当狼以摇尾来证明自己的的确确是狗时，"慌忙后退一步"让老山羊更加怀疑狼的身份。"是的"口气笃定，其实心中对狼的身份已经大致明白，"你说，你真是一只狼狗吗？"反问语气，心中的答案已隐隐浮现。当狼又是赌咒，又是讨好时，老山羊"还是有点犹豫，又往后退了一步"，"还是""又"读重音，虽然狼百般掩饰，百般讨好，但是老山羊还是提防着，始终没有轻易相信狼的花言巧语，足见老山羊谨慎睿智的个性。最后当狼原形毕露，老山羊是"冷静"的，"什么也不干"，读得坚定，读时要慢要重。"因为你是狼，我看见你的尖牙齿了。去年冬天你咬我一口，差点没把我咬死。我一辈子也忘不了。"语调上扬，缓慢中冷静揭露狼的凶恶的真面目。"你再会摇尾巴也骗不了我了，再见吧！"中"再会"、"也骗不了"读重，表现老山羊的睿智及其立场坚定。"再见吧！"沉缓中语调稍高，突出老山羊的决绝，揭示寓意，发人深省。

一头学问渊博的猪

黄瑞云

　　一头绝顶聪明的猪，住在一个非常出名的图书馆的院子里。它深信自己由于多年图书馆的生涯，已经成了渊博的学者。

　　有一天，一只八哥来访问。这头猪立即按照惯例，对客人进行自我介绍。

　　"朋友，请相信我吧！"它说，"我在这个图书馆里待的时间很长了，我对这儿的沟渠、粪坑、垃圾堆，都有着深刻的了解，甚至屋后山坡上的墓穴都拱翻了好几个。谁要是想在这个图书馆得到知识而不找我，那他算是白跑了一趟。"

　　八哥说："你所说的都是图书馆外面的事，那里面的东西也了解吗？"

　　"里面？"这头学问渊博的猪说，"那我最清楚不过了。里面无非是一些木头架子，上面堆满了各色各样的书。"

　　"你对那些书也了解吗？"八哥问。

　　"怎么不了解呢？"这位渊博的学者说，"那是最没意思的了。它们既没有什么香气，也没有什么臭气，我咀嚼过好几本，也谈不上有什么味道，干巴巴的，连一点儿水分也没有。"

　　"可是人们老在里面待着，据说他们在里面探求知识的宝藏呢！"八哥又说。

　　"人们？你说他们干什么！"这位猪学者说："他们确实是那样想的，想在书里找点什么东西。我常常看到许多人把那些书翻来翻去，结果什么也没有得到，仍然把书丢在架子上又走了。我敢保证他们在里面连糠渣菜叶都没有得到一点，还谈什么宝藏！我从不做那种蠢事。与其花时间去啃书本，还不如到垃圾堆翻几个烂萝卜啃啃。"

　　"算了吧，我的学者！"八哥说，"一个从垃圾堆里啃烂萝卜的嘴巴，来谈论书本上的事，是不大相宜的。还是去啃你的烂萝卜吧！"

　　这是一篇寓意深刻的讽刺佳文。它通过一只自认为学问渊博的猪与一只来访的八哥的对话，由八哥之口讽刺了那"渊博"的猪,嘲讽那些愚昧无知而又自作聪明的人。全篇文字不多,从头到尾没有一句点题性的议论,想要表达的内容都融化在作品的情节与对"形象化主体"的塑造中。要朗诵好这篇寓言,必须把握住文章中语言形象与演绎生动的特点,注意发挥它的内在说服力量。

在这篇寓言中,"猪"是重点刻画的对象,是一个反面角色。一般从外表看猪的长相就很蠢笨,在这篇作品中作者又赋予了它愚昧无知却又自鸣得意的心理属性,这寓意着当今社会中愚昧无知而又自作聪明的某类人。猪学者拥有丰富的知识财富(书本)但他却没有理解、没有学习!拥有书本并不意味着掌握知识,知识是要通过不断学习探索来汲取,他待在图书馆里很久,本来应该是学识渊博,但他仅仅只顾吃睡,将书本当成废物,所以他虽"学问渊博"但却愚蠢至极。

朗诵时,对"猪"这一形象,要着意表现它的"愚蠢"与"得意",我们具体表达时,不能只追求与猪的声音相像,而应追求神形兼备、以神为主的声音造型。除了要抓住"愚蠢",更要抓住"得意"。根据其鲜明的生理特点,设计成噘嘴说话、吐字含混、鼻音重,用盲目自信的语气来表现。对猪的语言声音造型,可以声区的下部共鸣为主,用声靠后,嘴唇稍前噘并放松,使声腔拉长、咬字含混,再伴以拖腔拖调但不能"失度"。还应特别注意朗诵时内心始终伴有"自鸣得意"之感,并且语言有所夸张,语速较慢,与其自然生理特征和内心感觉都贴合,要随情节发展,内心感觉与"交流对象"真正地交流起来,语意准确、情绪到位,推动情节发展。比如读"……墓穴,都要叫我拱翻了好几个"一句时,应将"拱翻"与"好几个"重读,这样以显示猪的大能耐。"里面无非是一些简单的木头架子,上面堆满了各色各样的书。""我保证他们在里面连糠渣菜叶都没得到一点……还不如到垃圾堆翻几个烂萝卜啃啃。"其中,"里面"一词要重音轻读,后面一句则以十分平缓的语气来朗诵,接下来的一句连续不断,特别将"糠渣菜叶"、"啃啃"重读,这样更能体现猪的自鸣得意的形态,处处表现它的无知和傲气。

"八哥"是作者塑造的另一形象,它在这个作品中是个正面角色。作品的情节告诉我们:这头蠢笨的猪自始至终表现得"一蠢到底",而天真好学的八哥却有个"大转变",它对猪的认识有个从"仰慕"到"愤怒"的过程。全篇内容情节紧凑,一环扣一环。

"八哥"的语言声音造型,可用声靠前,声区较高,音色尖脆,咬字小而前,语速较快,语言干脆利落(似鸟语),非一般语言用声状态,以表现其小巧的自然外形和"鸟"的自然生理属性。一开始,八哥对猪有种崇拜感,但后来猪的表现使它了解到原来猪是个不懂装懂、愚昧无知的家伙,于是,八哥便从求教者变为指责者了,它的语言感觉也就前后迥然不同。八哥的表达,最重要的是对它内心的塑造,从开始的"求教"、"不解"、"怀疑",再到最后的"愤怒"。相对猪而言,八哥的思想感觉变化较大,尤其结尾的一段话,因此,我们在表达时,应当体现出"异峰凸起"的态势,表现八哥的思维结果以及作品的内蕴。当然,我们也不要忘记,在这一思维结果出现之前,已经存在八哥的"怀疑"与小小的"不满"了,因此,在表达中一定要随所说的内容来思考、感受,真听、真问,应当把八哥的思维过程通过语言态度完全展现出来。如读八哥的最后一句话"还是去啃你的烂萝卜吧!"语速快捷,语调递升,蔑视猪的情态可充分表现出来。

此外,还应注意这篇寓言"叙述语言"的表达。"叙述语言"应当与"角色语言"有机融合,叙述者应是理智的"知情者",他的叙述既不能无动于衷,也不能与"角色"的语言、感觉相混,做到既不"出戏",也不"夺戏"。由于寓言通常由一个人表达,所以,表达者要既能叙述,也会造型,要求两者既有区别,又不脱节,有机融为一体。

嘴 的 抗 议

鼻子因为伤风堵住了,人只得用嘴来呼吸。嘴因此很不高兴,嘟囔着说:"我总是最倒霉,什么吃饭啦,喝水啦,哦,甚至于接吻,都要用到我。成年累月一天到晚不给一点安静,忙得我够呛。呼吸嘛,本来是鼻子的工作,现在也摊到我头上来了,好像我是一匹该干到死的驴。"

"嘴兄……"鼻子抱歉地说,"这实在是出于不得已,请暂且帮一两天忙。"

"住嘴!"嘴咆哮起来,"懒惰的东西,你以为我是傻瓜吗?我不会以实际行动来抗议吗?你等着吧!"

嘴巴紧闭住双唇,人顿时无法呼吸,就痛苦地憋死了。

这篇寓言告知了这样一个道理:一个整体中的各个部门相互间的协作关系是非常重要的。帮助别的部门就是帮助自己,危害别的部门就是危害自己。明确这个寓意之后,朗诵时可以抓住一些关键词句,通过语调的变化将文中隐含的意义传递给听众,让听众在你的有声语言的启发中去领会,去思考。

文中第一段的第一句话:"鼻子因为伤风堵住了……嘟囔着说",这是交待事情的缘由,只需用平缓的语调念清楚就行了。朗诵到第一段中间"呼吸嘛"这三个字时,可将语势突然提高,一直读完下面的一句话:"本来是鼻子的工作,现在也摊到我头上来了,好像我是一匹该干到死的驴。"其中"鼻子"和"我"要重读,表现出"嘴"分工就是分家的狭隘思想,表现出"嘴"不愿帮助鼻子,对鼻子有反感的情绪。而"呼吸嘛"之前的话,是"嘴"嘟囔的语态,这样就和"呼吸嘛"之后的语调形成了鲜明的对比,为突出文中的寓意作好铺垫。

第二段"鼻子"和"嘴"的一段对话,朗诵时只要在语调上稍加变化将他们的形象、态度区别开来,像讲故事一样娓娓道来,把情节一步步交代清楚,将"嘴"和"鼻子"的形象描绘生动也就到位了。

作品的最后一句话:"嘴巴紧闭双唇,人顿时无法呼吸,就痛苦地憋死了。"是故事的结局,是作品的关键所在。有了这样的结局,才对"嘴"的言行充满着深刻的讽刺。朗诵时可在"就痛苦地"之后来个大停顿,在听众注意力高度集中的情况下,放慢语速,慢慢地道出"憋死了"这三个字,点清楚这句话的潜语:"嘴也随之一起失去了生命。"这样的表达就生动而鲜明地道出了寓意,使听众悟出故事的真谛。

狐 假 虎 威

在茂密的森林里,有只老虎正在寻找食物。一只狐狸从老虎身边窜过。老虎扑过去,把狐狸逮住了。

狡猾的狐狸眼珠子骨碌一转,扯着嗓子问老虎:"你敢吃我?"

"为什么不敢?"老虎一愣。

"老天爷派我来管你们百兽,你吃了我,就是违抗了老天爷的命令。我看你有多大的胆子!"

老虎被蒙住了,松开了爪子。

狐狸摇了摇尾巴,说:"我带你到百兽面前走一趟,让你看看我的威风。"

老虎跟着狐狸朝森林深处走去。狐狸神气活现,摇头摆尾;老虎半信半疑,东张西望。

森林里的野猪啦,小鹿啦,兔子啦,看见狐狸大摇大摆地走过来,跟往常很不一样,都很纳闷。再往狐狸身后一看,呀,一只大老虎!大大小小的野兽吓得撒腿就跑。

原来,狐狸是借着老虎的威风把百兽吓跑的。

这是一则家喻户晓的寓言故事,故事来源于《战国策》,说的是狐狸凭自己的智谋逃出了虎口,狡猾的狐狸凭借老虎的威风,在森林中吓唬别人,但是,狡诈的手法绝不能使狐狸改变虚伪的本质。把戏一旦被戳穿,它不仅会受到群兽的围攻,还将被受骗的老虎吞吃,引申说明仗势欺人的坏蛋,虽然能够嚣张一时,但最终绝不会有好的下场。

这个故事主要的意义不在于表现狐狸的聪明,而在于揭露它的狡猾。作品中的狐狸,它是动物,所比喻的形象是社会生活中那些倚仗主子势力在百姓面前作威作福的奴才、走狗。据此,朗诵狐狸这一寓言形象时,就要运用拟人化的手法,赋予狐狸人格化性格,按生活中这些奴才、走狗的特点,来构思和运用朗诵技巧。朗诵的声音可高尖、飘浮些,语气要狡猾、奸诈,自始至终要着重表现狐狸装模作样、故意虚张声势的特点。例如:狡猾的狐狸眼珠子骨碌一转,扯着嗓子问老虎:"你敢吃我?"朗诵时,可用稍为高、尖、飘浮的声音,用较快的语速来读。语气上应虚张声势,虚情假意。"骨碌"和"一转"要加强音量,重音轻吐,中间要稍作停顿,以显示出狐狸在想坏主意的狡猾特点。"扯"要拉长音节,强调狐狸故作神气的样子。"你敢吃我?"则用恫吓和质问的语气来读,"敢"字加重音量,延长音节。句尾可用升调,把"我"音量升高拖长,以此来突显狐狸那种神气活现的样子。

而作品中的老虎是个十分愚蠢的形象,比喻愚笨的统治者,也可以说是被欺骗利用的掌权人员。它盲目信从狐狸,遇事不动脑筋。角色语言的音色可较为粗厚、低沉,速度缓慢,从而显示出老虎的蠢笨无能。

南辕北辙

从前有一个人,坐着马车在大路上飞跑。

他的朋友看见了,叫住他问:"你上哪儿去呀?"

他回答说:"到楚国去。"

朋友很奇怪,提醒他说:"楚国在南边,你怎么往北走呀?"

他说:"没关系,我的马跑得快。"

朋友说:"马跑得越快,离楚国不是越远了吗?"

他说:"没关系,我的车夫是个好把式!"

朋友摇摇头,说:"那你哪一天才能到楚国呀!"

他说:"没关系,不怕时间久,我带的盘缠多。"

楚国在南边,他硬要往北边走。他的马越好,赶车的本领越大,盘缠带得越多,走得越远,就越到不了楚国。

《南辕北辙》这则寓言告诉我们:无论做什么事,只有首先看准方向,才能充分发挥自己的有利条件;如果方向错了,那么有利的条件只会起到相反的作用。

《南辕北辙》中坐在车上的那个人说:"没关系,我的马跑得快。""没关系,我的车夫是个好把式!""没关系,不怕时间久,我带的盘缠多。"这些话体现了自以为是、刚愎任性的性格。具体来说,文中的三个"没关系"要用降语调读,其中的"没"字要重读,以表现那人的愚昧自信的神态,三个"没关系"后边的内容要用弱力度、低语调、快读,以形象体现那人不听别人指教、自信十足的神态,句尾都使用重拖音。需要指出的是,尽管这是在表现车夫肯定的语气,但是作者的情感是对车夫的肯定语言持否定的态度,所以,在朗诵时绝对不能用强力度去读,如果用强力度读的话,将违背寓意的情感,产生对车夫所说的话的赞同效果,失去了否定的作用。

文章末尾:"楚国在南边,他硬要往北走。他的马越好,赶车的本领越大,盘缠带得越多,走得越远,就越到不了楚国了。"这是阐明道理、肯定结论,要用高语音,慢语速读,"南"、"北"、"大"、"多"、"远"要重读,用强调的语气揭示寓意。

守株待兔

　　古时候有个种田人,一天,他在田里干活,忽然看见一只野兔从树林里窜出来。不知怎么的,它一头撞在田边的树桩上,死了。

　　种田人急忙跑过去,没花一点儿力气,白捡了一只又肥又大的野兔。他乐滋滋地走回家去,心里想:要是每天能捡到一只野兔,那该多好啊。

　　第二天,种田人照旧到地里干活,可是他再不像以往那么专心了。他干一会儿就朝草丛里瞄一瞄、听一听,希望再有一只兔子窜出来撞在树桩上。就这样,他心不在焉地干了一天活,该锄的地也没锄完。直到天黑也没见到有兔子出来,他很不甘心地回家了。从此他丢下锄头,整天坐在树桩旁边等着,看有没有野兔再跑来撞死在树桩上。

　　日子一天一天过去了,再也没有野兔来过,他的田里已经长满了野草,庄稼全完了。

　　这则寓言故事成功地塑造了一个死守偶然经验的种田人形象。它的寓意在于:不能存有不劳而获的侥幸心理,想要得到收获,就要主动努力地去争取。朗诵作品时,要紧紧扣住这则寓言的形象和寓意特点,运用恰当的朗诵技巧,通过对种田人的偶然得兔、坐等野兔、荒了田地三方面情境的生动描述来显露深刻的寓意。

　　第一段叙述故事的起因,朗诵时用客观叙述的语气,速度要平缓,声音要适中,但"忽然"两字要做重音轻读处理,并在它们的后面稍作停顿,以强调情况的变化。"不知怎么的"一句要拖长音节,以强调野兔撞死的偶然性。

　　第二段写种田人偶然得兔的行动和心理。读种田人捡野兔的行动,声音可响亮些,速度要快疾,"急忙"要读得快而重些,以把种田人偶见野兔后急着捡兔的行动特点表现出来。"白捡"、"乐滋滋"则应读得慢些、轻些,以显示种田人捡到野兔是偶然的、不花气力的。种田人的心理活动要用轻声读,语速可稍慢,语气带上沾沾自喜的味道,要把种田人的侥幸心态读出来。整段朗诵要有一种十分得意的喜悦感,为后面的内容埋下伏笔,形成反差。

　　第三段,要把农夫心不在焉的情态表达出来,在"天黑"和"很不甘心"上设定重音,拉长字音,以突出种田人待兔的后果。最后一段更要把农夫期待不劳而获的奢望变成失望的心理过程表达出来,使听者悟出其中蕴涵的深刻道理。

谦虚过度

　　水牛爷爷是森林世界公认的谦虚人,很受大家的尊重。小白兔夸它:"水牛爷爷的劲最大了!""唉,过奖了,犀牛、野牛的劲儿都比我大。"小山羊夸它:"水牛爷爷贡献最多了!"它就说:"唉,不能这样讲了,奶牛吃下的是草,挤出来的是奶,它的贡献比我多。"

　　狐狸艾克很羡慕水牛爷爷谦虚的美名。它想:"我也来学习一下谦虚吧,这谦虚太好学了。"它又想:"水牛爷爷的谦虚不就是这两点吗? 一是把自己的什么都说小点儿;一是把自己的什么都说少点。嗯,对! 就是这样。"

　　一天,艾克遇到一只小老鼠。小老鼠看到艾克有一条火红蓬松的大尾巴,不禁发出了由衷的赞美:"哎呀,艾克大叔,您的尾巴真大呀!"艾克学着水牛爷爷的口气,歪歪嘴说:"唉,过奖了,你们老鼠的尾巴比我大多了。""啊,什么?"小老鼠大吃一惊:"你长那么长的四条腿,却拖根比我还小的尾巴?"艾克谦虚地说:"哎,不能这么讲了,我哪有四条腿,三条了,三条了。"小老鼠以为艾克得了精神病吓跑了。

　　艾克的谦虚没有换来美名,倒换来一大堆谣言。大家说:"唉,森林世界出了一条妖怪狐狸,只有三条腿,还拖一根比老鼠还小的尾巴……"

　　《谦虚过度》讲的是水牛爷爷是森林世界公认的谦虚人,狐狸艾克也想成为这样的人,于是发生了一连串的笑话。告诉我们谦虚要实事求是,不实事求是那是瞎谦虚。

　　这则寓言所涉及的形象比较多,角色辈分也不一样,我们可以根据作品中所塑造的艺术形象本质,运用多种语言表达技巧来为它们一一造型。例如:艾克是只"形而上学"的狐狸,在文中是反面形象,有点儿自作聪明,说话有些鼻音,语调弯曲甩调。水牛爷爷是被肯定的正面形象,年纪大,性格朴实,声音沙哑,读音低而浑厚,速度缓慢,以表现"长辈人"的坦诚稳重、和声善气。小老鼠辈分小,长得也小,活泼机灵,声音要尖而细,咬字可靠前,语速较快、干脆利落。小白兔和小山羊都各有一句话,但也应有所区别。根据小白兔小巧的体态和胆小、温和的本性,可用短而高的音、较快的语速来体现。而小山羊的叫声特点决定着它将是一位温柔的小中音,说话粘字、语速较慢,甚至可以在它的话语前面加上"咩"的叫声。

　　第一自然段中以水牛爷爷的两句回答为重点,既表现了水牛的谦虚实干,又为下文艾克闹出的笑话作铺垫。"唉"字拉长,配合摇头的动作,"比我大"、"比我多"这几个字加重语气,特别强调"大"和"多",尾音稍上升点,表现出水牛的谦虚坦诚。

　　第二自然段是狐狸艾克自作聪明的想法。"太好学了"前稍作停顿,读"太"字语调上升,加重拉长。"水牛爷爷的谦虚不就是这两点吗? 一是把自己的什么都说小点儿;一是把自己的什么都说少点。"这是艾克的内心活动,声音要低些、语速稍慢,有点儿自言自语的感觉。而"嗯,对! 就是这样。"则语调高昂,语速加快,为自己找到答案而兴奋、激动,读出沾沾自喜、自鸣得意的语气。

　　第三自然段是本文的重点部分,以小老鼠和艾克的对话为主,既引人发笑,又揭示了寓意。"哎呀,艾克大叔,您的尾巴真大啊!"这是小老鼠由衷的赞美,"大"重音并拉长。艾克的表现有点东施效颦的味道,特别是"唉,过奖了","唉,不能这么讲了",语调既要跟第一自然段中水牛爷爷说的相似,又要带点鼻音,有点儿弯曲甩调,有点儿滑稽好笑。当听到艾克说它的尾巴比自己的小时,小老鼠大吃一惊。"啊,什么?"提高音调,声音更尖了,语速急促。它对艾克的话产生了极大的怀疑,所以"却拖根比我还小的尾巴"的结尾处应作上扬调处理。而艾克为了学习水牛爷爷谦虚,遵循自己悟出的法宝——"把自己的什么都说少点",强调了自己只有三条腿,所以后一个"三条了"的"三"字重读并拉长。艾克的回答彻底吓跑了小老鼠,"精神病"后稍作停顿,突出小老鼠是被吓跑的。

　　最后一个自然段是大家的议论,也是谣言,应读出紧张、神秘的语气。语气词"唉"可重复说,如"唉唉唉",并压低声音,更有动物间嚼舌根的样子。作者讲这个故事的目的是为了告诉人们:谦虚要实事求是,不实事求是那是瞎谦虚。因此,最后一句,要强调"三条腿"和"比老鼠还小的尾巴"来突出艾克的聪明反被聪明误,以提示故事的深刻寓意。

寒 号 鸟

　　山脚下有一堵石崖,崖上有一道缝,寒号鸟就把这道缝当作自己的窝。石崖前面有一条河,河边有一棵大杨树,杨树上住着喜鹊。寒号鸟和喜鹊面对面住着,成了邻居。

　　几阵秋风,树叶落尽,冬天快要到了。

　　有一天,天气晴朗。喜鹊一早就飞出去,东寻西找,衔回来一些枯枝,就忙着垒巢,准备过冬。寒号鸟却整天飞出去玩,累了回来睡觉。喜鹊说:"寒号鸟,别睡觉了,大好晴天,赶快垒巢。"寒号鸟不听劝告，躺在崖缝里对喜鹊说："傻喜鹊，不要吵，太阳暖和，正好睡觉。"

冬天说到就到了，寒风呼呼地刮着。喜鹊睡在温暖的窝里。寒号鸟在崖缝里冻得直打哆嗦，悲哀地叫着："哆啰啰，哆啰啰，寒风冻死我，明天就垒窝。"

第二天清早，风停了，太阳暖烘烘的。喜鹊又对寒号鸟说："寒号鸟，趁天晴，快垒巢，现在懒惰，将来糟糕！"寒号鸟不听劝告，伸伸懒腰，说："傻喜鹊，真啰嗦，太阳暖和，得过且过！"

寒冬腊月，大雪纷飞。北风像狮子一样狂吼，河里的水结了冰，崖缝里冷得像冰窖。就在这严寒的夜里，喜鹊在温暖的窝里熟睡，寒号鸟却发出最后的哀号："哆啰啰，哆啰啰，寒风冷死我，明天就垒窝。"

天亮了，阳光普照大地。喜鹊在枝头呼唤邻居寒号鸟。可怜的寒号鸟在半夜里冻死了。

《寒号鸟》是一篇运用对比手法写作的寓言故事。叙述了喜鹊和寒号鸟对待垒巢的不同态度和不同结果，说明了好逸恶劳、得过且过是没有好结果的。教育大家应勤劳自勉，抓住大好时光勤奋努力，不要懈怠懒惰，荒废大好年华。课文通过对话、对比的形式，赞美了喜鹊勤劳、热心的品质，批判了寒号鸟的懒惰、得过且过、不听劝告。结尾叙述了寒号鸟得过且过而悲惨的下场，使教育意义更为深刻。因此，要重点抓住上述几个对比部分，从不同角色、不同情感入手进行朗诵。

第一自然段是空间场景的描写，以记叙为主，朗诵时语调较为平实、自然。但根据空间的变化，就有了连续性重音的出现："山脚下"、"石崖"、"一道缝"、"河"、"大杨树"这些重音的突出让一幅立体画展现在了听众面前。

"喜鹊一早就飞出去，东寻西找，衔回来一些枯枝，就忙着垒巢，准备过冬。寒号鸟却整天飞出去玩，累了回来睡觉。"这两句都是平铺直叙，朗诵宜用平直调、适中语速，但"一早"、"东寻西找"、"忙着"、"整天"、"玩"、"睡觉"这几个词是突出寒号鸟与喜鹊比邻而居，但是在行为上却迥然不同的词，要用重读来表现。

故事的情节随着时间的推移、天气的变化渐渐步入高潮，所以几个描写季节、天气的句子在朗诵时也应有所区别。刚开始"几阵秋风，树叶落尽，冬天快要到了"，语速较为平缓，强调"快到"；接着"冬天说到就到了，寒风呼呼地刮着"，说明事态开始严重起来，语速较上句稍快些，"冬天"稍作停顿，拟声词"呼呼"可重读，营造寒冷的气氛。最后，"寒冬腊月，大雪纷飞。北风像狮子一样狂吼，河里的水结了冰，崖缝里冷得像冰窖。"这段景象描写要读得慢一点儿，以渲染寒号鸟处境的严酷。"寒冬腊月"后稍作停顿，语气轻缓，"大雪"要放大语气，读得重些，其中"大"字开口度大。而"北风"、"河里的水"、"崖缝里"是并列关系的词，在它们后面停顿时间都较短，停时声停气未尽。"狂吼"、"结了冰"、"像冰窖"这几个词读得重些，突出强调天气冷极了。

两个主人公迥然不同的形象，应运用不同的声音造型。"喜鹊说：'寒号鸟，别睡觉了，大好晴天，赶快垒巢。'"这一句表现喜鹊热心劝告，语气要诚恳，速度可慢一点儿，表现出亲切、关心的口吻。"不要吵"重读，以表现寒号鸟的不耐烦、不屑一顾，后半句稍带些懒洋洋的口吻，读出寒号鸟"自以为是"的样子。喜鹊第二次劝寒号鸟，讲出了现在不垒巢的危害，语气加重。"趁天晴，快垒巢，现在懒惰，将来糟糕。"喜鹊的话要快语速，高语音，升语调读，以示喜鹊心情的急切中肯，同时衬托形势刻不容缓。而寒号鸟此时就更不耐烦了，"傻喜鹊，真啰嗦"用懒洋洋的口气，较弱的力度，以表现寒号鸟心不耐烦申斥别人的口气。"太阳暖和，得过且过"要读得慢一点儿，力度弱一点，以表现寒号鸟无忧无虑、洋洋自得的样子。

寒号鸟在冬天的半夜里发出的两次叫声虽然内容一样，但语气大大不同。第一次寒号鸟在崖缝里冻得直打哆嗦，悲哀地叫着："哆啰啰，哆啰啰，寒风冻死我，明天就垒窝。"这是冷得难受的叫，要用颤音读，以显现其酷寒情况下的可怜丑态。第二次发出的最后哀号："哆啰啰，哆啰啰，寒风冷死我，明天就垒窝。"这是冷得奄奄一息的哀号，速度较上句更慢，气息薄弱，带颤音，说话断断续续。

　　故事以寒号鸟悲惨的下场作为终结,寓意深刻,因此,末句要用低沉的音调、缓慢的语速衬托出悲凉的气氛,与"天亮了,阳光普照大地"的明亮的色彩形成鲜明的对比。"可怜"要重读,整句话声音由高向低发展,"在半夜里"前后都稍作停顿,读"冻死了"时语速更慢,一字一顿交待清楚,声音渐渐轻、弱。

第十二章
儿童故事的朗诵

儿童故事是指具有故事基本特征的内容单纯、篇幅短小,与儿童的接受相适应,供儿童阅读和聆听的叙事性文学体裁。它以儿童的视角观察事件、客观表述,具有完整连贯、富有童趣、语言生活化、口语化的特点。

儿童故事根据内容可以分为:民间故事、改编故事、生活故事、历史故事、谜语故事、动物故事等。

第一节 儿童故事朗诵要点

一、注重故事的叙述结构,张弛有度

本章第二节的《满满的一盒吻》这个故事张弛有度,节奏犹如鼓点般先快后慢,咬字的疏密度先密集后舒缓,用父亲的误解反衬女儿的真挚情谊。

第一段要强调父亲的怒火:一是因为女儿浪费了一卷金色的包装纸;二是因为发现盒子里什么也没有。"恼怒不已、火气又上来了。他冲女儿吼道"都是要强调的。

第二段要突出女儿的委屈:"噙满泪水"、"不是空的"、"都是给您的"、"爸爸"要读出受误解后的无辜,我们仿佛看到女儿纯真的眼神、眼泪汪汪地看着爸爸。

第三段要突出冰释后的爱。"愧疚极了"、"紧紧抱住"、"原谅"是重音,强调父亲深深的自责。"据说"后面的语句柔和、舒展,"吻"、"爱"气息绵长,读出深情。

第四段转换语气,从故事中抽出身,用客观的角度,亲切、语速稍快。"爱"、"更珍贵"是重音。

二、模拟生活的真实,有血有肉

对于儿童故事的演绎,情感是朗诵有感染力的根本,需要用饱满、恰如其分的感情来支撑朗诵的状态,要做到"不板"、"不演"。假使有抑扬顿挫的语调,但没有投入真情;或者矫揉造作、虚伪浅薄,最终会令人生厌。朗诵者对作品要"感之于外,受之于心"。要唤起听众的情感,就必须设身处地感受、体验,自己先受到感染,再传递给听众。情感来源于自身的生活积淀、生活感悟,来源于对文本的细读与研究。在后文中的《平分生命》这个感人的故事中,一开始就定下了基调。"唯一"、"胜过"作为重音。故事的角色要读得有血有肉,重在神态的描摹。"男孩开始犹豫,十岁的他经过一番思考,终于点了点头。"表示他在艰难地做决定,语速缓慢,略沉重。"抽血时,男孩安静得不发出一丝声响,只是向着临床的妹妹微笑。"他掩饰内心的恐慌,平直调。"手术完毕,男孩声音颤抖地问",用颤音,缓慢、似哽咽。"男孩眼

中放出了光彩:'真的？那我还能活多少年？'"充满了惊喜,语调上扬、气满升高。"男孩高兴得又蹦又跳。他确认自己真的没事时,就又挽起了胳膊——刚才被抽血的胳膊。昂起头,郑重其事地对医生说","又蹦又跳"、"挽"、"昂起头"、"郑重其事"是重音,语速加快,连读,体现男孩兴奋中完成的一连串的动作。

文末的议论起画龙点睛的作用,带思索的意味缓慢地说出。"震撼"、"不是"、"平分"、"几人"、"快乐"、"坦诚"、"甘心情愿"、"说"、"做"要作重音处理。

在《差得多》中,小牛和爷爷是现实生活中的人物,为了使讲的故事和生活更贴切,语气语调和态势语言都要贴近真实,走进角色的内心,细致入微地描摹他们的心理。在小牛把箭射到圈上,离靶心只差一点时,他高兴地对爷爷说:"你看,我学得差不多了。"言语中充满了得意。爷爷语重心长要他好好练,他不听。当他看见大灰狼,理所当然地想:这一箭把大灰狼射死,差不多! 想不到,箭从大灰狼头上飞过,大灰狼哈哈大笑,占了上风。小牛害怕得扔掉了弓,边跑边喊,要读出小牛边跑边喘气、惊慌失措。后来,爷爷稳稳地射死大灰狼后,小牛一头扑进爷爷怀里悔恨交加,从此认真勤奋。小牛和爷爷这两个鲜明的人物形象跃然纸上,要读出小牛内心成长变化的过程。

第二节　儿童故事朗诵解读

一个小美妞

有个小姑娘名字叫丽莎。她一个人在家的时候,就戴上大红的绒帽,然后走到镜子面前。她望着镜子里自己的那双蓝色的大眼睛,说:"瞧,我多美!"

窗外雪花飞舞。丽莎穿上皮袄,带着雪橇到外面去滑雪。小朋友们围过来喊她:"丽莎,丽莎,让我们一块去玩吧!""不嘛!"丽莎说,"这是我的雪橇!"小朋友们都跑开了。过了一会儿,又来了个小姑娘,也拿着雪橇。她长得胖乎乎的,一只小翘鼻子像一粒扣子安在圆圆的脸上。

"玛莎玛莎,带我们滑滑雪吧。"小朋友们又喊道。玛莎高高兴兴地挨个儿带着小伙伴们滑雪,她还把包得严严实实的小胖子奥洛佳也抱上了雪橇。

当她和奥洛佳从小雪山上划下来的时候,奥洛佳的奶奶走过来,疼爱地抚摸着玛莎红红的小脸蛋:"玛莎,你真是个好孩子,你们看,玛莎的眼睛长得多好看,蓝蓝的……"

"我长得也很美丽啊,我的眼睛也是蓝蓝的。"丽莎说着,看了老奶奶一眼。

可是老奶奶什么也没有回答她。

这是一个富有童趣的小故事,塑造了两个"小美妞":外表美的丽莎与心灵美的玛莎。故事很简短,却蕴藏着对真正的美的诠释。

作品里面出现了三个外国孩子的名字:"丽莎"、"玛莎"、"奥洛佳",读这些外国人名的时候,可尝试把它们读成轻声,这样会显得亲切、顺口。

故事一开始,丽莎就出场了。从短文的描写可以感受到,丽莎长得漂亮,很爱漂亮,而且很得意自己的美。所以,朗诵第一自然段丽莎所说的话时,要用童稚的声音得意地自夸,还可以适当地加入一些得意洋洋的神态或动作。

第二自然段要读好小朋友们与丽莎的对话。小朋友们好羡慕好喜欢丽莎的雪橇,所以,他们对丽莎提出的请求是充满渴望、羡慕的,因此,朗诵小朋友们的问话时,语调要高些,语速可稍快,语气里充满了渴求与期盼。而丽莎拒绝了小伙伴们,她的话里充满着骄傲与得意,显现出她的娇气与目中无人。读她的角色语言时,可微微扬起下巴,表现出一副瞧不起人的样子。在这一段的后两句,玛莎也出场了。作者描写玛莎的样貌着重突显了她的可爱,字里行间都透露着对她的喜爱,因此,在读玛莎出场的句子时,可带着喜爱的情感,特别是:"她长得胖乎乎的,一只小翘鼻子像一粒扣子安在圆圆的脸上。"要面带笑容,读出疼爱的语气。

第三自然段又再一次写了小伙伴们的请求,只是玛莎的反应与丽莎截然不同,她爽快地答应了,还把小胖子奥洛佳抱上了雪橇。多么可爱善良的孩子!在朗诵这些句子时,要带着赞赏的语气来朗诵。

最后一个自然段中,奥洛佳奶奶对玛莎的夸赞,要用老人家低沉沙哑的音色来读,但是,却充满着对玛莎的喜爱,读的时候,可有意地把里面的某些尾音拉长,让老人家赞美欣赏的语气更浓些:"奥洛佳的奶奶走过来,疼爱地抚摸着玛莎红红的小脸蛋:'玛莎——,你真是个好孩子——,你们看,玛莎的眼睛长得多好看——,蓝——蓝——的……'"而骄傲的丽莎听着老奶奶夸赞玛莎可不服气了,因此,在朗诵丽莎的话时,要读出不服气与骄傲的语气。最后一句:"可是老奶奶什么也没有回答她。"读的时候,可以微笑着慢慢地读,读出意味深长、引人深思的意味。

满满的一盒吻

故事是这样的:一位父亲惩罚了三岁的女儿,只因为她浪费了一卷金色的包装纸。家里本来就经济拮据,所以当父亲发现女儿在用这些纸装饰放在圣诞树下的礼物盒时恼怒不已。尽管如此,小女孩还是在第二天将这个礼盒拿给了父亲:"这是给您的,爸爸。"父亲为自己早先的行为感到惭愧,但当他发现盒子里什么也没有时,他的火气又上来了。他冲女儿吼道:"你难道不知道送礼物时盒子不能是空的吗?"

小女孩眼里噙满泪水,抬头看看父亲说:"爸爸,这个盒子不是空的。我把我的吻放在里面了,都是给您的,爸爸。"

做父亲的愧疚极了,他紧紧抱住女儿,并祈求她的原谅。据说父亲从此将这个金色的盒子一直放在床边,每当遇事不顺的时候,他都会从这个盒子里拿出一个想象中的吻,并想起往盒子里放吻的那个孩子的爱。

老实说,我们每个人都曾收到过这样的一个盒子,里面盛满来自我们孩子、朋友和家人的无私的爱。没有人能够拥有比它更珍贵的礼物了。

这个温馨的小故事让人想起了中国的一句俗语"礼轻情义重"。无形的爱可以比得上任何珍贵的礼物。

文中出现了三次谈话的内容:一次是小女儿将礼物送给爸爸时;一次是爸爸训斥女儿礼物盒里没有礼物,还有一次是女儿委屈的解释。朗诵对话时,要用不同音色来区分人物的不同身份,并应了解人物的心情,用适当的语气进行表达。第一自然段:"尽管如此,小女孩还是在第二天将这个礼盒拿给了父亲:'这是给您的,爸爸。'"小女孩天真纯洁善良,她要把自己好不容易做好的礼物送给父亲,心情是高兴、激动的,因此,朗诵时,应尽量使自己的声音"稚嫩"些,清脆、甜美,语调欢快、兴奋。而第五句"他冲女儿吼道:'你难道不知道送礼物时盒子不能是空的吗?'"爸爸因前一天的恼怒再加上失望,于是火气又来了,父亲的声音应相对比较粗、厚、沉,要注意读出"吼"的语气,声音里有怒气还带着严厉,重音落在"不能是空的吗?";而第二自然段中小女孩的第二次说话,表情是"眼里噙满泪水",可见此时,她是既委屈又伤心的。朗诵时,要注意把这种语气读出来,带点孩童的哭腔,还可以在其间加入适当的抽泣声,读出委屈、难过、可怜的语气。

故事中,几个长句要处理好停顿。第一段第二句:"家里/本来/就经济拮据,所以/当父亲/发现女儿/在用这些纸/装饰放在圣诞树下的礼物盒时/恼怒不已。"第三段第二句:"据说/父亲/从此/将这个金色的盒子/一直放在床边,每当遇事不顺的时候,他都会从这个盒子里/拿出一个/想象中的吻,并想起/往盒子里/放吻的/那个孩子的/爱。"

文章的最后一段,是作者在抒发自己的感想,里面蕴含着一定的生活哲理,朗诵时,要有感而发,仿佛在对着他人抒发自己的感想,因而语气是真诚而郑重的,特别是最后一句"没有人能够拥有比它更珍贵的礼物了",应读得情深意长并带着欣慰、幸福感。

六个矮儿子

沈百英

山脚下住着一家老爷爷、老奶奶。他们有六个矮儿子,总是长不高。一天,矮儿子们对爸爸妈妈说:"我们虽然矮小,可是有聪明的头脑,我们要自己出去过日子。"

一年过去了。六个矮儿子回来了。老爷爷老奶奶乐呵呵地问:"你们是怎样过日子的呀?"第一个矮儿子说:"我从早到晚都为八只脚忙。我傍晚提灯到湖上,投下一条粗绳,八只脚看见灯光,就顺着绳子爬上来。到半夜能捉到二十多只,拿到集市上,可以卖不少钱呢!"第二个矮儿子说:"我呀!我是靠六只脚生活的。"老奶奶笑着说:"是不是苍蝇呀?""不,苍蝇多脏呀。我等春暖以后,把小箱子搬到田头,六只脚就开始采花酿蜜,那生活可美了。"大家问第三个矮儿子:"你靠什么生活?""我是靠四条腿。去年我买了十多只,今年已经有三十多只了,都养得肥肥壮壮的,只是人很辛苦。"老爷爷、老奶奶说:"为了生活,辛苦一点是好的。光吃不做,活着才没意义呢!"第四个矮儿子说:"这话很对,不过靠四条腿还不如靠两只脚好。"他又说:"我养了几百只两只脚,有尖尖嘴,也有扁扁嘴。每天可收好多好多蛋呢!""哈哈!"大家笑着转向第五个矮儿子。"我说,养两只脚不如养一只脚好。""世界上哪有一只脚的东西?"大家好奇地问。"我造一个漂亮的草房,分两层,上层铺些牛马粪,撒上种子。不久,一只脚就长出来了。有大有小,像一把把白色小伞,真好看!"最后,大家看着第六个矮儿子:"你是怎么生活的呢?"第六个矮儿子笑嘻嘻地说:"我专养没有脚的东西,只要有个池塘,春天放下一桶苗,天天喂些食料,看着没有脚在水里游来游去,快活极了。"听了六个矮儿子的话,老爷爷老奶奶开心地笑了:"你们真是聪明勤劳的好儿子!"

小朋友,六个矮儿子都靠什么生活的,你能说出来吗?

本则故事讲述了六个矮儿子虽然个子矮小,但聪明勤快,都靠自己的双手过上了有意义的生活。这则故事朗诵的基调是轻松欢快的。

第一自然段交待了故事的背景,朗诵时,语速不宜太快,特别是在朗诵"他们有六个矮儿子,总是长不高"时,语速应放慢,延长"总是"一词的音长,重音落在"长不高",读出忧虑烦恼的感觉,这样一强化,就能把老人家对"矮儿子"们的"矮"的烦恼与日后对他们的自食其力的欣慰形成对比。而在朗诵矮儿子们对爸妈所讲的话"我们虽然矮小,可是有聪明的头脑,我们要自己出去过日子"时,应让自己的声音显现出年轻、有干劲、充满活力,语气应是自信、乐观、铿锵有力的。

第二自然段着重描写了老爷爷老奶奶与六个儿子的对话。要把人物的对话读好,最重要的是要能用不同的音色、语气、语调展现出每个人物不同的性格特点及人物的心情。老爷爷老奶奶说的话,音色应较低沉、沙哑,语速应较慢,但是,他们四次讲话时的语气还是有所区别的。"老爷爷老奶奶乐呵呵地问:'你们是怎样过日子的呀?'"用高兴又好奇的语气;"老奶奶笑着说:'是不是苍蝇呀?'"老奶奶的话有些调侃,要读出有点故意逗弄的感觉;第三次"老爷爷、老奶奶说:'为了生活,辛苦一点是好的。光吃不做,活着才没意义呢!'"这次说话的内容富有生活哲理,要读出认可、意味深长的语气;而最后一次,"听了六个矮儿子的话,老爷爷老奶奶开心地笑了:'你们真是聪明勤劳的好儿子!'"此时的两位老人家是非常欣慰、高兴的,朗诵时可以在说话内容前加点欣慰的笑声,烘托欢乐的气氛。

　　六个儿子的共同特点是勤劳且富有智慧,但是如果六个人都用同样的语气、音色来朗诵的话,这篇故事的精彩度就会大大被削弱。那么,如何来处理六个人说话的特点与语气呢? 文章中对六个儿子的语言描写并没有很大的区别,因此,我们不妨尝试从他们的谋生手段来赋予他们不同的性格定位:"第一个矮儿子说:'我从早到晚都为八只脚忙。我傍晚提灯到湖上,投下一条粗绳,八只脚看见灯光,就顺着绳子爬上来。到半夜能捉到二十多只,拿到集市上,可以卖不少钱呢!'"第一个矮儿子是通过捉螃蟹谋生的,从字里行间,可以看出这活儿是挺辛苦的,因而,这个矮儿子应该是个老实厚道、勤劳肯干的人,角色语言的声音可稍粗厚,读时咬字干脆,每个字平均用力,断词不明显,但断句要明显,用一股子执著的"认真劲"来读;第二个儿子是靠养蜜蜂来谋生的:"'不,苍蝇多脏呀。我等春暖以后,把小箱子搬到田头,六只脚就开始采花酿蜜,那生活可美了。'"第二个矮儿子嫌苍蝇脏,觉得春暖以后田头的生活"可美了",相较大儿子而言,二儿子做的是巧活,显得更伶俐,而且更懂得观察生活,享受生活。处理这样的角色时,音色应显得明亮些,语气应富有个性,节奏变化要明显,如"不,苍蝇多脏呀"应读得快速,有厌恶感,而读到"我等春暖以后,把小箱子搬到田头,六只脚就开始采花酿蜜,那生活可美了",语调应来个一百八十度大转弯,高兴的、有点自我陶醉地描述他的工作,特别是最后一句"那生活可——美了"可稍读得夸张化,有点儿炫耀式的。第三个儿子是养猪的,他与大儿子一样,也是吃苦耐劳型的。为避免与大儿子雷同,在处理这个角色时,可以用"憨憨笨笨"的感觉,再加上一点点小口吃来处理:"'我……我是靠四条腿。去年我买了十……十多只,今……今,今年已经有三……三十多只了,都……都……都养得肥……肥……肥肥壮壮的,只……只……只是人很辛苦。'"第四个儿子是养鸡鸭鹅的,他认为三儿子养猪不如他养鸡鸭好,还强调"每天可收好多好多蛋呢",言外之意,就是说三儿子的"四条腿"的"扩充"有点"慢",因此,他可能会是个比较率性、心急的人,因而,处理他的语言时,可以从语速入手,以干净快速的语气来朗诵,没有丝毫的拖泥带水,巴不得立竿见影,与三儿子形成鲜明对比。第五个矮儿子是种蘑菇的。从他一张口"我说,养两只脚不如养一只脚好",他就开始卖关子,他所描述的生活方式也是比较奇特的,得待到他讲到最后一句时,才能让人琢磨出来。因此,我们不妨把他塑造成一个比较爱"故弄玄虚"的人,讲话时,语速时快时慢,音调时高时低,语气一惊一乍的,如:"我造一个漂亮的草房(慢),分两层(快),上层铺些牛马粪,撒上种子(轻轻慢慢读)。不久(快),一只脚就长出来了(惊喜,重音)。有大(音高)有小(音低),像一把把白色小伞,真好看! (陶醉)"最后一个儿子是养鱼的,是"笑嘻嘻地说",而且话里还出现了"快活极了",估计,这最小的儿子才刚成人,还有些童真与稚气,因此,朗诵时,用天真的语气,轻松、快乐地讲述经历,并可试着在"看着没有脚在水里游来游去"与"快活极了"中间加入两三声短促活泼的笑声,这样,人物的个性会更鲜明。

　　对于人物的个性解读,这篇文章并没有非常明显的线索,因此,朗诵者也可以根据自己对文本的理解,赋予人物不同的个性,但是一定要尽量做到每个角色的语言表达方式要有所区别,这样,讲起故事来,才能惟妙惟肖,吸引听众。

面条上的鸡蛋

林　莉　喻江云

　　小明的妈妈端来两碗面条,一碗是上面有个鸡蛋,一碗是上面什么也没有,然后让小明选择,小明不假思索地选择了有鸡蛋的那一碗面条。但他没想到的是妈妈的那碗居然在下面藏了两个鸡蛋。第二天晚上,小明妈妈又端来两碗面条,仍然是一碗上面有个鸡蛋,一碗上面什么也没有,然后让他选择。小明吸取第一次的教训,选择了没有鸡蛋的那一碗,但是出乎他意料的是:这碗面里没有像第一次那样埋着两个鸡蛋,而仅仅是一碗面。小明迷惑地看着妈妈,妈妈告诉他:"想占便宜的人,往往什么都得不到。"第三天晚上,妈妈端来了两碗一样的表面没有鸡蛋的面条让小明选择,小明却说:"妈妈累了一天了,让妈妈先选。"小明妈妈笑了,随手拿了一碗吃了起来。小明端起了另外一碗。这一次,妈妈和小明的碗里都埋着两个鸡蛋。妈妈告诉小明:"不想占便宜的人,生活也不会让他吃亏的。"

讲完这个故事,我扭头问旁边的女儿,如果你是小明,你会怎么选择呢?出乎我的意料,女儿说:"如果是我,我就把两碗面条放到一个大盆子里,搅拌匀了,再和妈妈分,这样才公平,公平了就不会打架。"我没有想到女儿会这样说!那晚,我本想给女儿上一节道德课的,没想到她却给我讲出了一个看似平常却意义深刻的道理。面条的确是该公平地吃,其他的什么都不用考虑,生活中至少我们应该努力地去这样做。

这是一篇富有哲理的小故事,大致可分为两部分。一部分为小明与妈妈三次吃面条的经过,另一部分为"我"从女儿的话中悟出的另一个生活哲理。

故事中有好几个长句,要注意根据语意适当进行断句,以强化对整个故事的理解。例如:"但他没想到的是妈妈的那碗居然在下面藏了两个鸡蛋。"读这一句时,除了要提高音调,读出意外的语气,还应在"是"、"那碗"、"下面"后面稍作停顿,以起到强调关键词句"妈妈的那碗"、"居然"、"藏了两个鸡蛋",并把这些词语读重音。"第三天晚上,妈妈端来了两碗一样的表面没有鸡蛋的面条让小明选择",在关键词句的前面停顿并把它们读重音,能让听者更清楚,三次吃面条不一样的具体情况。"那晚,我本想给女儿上一节道德课的,没想到她却给我讲出了一个看似平常却意义深刻的道理。"适当停顿与给关键词句加重音,是对故事重要内容一种有效的强化方式。

故事中出现了四次人物的语言。两次是小明的妈妈教导小明为人处世道理的话,一次是小明在听了妈妈的教诲后选择面条时所说的话,最后一次是女儿的话。朗诵故事中人物的语言时,一定要符合人物的身份,采用合适的语速、语调、语气,才能真实还原人物的性格与形象。妈妈的两次话:"小明迷惑地看着妈妈,妈妈告诉他:'想占便宜的人,往往什么都得不到。'""妈妈告诉小明:'不想占便宜的人,生活也不会让他吃亏的。'"应该用的是长辈引导晚辈时严肃、稳重的声音,意味深长、放慢语速地讲述这两句箴言。而小明的话,是在妈妈引导他不占便宜后所说的话,此时的他,语气里应是充满尊重、真诚的,朗诵时,音色应与妈妈的有所对比,可用较为清亮的音色。"出乎我的意料,女儿说:'如果是我,我就把两碗面条放到一个大盆子里,搅拌匀了,再和妈妈分,这样才公平,公平了就不会打架。'"这一句女儿说的话,可谓是童言稚语却一语点醒梦中人。因此,读小女儿的话时,应用清甜稚嫩的音色(可把语调稍稍提高),读得轻快、纯真,并用"孩童式"的"理所应当"的语气地把这富有哲理的话用孩子特有的童真演绎出引人思考的意味。

前面三次吃面的经过,每一次吃面的背景介绍大同小异,但是,读时却要有所区分。第一次:"小明的妈妈端来两碗面条,一碗是上面有个鸡蛋,一碗是上面什么也没有",这是首次介绍第一次选择的情况,因此,要把读的速度稍放慢,并通过强调重音读出两碗面的不同。第二次:"第二天晚上,小明妈妈又端来两碗面条,仍然是一碗上面有个鸡蛋,一碗上面什么也没有,然后让他选择。"读的时候,速度可以稍快些,因为这与前面描写的场景是一样的,听者已能很清楚要描述的是一个什么样的画面。但是,第三次:"第三天晚上,妈妈端来了两碗一样的表面没有鸡蛋的面条让小明选择",与前面两次的选择背景不一样,因此,在读这一句时,速度也应适当再慢一点,并强调关键词。

文章的最后一句话:"面条的确是该公平地吃,其他的什么都不用考虑,生活中至少我们应该努力地去这样做。"是这篇文章的主旨。朗诵这一句话时,语速要慢、沉、严肃、认真,强调关键词"公平地吃",延长并强调"这样"两个字,读出引人深思的语气。

感恩的心

　　有一个天生失语的小女孩,爸爸在她很小的时候就去世了,她和妈妈相依为命。妈妈每天很早出去工作,很晚才回来。每到日落时分,小女孩就站在家门口,充满期待地望着门前的那条路,等妈妈回家。妈妈回来的时候是她一天中最快乐的时候,因为妈妈每天都要给她带一块年糕回家。在她们贫穷的家里,一块小小的年糕就是无上的美味了啊!

　　有一天,下着很大的雨,已经过了晚饭的时间了,妈妈却还没有回来。小女孩站在家门口望啊望啊,总也等不到妈妈的身影。天,越来越黑,雨,越下越大,小女孩决定顺着妈妈每天回来的路自己去找妈妈。她走啊走啊,走了很远,终于在路边看见了倒在地上的妈妈。她使劲摇着妈妈的身体,妈妈却没有回答她。她以为妈妈太累睡着了,就把妈妈的头枕在自己的腿上,想让妈妈睡得舒服一点。但是这时她发现,妈妈的眼睛没有闭上! 小女孩突然明白:妈妈可能已经死了! 她感到恐惧,拉过妈妈的手使劲摇晃,却发现妈妈的手里还紧紧地攥着一块年糕……她拼命地哭着,却发不出一点声音……雨一直下,小女孩也不知哭了多久。她知道妈妈再也不会醒来,现在就只剩下她自己。妈妈的眼睛为什么不闭上呢? 那是因为不放心她吗? 她突然明白了自己该怎样做。于是擦干眼泪,决定用自己的语言来告诉妈妈一定会好好地活着,让妈妈放心地走……小女孩就在雨中一遍一遍用手语"唱"着这首《感恩的心》,泪水和雨水混在一起,从她小小的却写满坚强的脸上滑过……"感恩的心,感谢有你,伴我一生,让我有勇气作我自己……感恩的心,感谢命运,花开花落,我一样会珍惜……"

　　她就这样站在雨中不停歇地"唱"着,一直到妈妈的眼睛终于闭上……

　　这是一篇令人百感交集的作品。读罢,让人同情于母女俩生活的艰辛,悲伤于"妈妈"的去世,感动于母爱的牵挂,震撼于母女连心那神奇的"爱"的力量。朗诵这一作品时,一定要充分融入故事所描绘的情境,化身为主人公,与她一起悲,一起喜,一起痛……

　　第一段前三句介绍了母女俩的相关背景。她们的生活是不幸的,但是却充满着爱与温馨。朗诵的时候,音调不宜过高过快,可带有点同情与怜爱的语气,重音强调关键词"相依为命"、"很早"、"很晚"、"充满期待"、"等妈妈回家"。第四句的语气可以变得明亮欢快些,因为对于小女孩来说,这是她最"快乐"的事了。而紧接着的第五句也要有所变化,语气要变得感慨心疼,语速渐慢,最后一个"啊"字读得延长,但音调不是上扬,而是下降。

　　第二段处理的时候,一定要读出人物的心情。"有一天,下着很大的雨,已经过了晚饭的时间了,妈妈却还没有回来。"要读出着急的语气。"小女孩站在家门口望啊——望啊——,总也等不到妈妈的身影。"延长两个"望啊"的音长,以营造"望穿秋水"的感觉。"天越来越黑",声音要渐小、渐弱,而"雨,越下越大",声音要渐大、渐强,以体现"天黑""雨大"带来的不安与不祥的预照。"她走啊——走啊——,走了很远——,终于在路边看见了倒在地上的妈妈。"延长"走啊"与"很远"的读音,慢慢读,以体现路途的漫长,而"终于在路边看见了倒在地上的妈妈",声音要突然变得急促起来。"她使劲摇着妈妈的身体,妈妈却没有回答她"的语气应是着急、惊慌的,语速应稍快,把"使劲摇着"读得用力,还原场景感。"她以为妈妈太累睡着了,就把妈妈的头枕在自己的腿上,想让妈妈睡得舒服一点。"此时的小女孩还没意识到妈妈死了,所以语气不是悲痛,而是心疼的,重音落在她的动作与心理上,语速应读得稍慢,语气可轻柔些,以塑造一个懂事的女儿形象。"但是这时她发现,妈妈的眼睛没有闭上!"要读出惊恐的语气,在"但是这时她发现"读完后,加入急吸气、瞪眼、张口结舌的表情,酝酿一下害怕、不知所措的情绪,再来读出"妈妈的眼睛没有闭上"的恐慌。"小女孩突然明白:妈妈可能已经死了! 她感到恐惧,拉过妈妈的手使劲摇晃,却发现妈妈的手里还紧紧地攥着一块年糕……"要让自己化身为小女孩,读出她当时的悲痛、恐惧、伤心欲绝,带着哭腔以愈加急促的语气朗诵,直到"却发现妈妈的手里还紧紧地攥着一块年糕……"一句时,再加入感动心酸的语气,把语速放慢,哭腔愈浓,此时,如果足够投入,泪水便会顷刻滑落。"她拼命地哭着,却发不出一点声音……""雨一直下,小女孩也不知哭了多久。"这两句之间的停顿要稍长些,以感受小女孩"拼命地哭着"的悲痛与时间的长久。接下去仍旧带着淡淡的哭腔,轻声地,难过地,慢慢地读着,读出小女孩的悲伤、可怜、无助。"妈妈的眼睛为什么不闭上呢? 那是因为不放心她吗?"情绪稍稍缓和,读出疑惑的语气。从"她突然明白了自己该怎样做"开始,小女孩终于面对了现实,要读出她坚定、坚强的语气。语调可以变得坚硬些,但是悲伤的基调仍旧得保持,可尝试在"自己该怎样做"采用一字一顿的读法,而"让妈妈放心地走……""走"字的第三声读得到位,并用渐弱的声音延长读法。小女孩在雨中用手语"唱歌"是最触动人心的句子,"雨水"、"泪水"、"手语",描绘了一幕令人动容并难以忘怀的场面,朗诵时,要读出坚强的语气,语速要慢,但却应字字有力。最后一句歌词,可采用演唱加手语的方式,含泪演唱。

第三自然段,语速慢,用感动的语气读,读到最后一句"一直到妈妈的眼睛终于闭上……"采用延长的读法,并且渐弱,读到最后一字时,用点气音,再带上些许的欣慰感,让人仿佛目睹母亲闭眼的那一瞬间。

朗诵这篇作品,一定要全身心投入,才能打动自己,继而打动听众,并在听众心中留下一个伟大的母亲的形象。

藏羚羊的跪拜

王宗仁

一位老猎人从帐篷里出来,伸伸懒腰,正准备要喝一铜碗酥油茶时,突然瞅见对面的草坡上站立着一只肥肥壮壮的藏羚羊。他眼睛一亮,送上门来的美事! 沉睡了一夜的他浑身立即涌上一股清爽的劲头,丝毫没有犹豫,就转身回到帐篷拿来了权子枪。他举枪瞄了起来,奇怪的是,藏羚羊并没有逃走,而是用乞求的眼神望着他,然后两条前腿扑通一声跪了下来,两行长泪从眼里流出来。老猎人的心头一软,扣扳机的手不由得松了一下。但他是个猎手,不被藏羚羊的怜悯打动是情理之中的事。他双眼一闭,扳机在手指下一动,枪声响起,那只藏羚羊栽倒在地。它倒地后仍是跪卧的姿势,眼里的两行泪迹了然清晰地留着。

老猎人有些蹊跷,藏羚羊为什么要下跪?

夜里躺在地铺上的他久久难以入眠,双手一直颤抖着……次日,老猎人怀着忐忑不安的心情对那只藏羚羊开膛扒皮,他的手仍在颤抖。腹腔在刀刃下打开了,他吃惊得叫出了声,手中的刀掉在地上……原来在藏羚羊的子宫里,静静地卧着一只小藏羚羊,它已经成形,自然是死了。这时候,老猎人方才明白为什么那只藏羚羊要弯下笨重的身子给自己下跪? 它是在求猎人留下自己的一条命,以保全怀在腹腔中小藏羚羊的生命啊!

天下所有慈母的跪拜,包括动物在内,都是神圣的。于是,老猎人在山坡上挖了坑,将那只藏羚羊连同它那没有出生的孩子掩埋了。同时埋掉的还有他的权子枪。

从此,这个老猎人在藏北高原上消失了,再没有人知道他的下落……

这是一则令人感动的母爱故事。故事从一开始就营造了一股悬念,令人不由自主地想要去探寻原因,而随着故事的发展,由强烈的好奇感演绎成了令人痛彻心扉的感动。这一则故事的主要情感变化是:困惑——不安——感动——懊悔。

为了让那只伟大的藏羚羊护子跪拜的姿态深深地烙在听众的脑海,在朗诵的处理上,一定要特别注意读好关于描绘藏羚羊奇怪举动的语句。

朗诵第一自然段的第三句"沉睡了一夜的他浑身立即涌上一股清爽的劲头,丝毫没有犹豫,就转身回到帐篷拿来了权子枪"时,要读出猎人兴奋、迫不及待的心情,语速可稍快。而紧接着朗诵第四句时,要与第三句形成一个鲜明的对比,由兴奋变为不解,语速由快转为慢,读慢的目的,是为了让听众在脑海里浮现出藏羚羊的形象与神态。处理语气时,好奇的感觉应是愈来愈浓:"他举枪瞄了起来,奇怪的是,藏羚羊并没有逃走,而是用乞求的眼神望着他(好奇),然后两条前腿扑通一声跪了下来(惊讶),两行长泪从眼里流出来(困惑)。"而后第五句"老猎人的心头一软,扣扳机的手不由得松了一下"的处理可以读得轻一点、柔软一点,暗示着猎人心理的微妙变化,"但他是个猎手,不被藏羚羊的怜悯打动是情理之中的事"的语气则又应变得坚硬、冷漠。这样明显交错变化的语气能牢牢抓住听者的心,使他们的感受加倍产生。"它倒地后仍是跪卧的姿势,眼里的两行泪迹了然清晰地留着——"朗诵时,语速应放慢,强调关键词,语气里依旧有困惑,并通过延长"留着"的读法,透露出一丝不安,预示着悲剧的诞生。

第三自然段着重描写了猎人忐忑不安的心情与令人感动的事情真相,朗诵时,要投入角色,引起听者的共鸣。"夜里躺在地铺上的他久久——难以入眠,双手一——直——颤～抖～着……"朗诵时压低点声音,展现"夜里"的寂静,拖长"久久"与"一直"的读法,是为了刻画他内心的恐慌,"颤抖"一词朗诵时,用颤音。第二句依旧读出不安的情绪,只是声音相较第一句可明亮些、急促些。第三句朗诵的速度要有所变化,"腹腔在刀刃下打开了",可读得缓慢些,还原开膛剖腹的画面,而后在承接后面"他吃惊得叫出了声,手中的刀掉在地上……"的句子前,先作一个倒吸气并加上惊恐的表情,以突显后面的匪夷所思,并且,读得急促、恐慌。"原来在藏羚羊的子宫里,静静地卧着一只小藏羚羊,它已经成形,自然是死了。"从这一句起,就要开始营造一种悲痛的氛围,"它已经成形"朗诵时可瞪圆眼睛,呈现一种惊讶状,"自然是死了"声音要低沉、缓慢;接下来要读出猎人懊悔、痛苦、悲伤的情绪,"这时候,老猎人方才明白为什么那只藏羚羊要弯下笨重的身子——给自己下跪～?"朗诵时,紧皱眉头,声音低沉厚重,"下跪"读出颤音;而最后一句是故事中最感人肺腑的,也是故事最高潮的一个点,"它是在求猎人留下自己的一条命,以保全怀在腹腔中小藏羚羊的——生～命～啊～——!"朗诵时,带着哭腔,泪水盈眶,情绪激昂,如若能读得令自己动容,泪水滑落,定能触动听者柔软的心。

最后一段,朗诵第一句时,要强调"神——圣——的";第二句读"掩埋了",要读得慢、轻;第三句强调"权子枪",可一字一顿地读,让人听出这其中蕴含的"不再猎杀"的潜台词。读最后一句时,强调"消失了",把"再没有人知道他的下落……"读得轻、长,勾起无尽的联想。

差　得　多

从前,有一位老大爷,他射箭百发百中,人人称他神箭手。老爷爷年纪大了,头发胡子都白了,他想把射箭的本领传给小孙子小牛。小牛学了没几天,觉得自己会拉弓,会放箭,已经学得差不多了,爷爷说:"你刚学,还差得多呢。"

爷爷在空地上竖了一块靶子,上面有四个圆圈,爷爷说:"你要对准靶心苦练,让箭像长了眼睛一样,箭箭射中靶心。"

练了几天,小牛有时也能把箭射到靶板上了。有一次,一箭射到圈上,小牛用手一量,离靶心只差一点。他高兴地对爷爷说:"你看,我学得差不多了。"爷爷望了箭靶,摇摇头说:"不,你还差得多,你还得好好练。"小牛却认为自己本领和爷爷差不多,不想再学了。

有一天,小牛带上了弓箭到野外去。走着走着,忽然,一只大灰狼钻了出来。大灰狼开口,样子真可怕。小牛急忙从箭袋抽出箭,拉开弓,一箭射过去。他想:这一箭把大灰狼射死,差不多!想不到,箭从大灰狼头上飞过,射到树干上了。"哎呀! 只差一点儿!""哈哈,箭离我的头还差得多呢,原来是个没本领的小猎手!"

小牛心发慌,手发抖,准备发第三只箭,一见大灰狼扑过来,吓得扔掉了弓,边跑边喊:"爷爷,狼来了! 爷爷,狼来了!"

爷爷听到了,拿出箭,对准大灰狼射去。一箭射死了大灰狼。

从此以后,小牛认真练箭。终于练出真本领,再也不怕大灰狼了。

这则故事虽说蕴含着学本领要脚踏实地、不骄不躁、勤奋刻苦的道理,字里行间却透露出一股轻松诙谐的感觉。因此,朗诵这则故事时,用不着正儿八经的,可以试着用"单口相声"的风格,适当加入一些夸张化的元素,充分运用肢体、动作、神态、语气来进行演绎,方能展现这则故事的语言风格。

第一自然段,第一二句介绍了老大爷的特点:"神箭手"、"年纪大",朗诵"他射箭百——发——百中,人人称他神箭手。"除了关键词要拉长并重音强调,还可以在读"神箭手"时竖起大拇指,加强赞誉感。"老爷爷年纪大了,头发胡子都白了,他想把射箭的本领传给小孙子小牛。"读时,也可加入适当的动作辅助,如"头发胡子都白了",用手指指头发与胡子,而"他想把射箭的本领传给小孙子小牛",可用手指指一指旁边,恍若"小牛"就在一旁。第三句朗诵时,前半句要读出小牛的自以为是、骄傲得意,读到"会拉弓、会放箭",可得意地晃晃脑袋,后半句老爷爷的话,要模仿出老爷爷年纪大低沉沙哑的声音,并且,对于孙子的骄傲自满,他是忧虑、不满的,读的时候,语速要慢,语气语重心长,延长并加调"学"、"差得多呢"("呢"字读成"na"的音,更接近老人家的语气)。

第二段着重要读好老爷爷的话,低沉浑浊的音色要注意用气息控制好。"你要对准靶心苦练——,让箭像长了眼睛一样,箭箭射中靶心——。"并试着在词尾把音延长,读出老人家特有的劝诫、老成的语气。

第三段着重描写小牛练箭的情景,刻画出了一个骄傲、得意的小牛形象。朗诵时,一定要利用语气与神态充分展现人物的性格特点。如第二句"一箭射到圈上"时,除语调升高,还可配合眉毛上挑、眼睛瞪圆的神态,表现出一种惊喜状。"小牛用手一量,离靶心只差一点"这一句的读法,应是眉飞色舞,得意忘形,并可配上拇指与小指朝上相触的夸张化动作。第三句主要要读好小牛说话的语气,小牛年轻气盛,此时又恰中靶心,因此,他的声音应是高亢、激动、得意的,并可配上一副自我陶醉的模样。而爷爷的话则与他形成鲜明的对比,用低沉厚重的声音,读出苦心劝导的语气。

第四自然段是整个故事的一个高潮。大灰狼的出场要彰显它角色凶猛可怕的特征。在朗诵第二、三句时,要读出大灰狼出现的意外与可怕,"走着走着"语速可处理得慢些,"突然,一只大灰狼钻了出来"。语速骤然加快,音量骤增,音调升高。而"大灰狼张开口"可配以张嘴瞪眼的神态,音量变高,以显示"凶猛"劲儿,并且,可把"真可怕"三个字可读得稍有点颤音。三个动作"抽出箭,拉开弓,一箭射过去"要读得连贯,干净利落,以体现小牛的盲目自信,不假思索。"他想:这一箭把大灰狼射死,差不多!"心理活动要读出小牛的得意感,语调可升高,眉飞色舞。而"想不到,箭从大灰狼头上飞过,射到树干上了",则应与前一句形成鲜明对比,读出意外感,并带有些许懊恼与滑稽感。"'哎呀!'只差一点儿!"要读出失望、着急的语气。最后一句是大灰狼的话,要模仿大灰狼的声音,用凶猛厚重的声音朗诵,语气是高兴的并带有些讽刺意味。

第五自然段着重读好小牛边跑边喊的话:"'爷爷,狼来了——! 爷爷——,狼来了——!'"读这句话时,要带点哭腔,恐慌、急促,容不得喘息,一气呵成。

第六自然段,着重读好第二句:"一箭射死了大灰狼。"强调"一箭"读出了不起的语气。

第七自然段要读出欣慰的语气,面带笑容,不急不缓地读,最后一句:"再也不怕大灰狼了——。"可把"了"字读得延长,既可增强欣慰的感觉,又以示故事的结束。

平分生命

欧阳宗

　　男孩与他的妹妹相依为命，父母早逝，她是他唯一的亲人，所以男孩爱妹妹胜过爱自己！

　　然而灾难再一次降临在这两个不幸的孩子身上。妹妹染上了重病，需要输血。但医院的血液太昂贵，男孩没有钱支付任何费用。尽管医院已免去了手术费用。但不输血妹妹就会死去。

　　作为妹妹的唯一亲人，男孩的血型与妹妹相符。医生问男孩是否勇敢，是否有勇气承受抽血时的疼痛。男孩开始犹豫，十岁的他经过一番思考，终于点了点头。

　　抽血时。男孩安静得不发出一丝声响，只是向着床上的妹妹微笑。手术完毕，男孩声音颤抖地问："医生，我还能活多长时间？"

　　医生正想笑男孩的无知，但转念间又被男孩的勇敢震撼了：在男孩的脑海中，他认为输血会失去性命。但他仍然肯输血给妹妹，在那一瞬间，男孩所做出的决定是付出了一生的勇敢并下定了死亡的决心。

　　医生的手心渗出了汗，他握紧了男孩的手说："放心吧，你不会死的，输血不会丢掉性命。"

　　男孩眼中放出了光彩："真的？那我还能活多少年？"

　　医生微笑着，充满爱心地说："你能活到一百岁，小伙子，你很健康！"男孩高兴得又蹦又跳。他确认自己真的没事时，就又挽起了胳膊——刚才被抽血的胳膊，昂起头，郑重其事地对医生说："那就把我的血抽一半给我的妹妹吧，我们两个每人活五十年。"

　　所有的人都震撼了，这不是孩子无心的承诺。同别人平分生命，即使亲如父子，恩爱如夫妻，又有几人能如此快乐如此坦诚如此甘心情愿地说出并能做到呢？

　　这则故事讲述了暖人心扉的手足情。文中的主人公——男孩，用他的天真、善良、勇敢、爱护妹妹的真情打动了人们的心。

　　故事的朗诵要把握情感的变化。第一、二自然段讲述了故事的背景，男孩与他妹妹身世可怜，又遭遇不幸，朗诵的时候，要带着对这两个孩子的同情怜爱的语气；第三自然段要读出男孩的犹豫；第四自然段要读出男孩恐惧地问话的语气；第五自然段写的是医生的感受，他被感动、被震撼了，因而，要读得较为激动；第六、七、八自然段写的是医生与小男孩之间的对话，要读出两个角色不同的音色，并应根据对话提示语，读准人物的心情；第九自然段是作者抒发的感情，要读出反问的强烈语气。

　　人物之间的对话要准确把握语气：第四自然段男孩问医生还能活多久，而且是"声音颤抖地问"，此时的他心里极度恐惧，以为自己将会死去，所以朗诵的时候，除了要模仿出十岁男孩说话时的较为童稚的声音，还应做到音量微弱，语速较慢，语气充满恐惧，稍带颤音；第六自然段医生在安慰男孩时，他已经被男孩的勇敢震撼了，他的心中装着满满的感动以及对男孩的怜爱，读他的话时，声音要亲切、温和；第七自然段男孩的话应是激动、惊喜的，语调上扬，语速稍快，与前面第一次的问话形成对比；第八自然段朗诵医生的话要面带微笑，充满长辈的怜爱，可把"你能活到一百岁——"和"你很健康——"的"岁"和"康"稍微延长，以增强长辈及强调的语气，而"小伙子"三个字的读法，要刻意地读重一点，读出一种长辈对晚辈的疼爱与认可。男孩最后一句话，应是郑重其事的，带着孩童特有的正儿八经的语气。

　　文章第五段与第九段都是直接抒发情感的段落，情感要饱满，要能引起别人的共鸣。第五自然段中的医生受到了极大的震撼，男孩的举动令他感动震惊，朗诵的时候，语调要呈现思考的过程，要越来越激昂，直至最后一句："男孩所做出的决定是付出了一生的勇敢并下定了死亡的决心。"情绪到达了最高点。而最后一个自然段是作者的有感而发，在感叹男孩可贵的品质，最后一句要注意语速及重音的处理："又有几人能如此快乐如此坦诚如此甘心情愿地说出（吸气）并能——做——到——呢？"三个"如此"的读法应是递进、一气呵成的,然后在"说出"后面吸一口气,再顺势把最后五个字推向高潮。

牛 的 母 爱

伯宸仲龙

　　这是一个真实的故事。故事发生在西部的青海省,一个极度缺水的沙漠地区。这里,每人每天的用水量严格地限定为三斤,这还得靠驻军从很远的地方运来。日常的饮用、洗漱、洗衣,包括喂牲口,全部依赖这三斤珍贵的水。

　　人缺水不行,牲畜一样,渴啊!终于有一天,一头一直被人们认为憨厚、忠实的老牛渴极了,挣脱了缰绳,强行闯入沙漠里唯一的也是运水车必经的公路。终于,运水的军车来了。老牛以不可思议的识别力,迅速地冲上公路,军车一个紧急刹车戛然而止。老牛沉默地立在车前,任凭驾驶员呵斥驱赶,不肯挪动半步。五分钟过去了,双方依然僵持着。运水的战士以前也碰到过牲口拦路索水的情形,但它们都不像这头牛这般倔强。人和牛就这样耗着,最后造成了堵车,后面的司机开始骂骂咧咧,性急的甚至试图点火驱赶,可老牛不为所动。

　　后来,牛的主人寻来了,恼羞成怒的主人扬起长鞭狠狠地抽打在瘦骨嶙峋的牛背上,牛被打得皮开肉绽、哀哀叫唤,但还是不肯让开。鲜血沁了出来,染红了鞭子,老牛的凄厉哞叫,和着沙漠中阴冷的酷风,显得分外悲壮。一旁的运水战士哭了,骂骂咧咧的司机也哭了,最后,运水的战士说:"就让我违反一次规定吧,我愿意接受一次处分。"他从水车上倒出半盆水——正好三斤左右,放在牛面前。

　　出人意料的是,老牛没有喝以死抗争得来的水,而是对着夕阳,仰天长哞,似乎在呼唤什么。不远的沙堆背后跑来一头小牛,受伤的老牛慈爱地看着小牛贪婪地喝完水,伸出舌头舔舔小牛的眼睛,小牛也舔舔老牛的眼睛,静默中,人们看到了母子眼中的泪水。没等主人吆喝,在一片寂静无语中,它们掉转头,慢慢往回走。

　　故事讲了一头老牛为子求水的故事,让人深深地感受到"牛的母爱"的无私与伟大。老牛是文中的主人公。这头老牛倔强、慈爱,朗诵时,应着重读好有关描写老牛动作神态的语句,使这头老牛在听众的脑海中留下深刻的印象。

　　文章的第一自然段交待了故事的背景,语速适中,让人听清基本的信息,并有意识地把重音落在关键词上:"这是一个真实的故事。故事发生在西部的青海省,一个极度缺水的沙漠地区。这里,每人每天的用水量严格地限定为三斤,这还得靠驻军从很远的地方运来。日常的饮用、洗漱、洗衣,包括喂牲口,全部依赖这三斤珍贵的水。"

　　第二自然段描写老牛与军车的对峙,应着重把当时的场面描绘清楚。如第四句:"老牛以不可思议的识别力,迅速地冲上公路,军车一个紧急刹车戛然而止。"朗诵这一句时,语速要稍快,要读得急促、紧急,呈现出"紧急刹车戛然而止"的画面。第五句:"老牛沉默地立在车前,任凭驾驶员呵斥驱赶,不肯挪动半步。"要把重音落在相关的动词上,体现老牛的坚持。第八句:"人和牛就这样耗着,最后造成了堵车,后面的司机开始骂骂咧咧,性急的甚至试图点火驱赶,可老牛不——为——所——动——。"语调应逐渐升高,以显现矛盾的白热化,最后一句,把老牛的"不为所动"逐字读出,以感受老牛的坚定。

　　第三自然段要读出老牛受抽打时的痛苦不堪却倔强不屈。"后来,牛的主人寻来了,恼羞成怒的主人扬起长鞭(音调高)狠——狠地抽打在瘦骨嶙峋(音调低、轻,不忍心)的牛背上,牛被打得皮——开——肉绽、哀——哀——叫——唤——,但还是不肯让开。""扬起长鞭"的音高要与"瘦骨嶙峋"形成对比,"皮开肉绽,哀哀叫唤"要读得慢、延长,而"但还是不肯让开"要读得坚定、执著,再次形成对比。这样两组对比读法,会令人更加深切地感受到老牛所受的痛苦与坚定的信念。而从第二句开始,对于老牛的同情与怜悯要开始流露出来,用低沉悲痛的语气,慢慢地沉重地描述这一悲壮的画面。第三句两人"哭了",可采用颤音读法,运水战士所说的那句话,要带着哭腔但却以坚定、义无反顾的语气来读。

最后一个自然段,一开始的语气应是意外、令人纳闷的,语调可稍高,带点疑惑;而当小牛出现,描述小牛喝水与互舔画面的时候,语气应较为轻柔,读出一个温馨感人的画面。最后一句"慢慢往——回——走——"可处理得轻、慢,读出一幕老牛带着小牛慢慢往回走、逐渐消失在人们眼帘中的感觉,也营造若有所思的气氛。

奇迹的名字,叫父亲

叶倾城

1948 年,在一艘横渡大西洋的船上,有一位父亲带着他的小女儿,去和在美国的妻子会合。海上风平浪静,晨昏瑰丽的云霓交替出现。一天早上,男人正在舱里用腰刀削苹果,船却突然剧烈地摇晃,男人摔倒时,刀子扎在他胸口。他全身都在颤抖,嘴唇瞬间乌青。

六岁的女儿被父亲瞬间的变化吓坏了,尖叫着扑过来想要扶他,他却微笑着推开女儿的手:"没事,只是摔一跤。"然后轻轻地拾起刀子,很慢很慢地爬起来,不引人注意地用大拇指揩去了刀锋上的血迹。

以后三天,男人照常每晚为女儿唱摇篮曲,清晨替她系好美丽的蝴蝶结,带她去看大海的蔚蓝。仿佛一切如常,而小女儿尚不能注意到父亲每一分钟都比上一分钟更衰弱、苍白,他看向海平线的眼光是那样忧伤。

抵达的前夜,男人来到女儿身边,对女儿说:"明天见到妈妈的时候,请告诉妈妈,我爱她。"女儿不解地问:"可是你明天就要见到她了,你为什么不自己告诉她呢?"他笑了,俯身,在女儿额头上深深刻下一个吻。

船到纽约港了,女儿一眼便在熙熙攘攘的人群里认出母亲,她大喊着:"妈!妈妈!"

就在这时,周围忽然一片惊呼,女儿一回头,看见父亲已经仰面倒下,胸口血如井喷,刹时间染红了整片天空……

尸解的结果让所有人惊呆了:那把刀无比精确地洞穿了他的心脏,他却多活了三天,而且不被任何人知觉。唯一可能的解释是因为创口太小,使得被切断的心肌依原样贴在一起,维持了三天的供血。

这是医学史上罕见的奇迹。医学会会议上,有人说要称它大西洋奇迹,有人建议以死者的名字命名,还有人说要叫它神迹……

"够了。"那是一位坐在首席的老医生,须发俱白,皱纹里满是人生的智慧,此刻一声大喝,然后一字一顿地说:"这个奇迹的名字,叫父亲。"

这是一篇感人肺腑的作品。文中的"父亲"为了女儿顽强地与死神搏斗,创造了医学史上的奇迹,也谱写了一曲惊天动地的父爱的乐章。

朗诵这则作品,一定要抓好几个对比点——

第一自然段的第二句与三四句。"海上风平浪静,晨昏瑰丽的云霓交替出现。一天早上,男人正在舱里用腰刀削苹果,船却突然剧烈地摇晃,男人摔倒时,刀子扎在他胸口。他全身都在颤抖,嘴唇瞬间乌青。"描写海上"风平浪静""晨昏瑰丽的云霞交替出现",这良辰美景令人陶醉,要读得舒缓,富有美感;然而,在这美丽的背景下,死神却在一步步逼近。在读第二句"船却突然剧烈地摇晃,男人摔倒时,刀子扎在他胸口"，要读出意外与惊恐感，语速稍快，营造一种紧张氛围。在"男人摔倒时"读完后，还可以配上瞪眼张口吸气的神态，仿佛亲眼目睹一般，再害怕地读出："刀子扎在他胸口。"第三句"他全身都在颤抖，嘴唇瞬间乌青"，要读出担忧、恐惧的语气。

第二段两句话之间的变化也很大。"6岁的女儿被父亲瞬间的变化吓坏了，尖叫着扑过来想要扶他"，这一句中的女儿此时吓坏了，朗诵时音调应高，语速应快，语气急切、惊恐；这前半句与后面的"他却微笑着推开女儿的手：'没事，只是摔一跤'"之间的停顿可稍长些，女儿的惊慌与父亲的轻松形成鲜明对比。父亲的行为要读得轻、慢，读出父亲刻意隐藏的用心，特别是"轻轻地"、"很慢很慢地"、"不引人注意地"这三个词要放慢放轻读，把听者带入当时的画面中。

第三段是温馨与忧伤的对比。第一句描写父亲照常悉心照顾女儿的句子，应读得温馨平和幸福，而后第二句，语调开始慢慢下降，语气开始充满担忧，音量开始渐渐缩小，直到最后一句"他看向海平线的眼光是那——样——忧——伤——。"读得轻、细长，最后的"伤"字还可以带点儿气音。

第五与第六自然段也是一个对比。第五段女儿见到母亲时，是激动、兴奋的，要模仿小女孩的音调用惊喜的语气喊出"妈！妈妈！"，而第六自然段的父亲"完成了使命"，蓦然倒地，是那么突然，而且，倒下的场景是那般地悲壮，因而，第六自然段朗诵时，一开始要读出出乎意料、惊恐的语气："就在这时，周围忽然一片惊呼，女儿一回头，看见父亲已经仰面倒下"，而后面的"胸口血如井喷，刹时间染红了整片天空……"除了有惊恐，还应饱含着悲痛感读出这一个画面。

第七自然段的两句话处理也应不同。第一句要读出令人惊呆的语气，读出匪夷所思的感觉，语调应稍高，语速应稍快，重音要落在关键词上，并适当地对关键词进行延长读法："……那把刀无比精确地洞穿了他的心脏，他却多活了——三天，而且不被任——何——人知觉。"而第二句是站在科学的角度进行诠释，语调要相对平缓，感情也不用像第一句那般强烈，用平叙的语气朗诵即可。

此外，文章中父女俩的对话也应细心揣摩。父亲所说的话都是受伤后所表达的，所以，在朗诵父亲语言的时候，除了亲切、关爱的语气，还应有意识地把语调放轻、放慢些，以体现父亲的虚弱。小女孩是童稚天真的，语调语气要充满童真。而最后一句老医生的话，要读出他的沧桑与睿智，特别是最后一句："'这个奇迹的名字，叫——父亲。'"要一字一顿，字字有力地读，让这几个字眼如刻刀一般镌刻在听者的心海中。

姥姥，姥姥

凌可新

　　姥姥到遥远的大城市去看女儿一家。姥姥就一个女儿。姥姥走得千辛万苦。姥姥千辛万苦地出现在女儿一家人面前时，一家人都呆了，又惊又喜。外孙女一下子拥抱住姥姥，泪水弄湿了姥姥的衣服。她说："姥姥，姥姥。"姥姥一脸笑："几年也不见你们回去，怪想的。知道你们忙，就自个儿来了。"

　　姥姥就住下了，外孙女在一家外资企业上班，特意请了假陪姥姥，带姥姥到街上逛。外孙女逗姥姥："这么远的路，你一双小脚是咋个走来了？"姥姥说："想你们呐，想你们路就不远了。"外孙女逗姥姥："妈妈不是每个月都寄钱给你吗？"姥姥说："钱不是活人，钱买不来你们。"外孙女逗姥姥："妈妈不是年年都寄照片回去吗？"姥姥说："照片也不是活人，越看心里越想。"外孙女就搂着姥姥说："姥姥，姥姥。"

　　一天逛到了市场。姥姥见地摊上的野菜一把一把地扎了红头绳卖，觉得奇怪。问外孙女："野菜也好卖钱？"外孙女说："可不是么，城里的野菜金贵呢！"姥姥咂起了舌头："老天爷，凭啥这么贵？一小把就卖两块钱。"外孙女说："乡里人不识货呢，要是城里人，宁肯不吃海参、对虾，也要吃一盘野菜。"姥姥说:"哪会儿你回老家去住,姥姥天天给你包野菜水饺吃。"孙女的脸笑成一朵花:"那太好了,姥姥,到时候你可别嫌烦啊。"姥姥也笑,拍着外孙女说:"姥姥会烦吗? 你呀,你呀。"外孙女说:"说定了,姥姥,我一定去。"

姥姥住了一个月,要回去。女儿一家人不放。可姥姥非要走不可,怎么留也留不住,只好听了姥姥的话。姥姥回去了。回去后就找人写信回来。每封信结尾都加上句:外孙女,啥时候回来吃姥姥给你包的荠菜饺子啊? 外孙女读到这句话,心里总是热热的,叫道:"姥姥,姥姥。"

一年过去了,外孙女忙,没回去成。

又一年过去了,外孙女忙,没回去成。

又一年春天,忽然收到姥姥村里的一封电报,说是姥姥病了,病得很重。读着电报,外孙女就哭了,她叫着:"姥姥,姥姥,姥姥。"外孙女没有请假,攥着电报就上了火车。

村里人把她领进姥姥的家,姥姥躺在支起的门板上。脸上带着很重的期盼,姥姥睁着眼睛。外孙女看见姥姥的屋子里到处是荠菜。一捆一捆的,用红头绳扎着,有干的,有半干的。灶间锅台上还放着几十个包好的水饺。皮儿都快干了。外孙女说:"姥姥,姥姥。"村里人告诉外孙女,姥姥从城里回来,天天都出去挖野菜。她说外孙女要回来吃她包的荠菜水饺。荠菜干了,姥姥就用红头绳扎好,再去挖新鲜的。冬天也挖。村里人说:"姥姥不行的时候还坐在炕上包水饺。她告诉别人,她梦见外孙女回来了,外孙女准能吃上她包的荠菜饺子。姥姥说,城里野菜金贵呢,那丫头馋荠菜饺子呢!"

外孙女泪流满面,她流着泪水把饺子煮熟了。盛一碗放在姥姥身边,盛一碗自己端着。坐在姥姥面前,一边吃一边望着姥姥说:"姥姥,我吃到你给我包的荠菜饺子了,真好吃。"

外孙女说:"姥姥,姥姥……"姥姥的眼睛慢慢闭上了,外孙女看到姥姥的脸上展开了一缕舒心的笑容。

这个故事印证了一句话:世界上,唯有亲情是最真挚、最无私的。故事中的姥姥满怀期待地苦苦等候的形象永远地留在了我们的心中,也让我们不禁反思:老人们真正要的是什么? 什么才是真正的"孝"?

文中的外孙女五次说出"姥姥,姥姥"。虽然这五次话里都只有一个词,两次重复的称呼,但是,每一次都是在不同的语境下喊出来的,要能读出不同的感觉。第一次,是外孙女在毫无心理准备下见到了姥姥,她的心情如同文中所写的:"一家人都呆了,又惊又喜。外孙女一下子拥抱住姥姥,泪水弄湿了姥姥的衣服。",所以,在她第一次叫唤姥姥的时候,是喜极而泣的,语气里充满了惊喜、激动,音调较高,微笑着并带着点泣声:"姥姥,姥姥——",第二个"姥姥"应比第一个音调更高,最后一个"姥"字可采用延长读法。第二次叫唤姥姥,是外孙女请假陪伴姥姥时,与姥姥对话后的深情叫唤。外孙女一开始是"逗"姥姥的,但是,当她听到姥姥说"照片也不是活人,越看心里越想"时,她忍不住就搂住了姥姥,此时的她,心里是充满着感动与温暖,还带有点心疼,因此,在读第二次的"姥姥,姥姥"时,声音柔和,音量较小,仿佛是在心里呼唤一样,并且,第二个"姥姥",要读得比第一个"姥姥"来得轻、慢。第三次是外孙女在读到姥姥的来信时心里的呼唤,这时她的感受是"心里总是热热的",因此,应读得感动,语气里充满思念。朗诵时,应饱含着深情,处理时,可以把第一个"姥姥——(尾音升高)"音调读高,第二个"姥姥(尾音下降,有力)"读成降音,有力深情地收尾。第四次的叫唤是外孙女在得知姥姥病重时哭泣着喊叫的,所以语气里应有担忧、着急、伤心,并应带着哭腔。第五次的"姥姥,姥姥",是外孙女面对着姥姥即将逝去时最后的呼喊,此时她心里充满着悲痛,却要让姥姥宽慰,所以此时,她是哽咽地、轻声地、深情地、不舍地叫唤着的。

这则故事中的人物对话也多,除了外孙女对姥姥的多次叫唤,还有很多处姥姥的话。从姥姥的话中,可以看出老人对儿女的纯朴关爱。留心姥姥说的话,会发现她用了很多的口语化的词汇与语气词,如"自个儿来了"、"想你们呐"、"凭啥这么贵?""啥时候回来吃姥姥给你包的荠菜饺子啊?"……因此,在处理姥姥说的话时,可以适当地加点方言或农村口音,可不必正儿八经地把它咬成字正腔圆的标准普通话,并可适当地加点形象的拟声词。如第三自然段的"姥姥咂起了舌头:老天爷,凭啥这么贵? 一小把就卖两块钱。"可在"老天爷"的前头加上拟声词"啧啧啧",这样,质朴的农村姥姥形象会更鲜明。又如第一段的:"姥姥一脸笑:'几年也不见你们回去,怪想的。知道你们忙,就自个儿来了。(呵呵——)'"可在话尾加上几个长辈特有的温和亲切的笑声,以体现姥姥的慈爱。

第八自然段描写姥姥及屋子里荠菜的句子要注意读出画面感。朗诵的时候,语气凝重,语速缓慢,饱含深情,读出老人家期盼外孙女的真情。

第十三章
儿童散文的朗诵

儿童散文是指为少年儿童创作,切合他们心理特点,适合于他们阅读欣赏的一种散文形式,是以生动的语言着重写自身生活的感受,凭借人、事、景物的叙写和引起的联想、想象,创造艺术形象,言志抒情,直接反映生活的短文。在艺术特征上,具有形式自由、情文并茂、富有意境、形散神凝的特点。儿童散文分为抒情散文、叙事散文、议论性散文。

散文朗诵前的准备工作分两方面:一是准确品味散文的语言之美。散文语言大多凝炼传神、新颖隽永,最值得揣摩,须抓住重点词语,揣摩把握其精髓,咀嚼其丰富的意蕴和独特的表现力。二是用心领略散文的意境之美。散文意境是作者的主观思想感情和所描绘的客观物境、生活图景相交融而熔铸在作品中的能够把读者引入充分想象空间的艺术境界。

第一节 儿童散文朗诵要点

一、基调平稳、亲切

在一切文学样式中,最自由活泼、最没有拘束的便是散文。不管散文作者怀着怎样的感情,用怎样的形式,在散文中表现怎样的思想,我们都必须在朗诵的基调中加以体现。散文的朗诵,总体来说是细腻、真实、自然的,基调通常比较平稳,当然也有充满激情的作品,在表达时要强调节奏的对比变化,但依然有别于诗歌、小说等的慷慨激昂和性格化。在朗诵中,要先感受文章的意境美、哲理美、语言美,朗诵时节奏舒缓,声音自然流畅,平稳而富有深情,注意把握层次间的节奏变化。散文有景、情、理和谐相融的意境,适于采用中声区,声音有力但不拙,气息饱满却不猛冲。场景式的写实,使人如临其境。在朗诵中,情融于声,虚实结合,语势跌宕起伏,但多轻柔舒展,语速适中。要注意情、气、声的结合,用声虚实结合、平中有变,常有轻柔中带有感慨的语调,富有启发性的语气,让听众感受到作者的拳拳情愫,给听众以水到渠成之感。

二、角色语言写意

散文中所涉及的角色语言,有别于童话的浓墨重彩,只求神似、写意,力求作品表达的整体和谐。语言节奏要富于变化,避免单一语势。

例如美·玛格莉特·怀兹·布朗写的散文诗《逃家小兔》,讲述了关于母爱的主题。在一场幻想中,展开了欢乐而又奇特的追逐游戏,不论上天入地,不论下海登山,身后紧追不舍的妈妈总是能够抓住他。

这就是爱,小兔子想知道妈妈有多么的爱他,而妈妈没有惊讶,甚至没有问为什么,而是欲擒故纵。这是孩子,用自己的秘密语言与妈妈游戏,与妈妈交流,而这位妈妈没有感觉惊奇,反而用平淡的心态告诉孩子,你走到哪里,妈妈就追到哪里。

小兔和妈妈的性格特点十分鲜明:小兔是十分可爱却又淘气的,它一直要逃跑,让妈妈一直找。还和妈妈耍嘴皮子,互不相让。而兔妈妈是十分爱小兔的,是一位伟大的母亲,无论小兔跑到哪里,她始终追随着小兔,陪着小兔玩闹,有一颗童心。

全文几乎均由对话组成,小兔与兔妈妈之间的对话虽然简单但很幽默,在朗诵时要注意停顿、节奏、重音、速度、语调,把幽默的韵味读出来。但角色语言只能"点到为止",不能像朗诵童话那样绘声绘色地描摹角色的音容笑貌、性格特点,否则会破坏本身"写意"的风格,因此当朗诵角色语言时,只要在我们内心视像里能显现出角色的年龄、身份、性格,而无须在音色和语调上进行过度化妆,否则会与散文的基调不统一。

第二节　儿童散文朗诵解读

教师节礼赞

A 老师,大家都说您培养着祖国的栋梁;我却要说,您就是祖国的栋梁。正是您,支撑起我们一代人的脊梁!

B 您像一支红烛,为后辈献出了所有的热和光! 您的品格和精神,可以用两个字形容,就是——燃烧! 不停地燃烧!

A 您讲的课,是那样丰富多彩,每一个章节都仿佛在我面前打开了一扇窗户,让我看到了一个斑斓的新世界……

B 啊,有了您,花园才这般艳丽,大地才充满春意! 老师,快推开窗子看吧,这满园春色,这满园桃李,都在向您敬礼!

合:如果没有您思想的滋润,怎么会绽开那么多美好的灵魂之花? 啊,老师,人类灵魂的工程师,有谁不将您赞扬!

B 传播知识,就是播种希望,播种幸福。

A 老师,您就是这希望与幸福的播种人!

B 当苗儿需要一杯水的时候,绝不送上一桶水;

A 而当需要一桶水的时候,也绝不给予一杯水。

合:适时、适量地给予,这是一个好园丁的技艺。我的老师,这也正是您的教育艺术。

A 老师,您用人类最崇高的感情——爱,播种春天,播种理想,播种力量……

B 看这遍地怒放的鲜花,哪一朵没有您的心血,哪一朵没有您的笑影!

A 假如我是诗人,

B 我将以满腔的热情写下诗篇,赞美大海的辽阔和深远。

A 并把它献给您——

合:我的胸怀博大,知识精深的老师。

《教师节礼赞》是一篇直抒胸臆的散文诗。文章以第二人称来写,仿佛面对着老师娓娓道出心里的那份情怀,又仿佛是满怀深情激动地喃喃自语。行文充满浓烈的情感,是诉说,更是讴歌。

第一节:赞美老师的精神和品格,"奉献"是其核心,其形象有高度,有温度,有远度,构成了一幅立体的画面。老师时而化作高大的栋梁、铮铮的脊梁,撑起了祖国文明传承的大厦;时而化作燃烧的红烛,奉献出满腔的热血与青春;时而化作一扇扇明亮的窗户,引领孩子们豁然开朗走向崭新的知识世界……本节的最后一句,又把读者的视线拉回现实画面:"满园春色"、"满园桃李",这是老师的成就,也是老师的欣慰!朗诵过程中"栋梁"的形象用高亢铿锵的音调塑造,"红烛"的形象则是温婉低柔的,"窗户"的形象明亮活泼,跳跃着智慧的光芒。最后呈现的"充满诗意的大地",则是发自内心的深情赞叹;"敬礼"庄重而神圣,语速稍慢,表达出崇敬之情。

第二节:赞美老师的教育艺术,"播种"是其工作的实质,"适时、适量"是其艺术的体现。播种思想、播种知识、播种希望、播种幸福,这是教师工作的美好之处;掌握火候,恰到好处,这令教师的工作充满挑战,也是好园丁的魅力所在。朗诵时,"滋润思想"一句在反问和感叹中亦叹亦咏,节奏舒缓,句末上扬;"您就是这希望与幸福的播种人!"坚定有力。读描述"教学艺术"的三句话,就像欣赏一件精美的艺术品,不急不躁,左盼右顾,频频颔首,在平缓的叙述中流露出恍然大悟的赞同。

第三节:赞美老师的"劳苦功高","爱"是催生"鲜花怒放"的力量源泉。朗诵过程中,"播种春天,播种理想,播种力量"语调渐高,语速渐慢,让听众感受到师爱犹如缕缕春风扑面而来;"看——这遍地怒放的鲜花,哪一朵没有您的心血,哪一朵没有您的笑影!"跳跃的语气中满怀欣喜,"看"重音拉长来提示"遍地鲜花"里无不蕴含着"心血"与"笑影"。最后,以诗人的满腔热情赞美老师大海般博大的胸怀,大海般精深的学识。语调明快,"假如我是诗人——"两句虚声积聚力量,"并把它献给您——"两句以饱满的实声颂扬,"老师"一词慢读拉长,突出伟岸的形象。

黄山奇石

于永正

闻名中外的黄山风景区在我国安徽省南部。那里景色秀丽神奇,尤其是那些怪石,有趣极了。

就说"仙桃石"吧,它好像从天上飞下来的一个大桃子,落在山顶的石盘上。

在一座陡峭的山峰上,有一只猴子。它两只胳膊抱着腿,一动不动地蹲在山头,望着翻滚的云海。这就是有趣的猴子观海。

"仙人指路"就更有趣了!远远望去,真像一位仙人站在高高的山峰上,伸着手臂指向前方。

每当太阳升起,有座山峰上的几块巨石,就变成了一只金光闪闪的雄鸡。它伸着脖子,对着天都峰不住地啼叫。不用说,这就是著名的"金鸡叫天都"了。

黄山的奇石还有很多,像"天狗望月"、"狮子抢球"、"仙女弹琴"……那些叫不出名字的奇形怪状的岩石,正等你去给他们起名字呢!

《黄山奇石》介绍了黄山风景区神奇的怪石。一块块奇石就是一幅幅神奇的画面,奇特的想象赋予石头灵动的生命,吸引读者的目光,引发无限的遐想!

朗诵过程中,一个个奇石形象随着叙述的语调缓缓地展现在听众面前。而段与段之间,仿佛是蒙太奇的影像跳跃,让人有些应接不暇,来不及回味,还没有看够,另一道风景又映入眼帘,怎能不让人赞叹?这赞叹就在那"点石成金"的"化静为动"里,所以每一"个"石头的动作都是"赏"的重点,自然要重读凸显这神奇的画面!

第一自然段总述,介绍黄山风景区的地理位置和景色特点。朗诵时,"闻名中外"、"尤其"、"怪石"、"有趣极了"几个词加以重音强调。第二至第五自然段分别介绍了四块奇石。"仙桃石"的神在"大"、

"飞"、"落"上，更巧的是还有个"石盘"托着；"猴子观海"的趣在"据险而蹲"、老僧人定式的"一动不动"、"抱腿观海"痴痴守望里；"仙人指路"的奇在"高峰独立"、"伸臂指路"的气势中；"金鸡叫天都"的妙在巨石与阳光的"物华天宝"般的配合，成就了雄鸡的"金光闪闪"与"一唱天下白"。这四段的行文方式非常有趣，既是并列段落，表述又跳跃相间，避免呆板。朗诵时，介绍奇石名称的句子用实声读出自豪和饶有趣味；介绍奇石名字由来的句子，以虚声读出想象的美好逼真。第六自然段，讲黄山奇石还有许许多多，如数家珍似地报出"天狗望月"、"狮子抢球"、"仙女弹琴"，之后省略号停顿时间稍长，意味悠长，留给听者无限的想象空间。最后一句略显俏皮地逗趣，用笑言说出："那些叫不出名字的奇形怪状的岩石，正等你去给他们起名字呢!"激起读者继续游览和想象的乐趣。

苹果里的五角星

　　邻居家的小男孩是我家的常客，差不多每天都要跑来向我报告幼儿园的新闻，或者显示显示他学会的新本领。一天，他来到我家，从桌子上拿起一把小刀，又向我要了一只苹果，说："大哥哥，我要让你看看里面藏着什么。"

　　"我知道里面是什么。"我瞧着他说。

　　"不，你不知道的，还是让我切给你看吧。"说着他把苹果一切两半。我们通常的切法是从顶部切到底部，而他呢，却是拦腰切下去。然后，他把切好的苹果举到我面前："大哥哥，看哪，里头有颗五角星呢!"

　　真的，从横切面看，可以清晰地看出，苹果核果然像一颗五角星。我见过许多人切苹果，他们对切苹果都不生疏，总是循规蹈矩地按通常的切法，把它们一切两半，却从未见过还有另一种切法，更没想到苹果里还隐藏着"五角星"!

　　第一次这样切苹果的，也许是出于无意，也许是出于好奇。使我深有感触的是，这鲜为人知的图案竟有那么大的魅力。这个秘密不知从什么地方传到那男孩的幼儿园，然后又由他传给我，现在我又传给你们大家。是的，如果你想知道什么叫创造力，往小处说，就是换一种切苹果的方法。

　　《苹果里的五角星》是一篇哲理散文。故事围绕着"切苹果"展开，一个普通的邻家小男孩，一个普通的苹果，因为那个不普通的"拦腰切苹果"的方法，而充满了魅力，并带给读者深深的思考：原来，创造力有时就这么简单；原来，创造力有时就源于好奇；原来，创造力常常出自打破常规的尝试；原来，创造力就是对熟悉不过的事物仍保有探究的乐趣。

　　文章前三个自然段讲述故事，后两个自然段阐述哲思。故事一开始，"我"以"大哥哥"的身份出现，不仅是生理年龄比较大，更以学识之广自居，几乎每天当"邻居家的小男孩跑来向我报告幼儿园的新闻，或者显示显示他学会的新本领"时，我都有些不屑，因为小男孩眼里的新闻和新本领在"我"这个大哥哥的眼里，"那都不是事"，因而朗诵时，这一句以"假装老练"的青年对毛头小孩的语气来读，有对天真小男孩的疼爱，有见多不怪的自豪，还有几分敷衍的应和。面对小男孩兴致勃勃、神秘兮兮的请求："大哥哥，我要让你看看里面藏着什么。""我"肯定地笑言："我知道里面是什么。"这是作为"大哥哥"的自信和权威。然而小男孩却执意地否决了："不，你不知道的，还是让我切给你看吧。"不由分说，没有停顿，就把"苹果一切两半"。他迫不及待地展示了那与众不同的切法："而他呢，却是拦腰切下去"，然后兴奋地"把切好的苹果举到我面前"，兴奋地喊起来："大哥哥，看哪，里头有颗五角星呢!"一个天真可爱，执著好奇的小男孩形象就在富有角色感的声音里跃然而出!

　　这种特殊的切苹果的方法呈现的结果，出乎"我"的意料："真的，从横切面看，可以清晰地看出，苹果核果然像一颗五角星。"朗诵的声音里含稍许意外，稍许惊喜，稍许佩服之意。接下来，用感慨的语气：

"我见过许多人切苹果,他们对切苹果都不生疏,总是循规蹈矩地按通常的切法,把它们一切两半,却从未见过还有另一种切法,更没想到苹果里还隐藏着'五角星'"! 重音在"从未见过"、"另"、"更"等表示逻辑关系的词。

最后一个自然段,由感慨转为对事理的推测:"第一次这样切苹果的,也许是出于无意,也许是出于好奇。"再到莫名的感动,感动于"这鲜为人知的图案的魅力",感动于这么多把"好奇"和"魅力"传递的人们。由感动又引发了深层的思考:"是的,如果你想知道什么叫创造力,往小处说,就是换一种切苹果的方法。"以坚定的声音讲出故事的哲理,使人感受到创造力存在于诸如"切苹果的方法"这样的小发现里,让人坚信创造力源自生活小事的"突发奇想"中!

整篇文章的朗诵应与"我"的视角和思想的变化吻合,犹如一波三折的小溪,情绪时而舒缓,时而激动;语调时而明快,时而深沉;语速时而平缓,时而急促,才能让听众陶醉,引听众沉思。

芦　叶　船

　　我的故乡在长江口的崇明岛上。那里河道特别多,横的、竖的,像蜘蛛网一样。过了几天,芦芽上长出第一片芦叶,于是,桅杆上就像升起了绿色的风帆。

　　河边的芦苇渐渐长高,芦叶也越长越多。放学回家的路上,我们便采芦叶做小船玩儿。从我家到学校有一里多路,要先往西走,过了小木桥,再沿着竖河往北走。这条竖河比一般的小河水面略宽一些,所以,我们常常在这里做芦叶船。大阔叶折成大篷船,小窄叶做小舢板。有时,还把三五片芦叶叠在一起,做成三桅帆、五桅帆的大船。我们在船底吐上一口唾沫,跑到小木桥上,把芦叶往河中央轻轻一放,保险翻不了船。船一下水,便顺着风儿开走了。我们就用芦叶卷起喇叭,呜啦呜啦地吹奏着,欢送它们远航。

　　春天,在我们上学路过的这条竖河里,几乎天天能见到我们做的芦叶船。第二天放学回来时,我们就去寻找头一天做的船,因为我们的手艺不一样,所以谁做的都能认出来。有的找不到了,可能已经远航了;有的靠在岸边,我们就说它进港了。

　　一个晴朗的星期天,我跟着表哥一起到长江边去。从我家出发,沿着竖河一直往北走,约二里多路,就能看到浩浩荡荡的长江了。表哥比我大六七岁,他更会做芦叶船。他说:"我的芦叶船放到江里也翻不了。"我不信。江里的浪那么大,而且后浪推前浪,一浪接一浪,那小小的芦叶船,怎么会翻不了呢?

　　"不信就试试!"表哥说着,顺手采来三片芦叶,折了一只三桅帆的船,在船底上吐了口唾沫,轻轻地放到江水中。只见这只芦叶船顺着风,顶着浪,越开越远,一会儿就看不见了。我们上学路过的竖河,是直通长江的呀,那我们做的芦叶船,是不是也开到长江里了呢? 长江是通向东海的,那我们的芦叶船,是不是也漂到东海里了呢?

　　《芦叶船》是一篇满载着童真童趣的叙事散文。春天里,家乡河道边上的芦苇长出了茂盛的芦叶,善于发现和创造玩具的孩子们竟别出心裁地把它们变成了一艘艘的小船,让它们载着自己的梦想扬帆远航。悠悠的记忆中,那蛛网似的河道,那河岸两旁的芦苇,那绿帆似的芦叶儿,特别是那上下学必经的竖河,那放学路上扎堆折芦叶船的欢乐,那上学路上观赏芦叶船的沉醉,还有表哥做的那关于芦叶船驶向何方的试验,都无不散发着迷人的家乡和童年特有的气息。这样的气息涤荡着灵魂,越品越淳,历久弥新……

　　"童真生活的回忆"题材决定了本文朗诵的基调是舒缓而明快的,没有惊天动地的事件,没有生离死别的痛苦,也没有如获至宝的狂喜,有的只是琐碎生活里平凡的乐趣,但读着读着,温暖却一丝丝地渗到我们的心里。这支舒缓的小曲,偶尔也跳动着俏皮的音符,例如:"我们在船底吐上一口唾沫……保险翻不了船。""用芦叶卷起喇叭,呜啦呜啦地吹奏着,欢送它们远航。"这些细节为小曲平添了几分活力,让人回味无穷!

朗诵过程中，要把握好声音塑造的角色的变换，总体是以回忆的口吻来叙述的，但几处细节的描写特别细致，仿佛回到了那时那地那事，朗诵角色要转为儿时的“我”，也就是以孩童的口吻来再现场景：

“大阔叶/折成/大篷船，小窄叶/做小舢板。有时，还把三五片芦叶/叠在一起，做成/三桅帆、五桅帆的/大船。”动作形象描绘熟练麻利的手工活，语速要稍快，简洁干脆。

“我们在船底/吐上一口/唾沫，跑到小木桥上，把芦叶/往河中央/轻轻一放，保险/翻不了船。船/一下水，便顺着风儿/开走了。我们就用芦叶/卷起喇叭，呜啦呜啦地/吹奏着，欢送/它们远航。”为自己“在船底吐上一口唾沫”的绝招自鸣得意，“轻轻一放”的小心翼翼，“用芦叶卷起喇叭，呜啦呜啦地吹奏着”的欢天喜地、拍手称快，栩栩如生，如在眼前。

“我的芦叶船/放到江里/也翻不了。”“不信/就试试！”要读出表哥的自信、得意和胸有成竹。“我不信。江里的浪/那么大，而且/后浪/推前浪，一浪/接一浪，那/小小的芦叶船，怎么会/翻不了呢？”要噘嘴读出“我”当时的不服气。

“我们上学/路过的竖河，是直通/长江的呀，那/我们做的/芦叶船，是不是/也开到/长江里了呢？长江/是通向东海的，那/我们的芦叶船，是不是/也漂到/东海里了呢？”这是“我”当时的遐思，要以虚声读出欣喜，读出向往，读出沉醉，读出“梦想远航”的言外之意。

纸　船

泰戈尔

我每天把纸船一个个放在急流的溪中。
我用大黑字写我的名字和我住的村名在纸船上。
我希望住在异地的人会得到这纸船，知道我是谁。
我把园中长的秀利花载在我的小船上，
希望这些黎明开的花能在夜里被平平安安地带到岸上。
我投我的纸船到水里，仰望天空，
看见小朵的云正在张着满鼓着风的白帆。
我不知道天上有我的什么游伴把这些船放下来同我的船比赛！
夜来了，我的脸埋在手臂里，
梦见我的船在子夜的星光下缓缓地浮泛前去。
睡仙坐在船里，带着满载着梦的篮子。

《纸船》选自泰戈尔的《新月集》，是一首散文诗。整首诗为我们塑造了一个天真的儿童的形象，表达了诗人一贯关注的爱与美的主题。贯穿全诗的一个意象是纸船，全诗以放纸船开始，以在梦中见到纸船结束，中间则是放纸船时的情景与联想。纸船在这里既是小主人公的小小寄托，也隐喻着通往外界与未来的媒介，小主人公正是在与纸船的关联中表现出了他的好奇与纯真。整首诗自然、纯朴而优美，具有一种田园牧歌式的风格，营造出了一种朴素而单纯的氛围，它们与天真的小主人公，与放纸船的稚气行为结合在一起，在和谐中将纯真的赤子之心凸显出来，唤醒了读者心中的温情。

这首诗的第一至三句描写的是儿童对远方的憧憬、对交流的渴望以及对神秘事物的向往。诗句中“我”将“我的名字和我住的村名”写在纸船上，放入急流的溪中，想让异地的人知道我是谁。多么天真的举动，多么纯真的童心！朗诵时，声音要稍靠前，塑造本真的童稚。而第一句中的“每天”二字，要重读，说明这种行为并非偶一为之，而是常常去做的，强调“我”的憧憬与向往有多深。

诗的第四至六句描写的是希望，诗人通过儿童幼稚心灵中的向往写出了小主人公“我”的天真可爱之处，"我"把园中长的秀利花载在小船上，看着它慢慢地漂远，希望到夜里纸船能把秀利花平安地带到岸上，这朴素而不可能实现的愿望表达了"我"对这些花的关切、珍惜之情，在"我"的眼中，花并不仅仅是花，还是一个小伙伴，一个平等的、有生命的生物，它需要细心呵护，"我"希望它能够平平安安地回来，"平平安安"这四个普通的字眼在这里便有了更深的含义，让人看到了这个儿童对花儿特殊的喜爱，以及独特的关心方式。这种与生物平等的想法，既与泰戈尔的思想有关，也与儿童的独特思维逻辑有关，诗人以赤子之心将其细腻地描绘出来，让我们得以重温与万物交流的童年时光。接下来"我"仰望天空，看到了天上小朵的云，由此产生了奇妙的联想："我"把天上小朵的云看成鼓着风的白帆，最奇特的是"我"还想象天上有游伴把它们放在河里来与"我"的纸船比赛。这一想象美丽奇幻且符合儿童的好奇心理，使天上玄妙的世界接近了大地，而地上的世界又恍惚是在天上，天与地在这一瞬间被拉近了，此时天光水色、白云纸船交织在一起，而"我"则陶醉在其中，形成了一幅优美动人的画面。这是一个独特的艺术境界，也是一个可以让读者的想象自由翱翔的空间。朗诵这三句时，每句的前半部分，写"我"怎么做，以轻快的实声表现小主人公做这些事的快乐心情；每句的后半部分，写的是"我"的想象，可以轻柔的虚声表现如梦如幻的美好愿望与诗境。

诗的第七至八句写的是"我"的梦幻。此时的小主人公已经入睡了，脸埋在手臂里，但他在睡梦中又看到了纸船。这只梦幻中的纸船，在子夜的星光下缓缓地浮泛前去，而睡仙坐在"我"的纸船里，带着装满梦的篮子。在这里我们看到了梦中的梦，这梦中的梦盛放在篮子之中，与睡仙一起乘坐纸船远去，他们要去哪里呢？"我"没有说出，诗人也没有点明，但重要的或许不是要到哪里去，而是这种要到哪里去的憧憬，这是一个儿童的幻想，象征着他小小的心灵对成长的渴望，对远方世界的好奇与向往，全诗在这里结束，留下了对这幼小而纯真的心灵的默默祝福。朗诵这两句应该比之前的声音更加舒缓轻柔，似摇篮曲一般，氤氲着温情，爱在弥散，余音袅袅，梦在延伸……

值得注意的是：《纸船》是一首散文诗，这使得本诗既有诗的意象美，同时在表达上更加自由，在每一个句子之中，在句子与句子之间，都有着内在的节奏与韵律。因而朗诵时，在突出"纸船"梦幻般的意象美的同时，还要兼顾诗歌的节奏与韵律美，放慢语速，读清韵脚。

我每天/把纸船/一个个放在/急流的溪中。
我用大黑字/写我的名字/和我住的村名/在纸船上。
我希望/住在异地的人/会得到这纸船，知道/我是谁。
我把/园中长的秀利花/载在/我的小船上，
希望/这些黎明开的花/能在夜里/被平平安安地/带到岸上。
我投/我的纸船/到水里，仰望天空，
看见/小朵的云/正在张着/满鼓着风的/白帆。
我不知道/天上/有我的什么游伴/把这些船放下来/同我的船/比赛！
夜来了，我的脸/埋在手臂里，
梦见/我的船/在子夜的星光下/缓缓地/浮泛前去。
睡仙/坐在船里，带着/满载着梦的/篮子。

少年旅行队

柯　蓝

……少年旅行队在生活的海洋探索，在知识的海洋探索。

出　发

少年旅行队要出发了。明亮的阳光在喊他们；窗外的小鸟在喊他们，喊他们到田野里去，到山林里去，到生活里去……

都准备好了吗？没有忘记带昆虫网吗？没有忘记带标本箱吗？没有忘记带笔记本吗？我们马上要出发了，马上开始向大自然出发了。

我们这是到生活里去，到一个知识的世界里去。

就这样，我们永远出发，长久地在知识的世界里远足……今天走到这里，把知识带走了，明天我们又出发了。我们不停地探寻，要走遍生活，走遍这个无边的知识的世界……

老　师

少年旅行队要到不知名的地方去。

你能在这个地方，说出这一小块石头属于哪一类？你能说出你身旁的树叶，它又属于哪一科？你能在这一条小河边，钓起一条鱼，又能说出它的名字？

这多有趣啊！不知道的，我都要知道。

亲爱的老师，生活的老师，你快把我们养大吧！告诉我们这个，又告诉我们那个。最重要的是先让我们看到许多困难，然后才看到成功。让我们经历许多艰苦，而又让我们在劳动的时候，得到快乐！

小　纸　船

我们来到半山的小溪边，用五色彩纸折成各种各样的小船，让它随着微风、顺着流水，离开我们吧。

小纸船在水上移动着，前前后后地出发了。我们都拍着手，在欢呼我们自己折的纸船前进……

小纸船带走了我们童年的幻想。我们在小溪边恋恋不舍地追着。

看！连一只小纸船都漂得这么久，这么远！我们都高兴地笑了。我们对自己的幻想说："去吧！小纸船！你们各奔前程吧！前面有你们广阔的天地！……"

听　广　播

少年旅行队休息的时候，有人从口袋里取出了一台收音机，把它装上电池……

树林里马上就响起了音乐。马上就有人在报告时事和各种消息，最后连气温、晴雨，都晓得了。

这是我们跟我们的父母在联系。

这是我们跟我们的祖国在联系。

无论走到什么地方，我们都有联系。即使没有这台收音机，我们也能听见这些声音，晓得这些事情。因为这种联系在我们的心里，在我们的血液里……

标　本

少年旅行队，采集着标本。小箱里装满了各种树叶，各种昆虫。我们的科学小组就一件一件地研究……

各种各样的标本都好好保存起来，不要把它碰破、撞碎了。把它们夹在书本里，贴在簿子里，固定在标本盒里。这些都是知识，好好地把它放在我们的记忆里……

我们的记忆，也是一只箱子，一只大得无边的箱子。让我们把珍贵的、有用的、值得记忆的东西，放在这只奇异的箱子里去吧。不要让一些无用的东西占去了地方……

旅　行　者　之　歌

我愿意当一个长久的忠实于生活的旅行者。我在大山和海洋之间行走，我跨过山岭、河流和无数的小路。我要去找大山做朋友，找海洋做朋友，找河流跟道路做朋友。

大山使我坚强、镇静，让我长得像一片茂盛的树林。

大海使我心胸开阔，热情汹涌。

所有的河流,使我灵巧活泼,永远前进……

我愿意一生在这些地方行走,从它们那里去寻找这些东西,分送到每一个人的心里……

所以我愿意当一个长久的忠实于生活的旅行者。

《少年旅行队》是一组散文诗,它由《出发》、《老师》、《小纸船》、《听广播》、《标本》、《旅行者之歌》六部分组成。每一首都短小精巧,富含诗意哲理,把纷繁的事物高度浓缩,使之呈现出简洁美,给人以启迪,令人从中品味出诗意。这六首散文诗既相对独立,又有内在的联系,以少年旅行队的远足旅行为线索,写了旅行队队员们在旅行中的所见、所闻、所做、所感,抒发了队员们热爱自然、热爱生活的思想感情,表达了他们渴望到生活的海洋里探索求知,在生活实践中锻炼成长的美好心愿。全篇笔锋自然流畅,语言亲切活泼,抒情色彩极为浓重,容易打动读者,感染读者,读后能给人以启迪与思考。

因每节中心主题相同,结构相似,故朗诵基调定位为昂扬热烈的"行进曲"风格。朗诵角色宜以儿童的口吻来展现组诗从孩子的视角去观察生活、认识生活、想象生活、感怀生活的特点。

"……少年旅行队在生活的海洋探索,在知识的海洋探索"是本组散文诗的总起句,朗诵时把重音落在"少年旅行队"、"生活"、"知识"、"探索"等词上,突出主人公即将开始一场生活与知识的探索之旅。

《出发》:出发的心情是迫不及待的,"明亮的阳光/在喊他们;窗外的小鸟/在喊他们,喊他们/到田野里去,到山林里去,到生活里去……"仿佛一切都在召唤他们,催促他们,排比句的语速应逐渐加快,音量渐强。"都准备/好了吗? 没有忘记带/昆虫网吗? 没有忘记/带标本箱吗? 没有忘记带/笔记本吗? 我们马上/要出发了,马上/开始向大自然/出发了。"出发前做了充分的准备,但仍生怕落下什么重要的活动工具,一再相互提醒,一再检查行装。几个问句可以变换声色,读出多位队员"错落询问"的感觉,就像轮唱一样,你方问罢,我又开问。"我们这是/到生活里去,到一个/知识的世界里去。"应读出"合唱"的感觉,整齐高亢!"就这样,我们/永远出发,长久地/在知识的世界里/远足……今天/走到这里,把知识/带走了,明天/我们又/出发了。我们不停地/探寻,要/走遍生活,走遍/这个无边的/知识的世界……"读这三句诗应满怀憧憬,憧憬即将开始的旅行,憧憬长久地远足,憧憬收获知识,憧憬充满探索的生活,语速可以逐渐放慢,由高亢转入神往。

《老师》:"老师"是令人尊敬的,尤其是生活这个老师,她是一本无字的书,跟随她学习的过程是一个充满未知的、神秘的旅行。"少年旅行队/要到/不知名的地方去。"旅途中我们遇到了许多有趣的新鲜事,于是同学间开始了百科知识大比拼:"你能/在这个地方,说出这一小块石头/属于哪一类? 你能说出/你身旁的树叶,它又属于/哪一科? 你能/在这一条小河边,钓起/一条鱼,又能/说出它的名字?"几个问句的节奏不同,好似队员们在你一言我一语地考验对方,问语要有对象感。"这多有趣啊! 不知道的,我都要/知道。"自言自语中透出几分求知的坚定。"亲爱的老师,生活的老师,你/快把我们/养大吧! 告诉我们/这个,又告诉我们/那个。"以热切的语气读出求知的渴望,渴望生活这位老师多带我们观察,多带我们体验,进而感谢生活,让我们经历困难,学会劳动,品尝成功和快乐。

《小纸船》:"小纸船"是少年旅行队员们理想的象征。带着美好的愿望,"我们来到/半山的小溪边,用五色彩纸/折成/各种各样的小船,让它/随着微风、顺着流水,离开我们吧。"以明快的实声读出追梦的执著。"小纸船/在水上/移动着,前前后后地/出发了。我们都/拍着手,在欢呼/我们自己/折的纸船/前进……"先是默默地驻足观看,而后欢呼雀跃,语速由慢到快,语调逐渐上扬。"小纸船/带走了/我们童年的/幻想。我们/在小溪边/恋恋不舍地/追着。"以稍慢的语速读出恋恋不舍的心情。"看! 连一只小纸船/都漂得/这么久,这么远! 我们都/高兴地笑了。我们对自己的/幻想说:去吧! 小纸船! 你们/各奔前程吧! 前面有你们/广阔的天地! ……"情绪由恋恋不舍又转为兴奋激昂,一只小纸船尚且能漂得这么久,这么远,何况是我们的幻想呢? 朗诵语气充满了果敢、快乐和自信。

《听广播》:听广播是少年旅行队员旅行途中和外界联系的方式。朗诵时,先以叙述的语气展现队员们哪怕休息也不放弃学习的一幕:"少年旅行队/休息的时候,有人从口袋里/取出了/一台收音机,把它/

装上电池……"短暂的安静的等待过后，惊喜随之而来，树林里热闹开了："树林里/马上/就响起了音乐。马上/就有人在/报告时事/和各种消息，最后连气温、晴雨，都晓得了。"后三段是对队员们为什么这么做的说明："这是我们/跟我们的父母/在联系。这是我们/跟我们的祖国/在联系。"自豪应洋溢在朗诵者的话语间：看，我们的办法多先进呀，我们多聪明呀！"无论/走到什么地方，我们都有/联系。即使/没有/这台收音机，我们也能/听见/这些声音，晓得/这些事情。因为/这种联系/在我们的/心里，在我们的/血液里……"这种血浓于水的联系是割不断的，朗诵时以低沉绵长的声调表现"想念爸妈，心系祖国"的深情。

《标本》："少年旅行队，采集着/标本。小箱里/装满了/各种树叶，各种昆虫。我们的科学小组/就一件一件地/研究……"第一句语速稍快，体现忙碌而快乐；第二句语调上升，满是成就与自豪。第三句语速放慢突出"一件一件地研究"的认真。"各种各样的标本/都好好/保存起来，不要/把它碰破、撞碎了。把它们/夹在书本里，贴在簿子里，固定在/标本盒里。这些/都是知识，好好地/把它放在/我们的记忆里……"重音慢读突出两处"好好"的慎重，读出小心翼翼的感觉。"我们的记忆，也是/一只箱子，一只/大得无边的/箱子。让我们把/珍贵的、有用的、值得记忆的/东西，放在这只/奇异的箱子里/去吧。不要让/一些无用的东西/占去了地方……"在旅行中，在生活老师的教导下，少年旅行队员们成熟了，朗诵时以顿悟、欣喜、号召大家的语气读出发自肺腑的感悟。

《旅行者之歌》：这是"我"经历了旅行的历练后的宣言，语音激昂铿锵："我愿意/当一个长久的/忠实于生活的/旅行者。我在/大山和海洋之间/行走，我/跨过山岭、河流、和无数的小路。我要去/找大山做朋友，找海洋/做朋友，找河流跟道路/做朋友。"经历了旅行的洗礼，我胸怀感恩，自信满满："大山/使我坚强、镇静，让我长得/像一片茂盛的/树林。大海/使我心胸开阔，热情汹涌。所有的河流，使我灵巧活泼，永远前进……"最后，"我"再一次庄严宣誓："我愿意/一生/在这些地方行走，从它们那里/去寻找/些东西，分送到/每一个人的/心里……"再一次一词一顿地庄严宣誓："所以/我愿意/当一个长久的/忠实于生活的/旅——行——者——。"作为这组诗的最后一首，《旅行者之歌》以吟咏的朗诵方式把组诗的情感推向了高潮。

我听见小提琴的声音

郭　风

夜间，月亮已经升得很高很高了。我看见这个月亮从溪边乌树的枝丫间，把一大片清光洒到溪边哪个草丛的村庄里了。

这时我静静地听着：啊，可是真的，慢慢地，我听那个草丛的村庄里，传来一阵又一阵小提琴的演奏声。

——啊，我听人家说过，那草丛的村庄里，住着一位少年音乐家名叫蟋蟀，他是一位很好的、勤奋的少年，天天晚上演奏小提琴。因此，后来他成为童话世界里一位少年提琴家。这优美的小提琴声，是他演奏的吗？

啊，真的，真的，一阵又一阵小提琴演奏声，从那草丛的村庄里传来了。

那小提琴拉得多好啊，我静静地听着，听着。

一会儿听来，感到那琴声，好像是泉水从山谷里流到溪中来了。

有时听来，好像是给一位小姑娘唱的一首儿歌，拉着一支伴奏曲。

一会儿听来，感到那琴声，好像是一阵细雨打在竹林里的声音传来了。

我静静地听着，听着。感到这提琴的演奏声，可真是多么好听啊！我一边听着一边想，这小提琴的演奏声，是从那草丛的村庄里，一座露天的音乐厅里传来的吧？那村庄里，今晚真的在那音乐厅里开一个月光音乐会么？这小提琴真的是那位少年音乐家蟋蟀演奏的么？一定有好多好多的孩子来听演奏吧？

　　听啊，那草丛的村庄里传来一阵又一阵小提琴的演奏声；看啊，天上一个扁圆的、黄色的月亮，也在悄声地听着，把一大片清光洒到那个草丛的村庄里了。

　　《我听见小提琴的声音》是一篇充满童趣的散文。在月光如水的夜色里，"我"静静地聆听"少年音乐家"蟋蟀的叫声，仿佛欣赏一曲小提琴独奏曲。整篇文章的结构采用复沓的手法，"我听那个草丛的村庄里，传来一阵又一阵小提琴的演奏声"一句在文中反复出现，犹如小提琴协奏曲的旋律，悠扬缭绕耳畔。

　　第一自然段介绍了听演奏的时间和地点。寂静的夜里，高升的月亮，流淌的溪水，乌树的枝丫，满地的清辉，神秘的草丛，组成了一幅泼墨的田园山水画，朗诵节奏是舒缓的、轻柔的、梦幻的："夜间，月亮/已经升得/很高很高了。我看见/这个月亮/从溪边/乌树的枝丫间，把一大片清光/洒到溪边/哪个草丛的/村庄里了。"

　　第二至第四自然段由琴声想到它的演奏者——童话世界里的少年提琴家"蟋蟀"。先是凝神细听，用轻轻的慢慢的虚声来读："这时/我静静地/听着：啊，可是真的，慢慢地，我听/那个草丛的/村庄里，传来/一阵又一阵/小提琴的演奏声。"声音里含有发现的惊喜"啊，可是真的"。随着一声赞叹"——啊"，我猛然想起了"我/听人家说过，那草丛的/村庄里，住着一位/少年音乐家/名叫蟋蟀，他是一位/很好的、勤奋的/少年，天天晚上/演奏小提琴。因此，后来/他成为/童话世界里/一位/少年提琴家。"用回想的语气来读，"天天晚上"重读，突出蟋蟀的勤奋。"这优美的/小提琴声，是他/演奏的吗？"真不敢相信这么优美的曲子，出自蟋蟀！语气里有几分不敢置信的疑惑。"啊，真的，真的，一阵又一阵小提琴演奏声，从那草丛的/村庄里传来了。"再一次凝神聆听后，"我"欣喜地赶忙确定了刚才的推测，没错，就是蟋蟀！语速加快，语气热烈。

　　第五至第八自然段写小提琴曲的美妙。"那小提琴/拉得多好啊，我静静地/听着，听着。"语速转为舒缓，沉静。"一会儿听来，感到那/琴声，好像是泉水/从山谷里/流到溪中来了"。低吟浅唱"有时听来，好像是给/一位小姑娘唱的/一首儿歌，拉着/一支伴奏曲"，转而又像跳跃的雨珠子轻快起来："一会儿听来，感到/那琴声，好像是/一阵细雨/打在竹林里的声音/传来了。"朗诵时，声音富有灵动的弹性。

　　第九和第十自然段写由琴声联想到拉琴的音乐家蟋蟀。我陶醉了："静静地、听着，听着。"尾音延长，发自肺腑的赞叹："感到/这提琴的/演奏声，可真是/多么好听啊！"紧接着四个反问句，每一个反问句间隙的停顿稍长，留给听者想象的空间："我一边听着/一边想，这小提琴的/演奏声，是从那/草丛的村庄里，一座/露天的音乐厅里/传来的吧？那村庄里，今晚/真的/在那音乐厅里/开一个/月光音乐会么？这小提琴/真的是那位/少年音乐家蟋蟀/演奏的么？一定有/好多好多的孩子/来听演奏吧？"作者在遐想中，越来越肯定自己的想法，因此要读出从远到近，由慢到快的兴奋感。"听啊，那草丛的村庄里/传来一阵又一阵/小提琴的演奏声；看啊，天上一个/扁圆的、黄色的/月亮，也在/悄声地听着，把一大片清光/洒到那个草丛的/村庄里了。"语速又逐渐舒缓下来，音量渐弱，读出夜晚的宁静，仿佛怕打扰了小提琴的演奏，怕打扰了月亮的凝神静听……

麦　哨

陈　益

　　"呜卟，呜卟，呜……"

　　田野里，什么声响和着孩子的鼻音，在浓绿的麦叶上掠过？一声呼，一声应，忽高忽低，那么欢快，那么柔美。

湖畔,到处是割草的孩子。白竹布衬衫小凉帽,绣花兜肚彩头巾。那一张张红扑扑的脸蛋,蒙上了一层晶莹的细汗,犹如一朵朵沾满露珠的月季花。

前几天,田野里还是鹅黄嫩绿,芽苞初放。转眼间,到处都是浓阴。金黄的油菜花谢了,结出了密密的嫩荚;黑白相间的蚕豆花谢了,长出了小指头似的豆荚;雪白的萝卜花谢了,结出了一蓬蓬的种子。麦田换上了耀眼的浅黄色新装。每根麦秆都擎起了丰满的穗儿,那齐刷刷的麦,犹如乐谱上的线条,一个麦穗儿,就是一个跳动的音符。

湖边的草又肥又嫩,只消用手拉拉,竹篮很快就装满了。男孩子跑到铺满青草的土坡上面,翻跟头,竖蜻蜓,还有摔跤比赛。草地柔软而有弹性,比城里体育馆的垫子还要强,这简直是一个天然的运动场!

玩累了,喊渴了,不知是谁一声招呼,大家采集起"茅茅针"来。那是一种和茅草差不多的野草,顶部的茅穗儿还裹在绿色的叶片里,显得鼓鼓的。剥开叶片,将茅穗儿连同茎轻轻抽出,把茎放进嘴里嚼嚼,吮吮,一股甘甜清凉的滋味很快从舌尖直沁肺腑!

"呜卟,呜卟,呜……"

是谁又吹响了那欢快、柔美的麦哨? 一忽儿,四处都响了起来,你呼我应,此起彼落。那欢快的哨声在撩起麦浪的东南风里,传得很远、很远……

《麦哨》是一篇反映乡村生活的美文。作者用诗一般的语言描写了盛夏时节的田园风光,以及孩子们劳动、玩耍的场景,展现出乡村孩子天真、纯朴、可爱的形象。全文着意描绘了"劳动之美、丰收之美、自由之美",洋溢着浓郁的生活情趣,令人向往。

文章以麦哨的声音为线索,开头设疑,"'呜卟,呜卟,呜……'田野里,什么声响/和着/孩子的鼻音,在/浓绿的麦叶上/掠过? 一声呼,一声应,忽高/忽低,那么欢快,那么柔美。""呜卟,呜卟"的悠悠哨声,勾起了作者对童年田园生活的回忆,也仿佛把读者带到了充满生机的广阔原野。朗诵时,以悠远的、轻快的声调带着听众进入唯美的画面,声音由虚而实。文末再次以欢快柔美的麦哨声作结,孩子们又踏着欢快、柔美的麦哨声,乘兴而归:"是谁/又吹响了那/欢快、柔美的/麦哨? 一忽儿,四处都/响了起来,你呼我应,此起彼落。那欢快的哨声/在撩起麦浪的/东南风里,传得很远、很远……"与开头的朗诵处理正好相反,声音由实而虚,语速渐慢,声音渐轻,"传得很远、很远"声音轻柔悠长,带给听众无限的遐想……

文章以孩子们的活动为暗线,第三至第六自然段描绘了"劳动之美"、"丰收之美","自由之美"三个场景,细细读来既有画的意境美,又有音乐的韵律美。先写劳动之美。孩子们吹着欢快的哨子,三个一群,五个一伙,相约去湖畔割草:"湖畔,到处是/割草的孩子。"朗诵"到处是"时配上环视的眼神,突出割草的孩子之多。"白竹布衬衫/小凉帽,绣花兜肚/彩头巾。那一张张/红扑扑的脸蛋,蒙上了一层/晶莹的细汗,犹如一朵朵/沾满露珠的/月季花。"带着俏皮的、天真的语调,勾勒出农村孩子可爱、勤劳、纯朴的形象。

紧接着写丰收之美。以视觉描写切入,展现了盛夏时节田野里色彩斑斓、丰收在即的景象:"前几天,田野里还是/鹅黄嫩绿,芽苞/初放。转眼间,到处都是/浓阴。金黄的油菜花/谢了,结出了/密密的嫩荚;黑白相间的蚕豆花/谢了,长出了/小指头似的/豆荚;雪白的萝卜花/谢了,结出了/一蓬蓬的种子。麦田换上了/耀眼的/浅黄色新装。每根麦秆/都擎起了/丰满的穗儿,那/齐刷刷的麦,犹如/乐谱上的线条,一个麦穗儿,就是一个/跳动的音符。"作者通过细致的观察,抓住了田间最具代表性的几种作物:油菜、蚕豆、萝卜,它们不同颜色的花相继凋谢,各种形状的嫩芽刚缀,为人们生动地再现了一个色彩斑斓的田间风光,也营造了丰收在即的喜悦气氛。在句式上,把长句子化为短句,长、短句交错起来说,形成了一种错落有致的自然节奏,产生抑扬顿挫的音乐美。朗诵这几句时,要把握明朗的调子和壮阔的气势,犹如带着听众流连在田野里,边走边欣赏,描写颜色的词应读重音,突出色彩斑斓之美;"长出"、"结出"、"换上"、"擎起"重音轻读,表现蓬勃的生命力;"密密的"、"一蓬蓬的"、"齐刷刷的"朗诵时每个字气息饱满,让听众眼前看到一派丰收的景象;几个分号间的停顿不宜过长,突出美景一茬接一茬,应接不暇;最后目光聚焦在麦田里,语速放慢,喜悦迸发,沉醉在麦田里,就仿佛沉醉在音乐里!

再写自由之美。完成了大人交待的劳动任务之后,这群孩子就开始了属于自己的游戏,他们在这种天然娱乐场中游戏、采食茅茅针,无拘无束:"男孩子跑到/铺满青草的/土坡上面,翻跟头,竖蜻蜓,还有/摔跤比赛。草地/柔软而有弹性,比城里/体育馆的垫子/还要强,这简直是/一个天然的/运动场! 玩累了,喊渴了,不知是谁/一声招呼,大家采集起/'茅茅针'来。那是一种/和茅草差不多的/野草,顶部的茅穗儿/还裹在/绿色的叶片里,显得/鼓鼓的。剥开叶片,将茅穗儿/连同茎/轻轻抽出,把茎/放进嘴里/嚼嚼,吮吮,一股甘甜/清凉的滋味/很快从舌尖/直沁肺腑!"这段描写确实做到了"既能悦目,又可赏心,兼耳底、心底音乐而有之"。朗诵这段文字,就如同坐在太阳底下,和听者有滋有味地聊天。"跑到"、"翻跟头"、"竖蜻蜓"、"摔跤"一系列的动作轻松自如,用轻快的语气朗诵;"比城里/体育馆的垫子/还要强,这简直是/一个天然的/运动场!"语气里充满自豪;玩累了,口渴了,看见"绿色的叶片"、"鼓鼓的茅穗儿"满心欢喜;"剥开"、"抽出"、"嚼嚼"、"吮吮"动作麻利,一气呵成;"一股甘甜/清凉的滋味/很快从舌尖/直沁肺腑!"这是心的感受,朗诵时可闭眼入境慢慢享受这一值得玩味的过程,语速稍慢,陶醉其中。

纵观《麦哨》一文,诗意化的语言中流淌着刻意诗化了的感情,因此整篇文章的朗诵基调明快、悦动,就像是一条绝美的长径,连着读者的心、作者的情、文中的境,让读者和作者在诗意田园里漫步,享受一番烂漫的童年生活。

金 色 花

泰戈尔

假如我变成了一朵金色花,只是为了好玩,长在那棵树的高枝上,笑嘻嘻地在风中摇摆,又在新叶上跳舞,妈妈,你会认识我么?

你要是叫道:"孩子,你在哪里呀?"我暗暗地在那里匿笑,却一声儿不响。我要悄悄地开放花瓣儿,看着你工作。

当你沐浴后,湿发披在两肩,穿过金色花的林荫,走到你做祷告的小庭院时,你会嗅到这花的香气,却不知道这香气是从我身上来的。

当你吃过中饭,坐在窗前读《罗摩衍那》,那棵树的阴影落在你的头发与膝上时,我便要投我的小小影子在你的书页上,正投在你所读的地方。

但是你会猜得出这就是你的小孩子的小影子么? 当你黄昏时拿了灯到牛棚里去,我便要突然地再落到地上来,又成了你的孩子,求你讲个故事给我听。

"你到哪里去了,你这坏孩子?"

"我不告诉你,妈妈。"这就是你同我那时所要说的话了。

《金色花》是一首散文诗,它描绘了一幅活泼天真的孩子跟美丽慈祥的妈妈做着捉迷藏的游戏的乐天图。文中充满童趣,充满家庭欢爱之情,那金色花不就是这天真可爱的孩子么? 她有花一般美丽的外表,活泼鲜灵的身姿,温馨袭人的花香,还有点调皮,但她心灵圣洁,高尚无邪。在她的心灵里,在她生活的世界里,处处都是爱和美。诗篇就这样,通过一系列富有情趣的活动,把孩子的天真、活泼、可爱的形象表现得活灵活现。而另一个重要的人物形象妈妈,虽然只是在开头和最后说了两句话"孩子,你在哪里呀?""你到哪里去了,你这坏孩子?",话里充满担心和亲切的责怪。其实,妈妈从始至终都是在跟孩子活动着的:她的沐浴、祷告、读书、拿灯到牛棚去、讲故事等,这些平凡、美丽琐细的家务事以及对神的虔诚,对文化生活的执著,不仅可以看出她的慈祥可爱,也可以看出她的精神丰满高大;同时,我们还可以从孩子的一切娇姿看出这位妈妈也是很美丽的。妈妈那沐浴与披肩长发的线条,那祷告与读书的造型是多么的美。孩子是一位天使,妈妈也是一位天使,一位爱的天使。诗篇洋溢着真挚的母爱和纯洁的童心,是美与爱的结晶。

第一自然段写的是一个假想:假如我变成了一朵金色花,由此生发想象——一个神奇的儿童与他母亲"捉迷藏"。朗诵时要读出天真,读出调皮。"假如/我变成了/一朵金色花,只是/为了好玩,长在/树的高枝上,笑嘻嘻地/在空中摇摆,又在/新叶上/跳舞,妈妈,你会认识我吗?""笑嘻嘻"、"摇摆"、"跳舞"活泼中带着稚气,声音靠前,"妈妈,你会认识我吗?"一副歪着头想象的样子,读出调皮。

第二自然段以一个调皮的孩子的口吻,以儿童特有的方式表现对母亲的感情,构成一幅儿童嬉戏的画面。模拟母亲温柔亲切的声音呼唤——"你要是叫道:'孩子,你在哪里呀?'我暗暗地/在那里/匿笑,却一声儿/不响。我要悄悄地/开放花瓣儿,看着你/工作。"读出"悄悄"的感觉,生怕母亲发现,看着母亲"匿笑"掩嘴以笑言读出偷着乐的调皮。

第三、四自然段,连用两个"当你"表现了小孩子享受着母爱,也想着怎么回报母爱。散发出香气是对母亲暗中表示依恋;影子投在母亲所读的书页上,是替母亲遮阳,也是暗中对母亲表示依恋。他想让妈妈嗅到花香,让妈妈看书不伤眼睛。多么调皮又懂事的孩子呀!朗诵"当你/沐浴后,湿发/披在两肩,穿过/金色花的林荫,走到/做祷告的/小庭院时""当你/吃过中饭,坐在窗前/读《罗摩衍那》,那棵树的阴影/落在你的头发/与膝上时"语调是轻快的,专注地欣赏着妈妈的一举一动;而后半句却充满窃喜,有几分对自己"杰作"的得意,有几分小鸟依人的乖巧——"你会嗅到/这花的香气,却不知道/这香气/是从我身上/来的。""我便要投/我的小小影子/在你的书页上,正投在/你所读的/地方。"

第五至第七自然段,勾画出我变回真身,撒娇逗妈妈开心的情景。"但是/你会猜得出/这就是/你孩子的/小小影子吗?"言下之意,妈妈肯定猜不出,多开心呀!"当你/黄昏时/拿了灯/到牛棚里去,我便要/突然地/再落到地上来,又成了/你的孩子,求你讲个故事/给我听。""突然"、"落到"读出重音,语速稍快,像变戏法似的,让妈妈始料不及;"求你讲个故事"要读出撒娇请求的语气。"你到哪里去了,你这坏孩子?"妈妈不见了孩子,多么着急,一旦见了,又惊又喜,读出嗔怪的语气,读出惊喜的神情。"我不告诉你,妈妈。"孩子又撒起娇来了,为自己能给妈妈做些好事而高兴,还要对妈妈保密,让她莫名其妙。朗诵时,带着撒娇、调皮的神情读出"不告诉",语音稚嫩。

整篇文章表现了家庭之爱和人类天性的美好与圣洁。字里行间流露着一种亲昵、一种亲热。"我"天真活泼、机灵"诡谲",又天生善良;母亲沉静、虔诚,也善良、慈爱。爱是交流的,从孩子对母亲的爱,可以想到母亲对孩子的爱。因而文章的朗诵基调是温暖亲切的;文章从孩子的视角来写,因而朗诵以稚嫩的童声为主,两处妈妈的话语,则以温婉慈爱的女声来表现慈母形象。

火 烧 云

萧 红

晚饭过后,火烧云上来了,霞光照得小孩子的脸红红的。大白狗变成红的了,红公鸡变成金的了,黑母鸡变成紫檀色的了。喂猪的老头儿在墙根靠着,笑盈盈地看着他的两头小白猪变成小金猪了。他刚想说:"你们也变了……"旁边走来个乘凉的人对他说:"您老人家必要高寿,您老是金胡子了。"

天上的云从西边一直烧到东边,红彤彤的,好像是天空着了火。

这地方的火烧云变化极多。天空中一会儿红彤彤的,一会儿金灿灿的,一会儿半紫半黄,一会儿半灰半百合色。葡萄灰,梨黄,茄子紫,这些颜色天空都有,还有些说也说不出来、见也没见过的颜色。

　　一会儿,天空出现一匹马,马头向南,马尾向西。马是跪着的,像等人骑上它的背,它才站起来似的。过了两三秒钟,那匹马大起来了,马腿伸开了,脖子也长了,尾巴可不见了。看的人正在寻找马尾巴,那匹马变模糊了。

　　忽然又来了一条大狗。那条狗十分凶猛,它在前边跑着,后边似乎还跟着好几条小狗。跑着跑着,小狗不知跑到哪里去了,大狗也不见了。

　　接着又来了一头大狮子,跟庙门前的石头狮子一模一样,也那么大,也那样蹲着,很威武很镇静地蹲着。可是一转眼就变了。再也找不着了。

　　一时恍恍惚惚的,天空里又像这个又像那个,其实什么也不像,什么也看不清了。必须低下头,揉一揉眼睛,沉静一会儿再看。可是天空偏偏不等待那些爱好它的孩子。一会儿工夫,火烧云下去了。

　　《火烧云》是一篇非常优美的写景散文。著名女作家萧红以其热情酣畅的笔墨勾画了一幅绚丽多姿的火烧云图景,让我们感受到大自然的美妙与神奇。

　　文章写了火烧云上来和下去的全过程。重点写"上来"部分。先写火烧云上来时,大地笼罩在柔和明亮的霞光中,万物都改变了自己原有的颜色。第一自然段中,作者连用七个"……了"的句子,不仅展示了栩栩如生的美景,同时渲染了人们欢乐的心境。"晚饭过后,火烧云/上来了,霞光/照得小孩子的脸/红红的。大白狗/变成红的了,红公鸡/变成金的了,黑母鸡/变成紫檀色的了。喂猪的老头儿/在墙根/靠着,笑盈盈地/看着他的两头小白猪/变成/小金猪了。他刚想说:'你们也变了……'旁边/走来个乘凉的人/对他说:'您老人家/必要高寿,您老是/金胡子了。'"朗诵时,"大白狗"、"红公鸡"、"黑母鸡"一句一气呵成,描绘天空中一大片以红色为基调的云霞变化多端,读出壮美的气势;其余几句以不疾不徐的语速呈现这一幅幅的美景图;"红红的"、"红的"、"金的"、"紫檀色的"、"小金猪"、"金胡子"这几个表示颜色的词读重音,突出颜色的瑰丽。

　　第二自然段,以一个"烧"字极其形象地写出了火烧云的特点。朗诵时,"一直"以饱满的实声慢读,表现"烧"的时间久、范围广。"红彤彤的,好像是天空着了火",以"着火"作喻,言其鲜艳无比,光亮耀眼。"红彤彤的"、"着了火"要读出热烈的语气。

　　第三自然段,作者以多个不同构词形式的词语描述了火烧云的颜色变化,渲染了红霞飞舞、瞬息万变、目不暇接的奇妙景观。"这地方的火烧云/变化极多。天空中/一会儿/红彤彤的,一会儿/金灿灿的,一会儿/半紫半黄,一会儿/半灰半百合色。葡萄灰,梨黄,茄子紫,这些颜色/天空都有,还有些/说也说不出来、见也没见过的/颜色。"先重音强调"变化极多",四个"一会儿"语速快慢交错,语调高低错落,呈现一种音韵美。"葡萄灰,梨黄,茄子紫"几个词一口气读来,如数家珍,重音落在"都有"上。"说也说不出来"、"见也没见过的"读出惊喜,读出无尽的赞叹。

　　第四至第六自然段,在渲染了色彩之后,又描写了火烧云各种奇妙的形态,向我们勾勒出三幅动态的画面:跪着的马、凶猛的狗、威武的狮子,而且十分传神地写出瞬息之间由小到大、由清楚到模糊、最后不见的变幻过程。"一会儿,天空出现一匹马,马头向南,马尾/向西。马是跪着的,像等人/骑上它的背,它才/站起来似的。过了/两三秒钟,那匹马/大起来了,马腿/伸开了,脖子/也长了,尾巴/可不见了。看的人/正在寻找马尾巴,那匹马/变模糊了。"整段话以描述的语气来读,先是比较平缓的语调,"马大起来了"后,语调相应的往上走,"马变模糊了"语调回落。其中"出现"、"跪着"、"站起来"、"大起来"、"伸开"、"也长了"、"不见了"、"变模糊"这几个词要重读,强调出马的动态变化。

　　"忽然/又来了/一条大狗。那条狗/十分凶猛,它在前边/跑着,后边/似乎还跟着/好几条小狗。跑着跑着,小狗/不知跑到/哪里去了,大狗/也不见了。""忽然"语速转快,表明"大狗"出现得毫无征兆,紧接着以昂扬、冲撞的气息读出"大狗"的凶猛气势,"跑着跑着"放慢语速,语调也渐趋平稳,"不知"、"也不见了"轻声慢读,读出"神秘消失"的感觉。

　　"接着/又来了一头/大狮子,跟庙门前的/石头狮子/一模一样,也那么大,也那样/蹲着,很威武/很镇静地/蹲着。可是一转眼/就变了。再也/找不着了。"与上一自然段的语气衔接紧密,表现"大狗"刚一消失,"大狮子"很快又出现了。"一模一样"、"那么大"、"蹲着"、"很威武"、"很镇静"这几个词重音强调,读出"大狮子"威武的形象。紧接着,语调一转,"就变了"、"再也找不着了",读出惊讶、奇幻。

　　第七自然段写火烧云下去时恍恍惚惚,给人留下无限的遐想。"一时/恍恍惚惚的,天空里/又像这个/又像那个,其实/什么也不像,什么也/看不清了。"这一句以虚声来读,读出恍恍惚惚的感觉,"恍恍惚惚"、"又像……又像"、"什么也……什么也"仿佛摇头低语,笑自己眼花。"必须/低下头,揉一揉/眼睛,沉静一会儿/再看。可是/天空偏偏不等待/那些爱好它的孩子。一会儿工夫,火烧云/下去了。"这几句以实声来读,"低下头"、"揉一揉"、"沉静"、"再看"几个短语间的停顿分明,表现正在沉静中;"可是"、"偏偏"、"不等待"、"一会儿工夫"、"下去了"重音读出惋惜的语气、留恋的语气、意犹未尽的语气。

　　火烧云色彩瑰丽,奇幻无比,作者采用动静结合的方式描写它的无穷变化。全文朗诵基调是热烈的、奔放的,语势忽而平缓,忽而欢快,忽而沉静,忽而高亢,形成"嘈嘈如急雨,切切如私语"的朗诵美感。

第十四章
儿童作品朗诵会的艺术设计

有传承的文化才是有未来的文化。儿童文学作品的传播,有书面和口头两种形式。儿童作品一直是凭借着刊物的载体来接触读者,作品与读者的相遇是有局限性的。朗诵会让作品在观众面前展开了崭新的面貌,在现场演出和视频的播放中,观众享受着作品更美的绽放。

朗诵会是一种口头的大众传播方式和渠道,朗诵会雅俗并存,文化多元。在朗诵会上,经典作品的璀璨文字在青少年稚嫩的心中生根发芽,传承的魅力与心灵的碰撞感动着每一个观众。朗诵者在声音造型和情感浓淡上的巧妙运用,可以产生情趣盎然的效果,生动的演绎产生了较强的感染力。随着朗诵的演进,形成诗意的潮起潮落,使观众感受到美的律动,沉浸于美文的意境,陶醉于语言的魅力,并与朗诵者之间产生了感情的交融呼应,从而引起自身心灵的颤动,形成心与思的谐振,达到美的统一。由于以上种种原因,作品朗诵会的形式深得大众的喜爱。

朗诵会,不仅有利于提高朗诵者的综合素质,而且能传播正能量,有利于优化群体心态和人际关系。为什么幼儿教师总是这样地充满生命力、风采依然?其中一个原因,就在于她们的心中有诗,有浪漫情怀,喜欢用美好声音吟诵童真时代。

朗诵会也往往呈现出较为厚重的资源储备。才俊辈出的朗诵者,往往来自各专业、各社团、各院系,这是一次集中展现,也是一次较大规模的检阅,朗诵会必将为今后"语言表达资源"的开发奠定很好的基础。

一、朗诵会类型

根据主题,可分为欣赏性朗诵会、专题性朗诵会和竞赛性朗诵会。

(一)欣赏性朗诵会

这类朗诵会一般会以经典儿童文学作品为主,选材突出作品的文学价值和艺术性、欣赏性,主题不限,给观众以语言美、形象美和情感享受。根据需要,选材范围可以扩大,不一定要"名篇",但必须是"佳作"。美的感受是选材主旨。在独特的舞美设计的烘托下,在优美音乐和舞蹈的衬托下,活泼生动中使作品蕴含着鲜明的时代特色。

(二)专题性朗诵会

从传播目的和作用看,可以是根据社会节日举办的,如儿童节、感恩节、母亲节等,或者是为展示儿童文学作家创作成果的个人作品专场朗诵。

这类朗诵会,应当对作品的艺术性和听众的审美需求给予一定的重视,否则会流于平淡。一般来说,专题晚会由多个篇章组成,如"开篇""情韵""赞歌"等,主题思想深邃,布局合理,由点到面,层层递进。朗诵作品长短结合,搭配有序;朗诵者情感真挚,表达到位。这需要精心策划、反复排练和朗诵者足够的情感投入。

(三) 竞赛性朗诵会

选手即领诵者,朗诵会有紧张的角逐气息。领诵者往往从整体设计出发,在服装、道具、灯光、配乐等细节上都有较为充分的设计,使朗诵会既有欣赏性又有竞争性。

二、朗诵会的形式

(一) 舞台演出式

在较为正式、宽阔的室内场地举行,如演播厅、多媒体报告厅、梯形会场等,观众少则百人,多则千人。有声、光、电设备,有正式的节目单,舞台设计根据场地条件,可繁可简。如果条件允许,要求有舞美、灯光、配乐等其他表演元素的配备,领诵者要化妆,服装、道具要设计,可以加入传统乐器和西洋乐器。在朗诵会上,可以巧妙地利用版画、书法、图片充实 LED 画面,或者将诗句同步呈现在屏幕上,多媒体设备使舞台更加丰富多姿。

(二) 媒体传播式

是指在广播、电视、网络等大众传媒上举办的朗诵会。在视听媒体中,制作成本低,运用录音录像软件,传播灵活。网络上也出现了专业调音台,在自己家里就可以办小型朗诵工作室。配上图片、视频,图文并茂,视听兼备,放在朗诵网站里,可以吸引众多朗诵爱好者。网络朗诵会这几年办得如火如荼。

作为朗诵会的策划者,在形式与内容上应该"量体裁衣",选择最适合的方式。

三、朗诵会节目的整体设计

(一) 体现童真童趣

从舞台背景、道具、音乐到作品,都要体现童真童趣。如有的作品朗诵会就以无伴奏童声合唱拉开序幕,把人的思绪带到甜蜜的童年,营造了良好的氛围。朗诵者借助舞台、语言将这种浓缩的童真童趣释放出来。内容上往往是从儿童的视角选择文质兼美的文章,反映儿童的内心世界,要求三美:语言美、画面美、情感美。作品题材多样,外延有一定的张力,多层次、多视角反映儿童的生活。趣味性地朗诵还可以辅之以音效,比如鼓、碰铃、录制的笑声等。夸张的表情是关键,眉、眼、嘴的夸张变化能生动地把童趣体现出来。台上的自由表达激情飞扬,台下的观众轻松愉快充满欢笑。

(二) 朗诵者和作品要匹配

在作品和领诵者都已经确定的情况下,往往要根据领诵者的音色、气质、领诵风格、驾驭能力等重新考虑节目成员,当朗诵者和作品错位时,一般以领诵者为核心对节目进行调整或加工,以突出朗诵者的语言优势。

(三) 节目编排要多彩

朗诵会的节目编排要遵循"刚柔相济、雄婉结合,浓淡得宜、动静兼备,文体互搭"的原则。如果都是诗歌,就显得单薄而单调,艺术的表现上也缺乏生动性和丰富性。一台朗诵会同样具有发展、高潮、结尾,各个阶段要有各个阶段的亮点。有时为了节目的多样化,单人诵读的可以改为双人诵读或合诵。可以增加复诵、轮诵、领诵、小组诵等形式。可以配音乐、舞蹈、情景表演等,但要注意主次关系,不要喧宾夺主。

作品长度相宜,短的可以"串烧",长的可以删改。可以在长篇作品中挑选出最精彩的部分,让观众在最短的时间里充分理解和深入体会到作品的精髓和深层次的内涵。还可以创意地"打包",或者通过反复、增加表演等方式加长作品篇幅。

一台精彩的朗诵会,要让观众发现主创团队和舞台呈现者是在用心放歌心灵,用语言和旋律编织花朵装扮舞台,一切都是那样的流畅、自然、舒展。

(四) 表现形式要创新

有些朗诵会可以不出主持人,直接由朗诵者自我介绍后进行表演,或者直接用节目亮相,在节目中进行交代,令人感觉耳目一新。在有主持人的情况下,串台词的撰写也要活泼、有趣,符合整台朗诵会的风格。道具、服装和故事的编排要新颖、别致、出奇制胜,可以设计情景表演。总之,可以让音乐、舞蹈、表演、朗诵的声音融为一体,紧扣观众的听觉、视觉,使观众沉浸在经典儿童作品所带来的幸福之中,让一颗颗心飘向童年天真烂漫的海洋。朗诵会结束后,可以让观众代表点评,朗诵者畅谈感想,或者以嘉宾互动等形式把活动进一步深化。

附录一：
"七彩童年"庆六一诗歌朗诵会节目单

开场 show 舞蹈《快乐六一》

一、诗朗诵《梦幻童年》，表演者：×××

二、古诗串烧：《小儿垂钓》、《村居》、《池上》、《所见》、《宿新市徐公店》，表演者：×××等

三、双人诗朗诵：《童年趣事》，表演者：××× ××

四、礼诗朗诵《道德三字经》，表演者：××× ×× ×××

五、创意拼盘：乐器伴奏(葫芦丝)＋诗朗诵《祖国啊祖国》＋现场书法，表演者：××× ×× ××

六、诗伴舞：《毕业了，我们不说再见》，表演者：×××

七、集体诗朗诵：《老师的眼睛》，表演者：×××

八、表演诗朗诵：《献给快乐的孩子们》，表演者：部分师生

附录二：
××校"师德·师风"诗文朗诵
比赛决赛主持稿

甲：尊敬的各位评委老师、

乙：亲爱的同学们，

合：大家晚上好！

甲：欢迎大家来到××校"师德·师风"诗文朗诵比赛决赛的活动现场。请允许我向大家介绍莅临

本次比赛的评委老师,他们分别是:××、××……

甲:春光明媚,万物复苏。

乙:激情澎湃,盛世欢腾。

甲:在这播种希望、描绘锦绣的季节里,

乙:在这挥洒豪情、憧憬未来的春天里,

合:我们一同赞颂师德,歌颂师魂。

甲:我宣布,××校"师德·师风"诗文朗诵比赛决赛现在开始!首先出场的是×年×班为我们带来的集体诗朗诵《红烛赞》,掌声有请他们。

乙:感谢×年×班的同学为我们带来的精彩表演。教师是学生成长的引路人,肩负着启迪智慧塑造心灵的关键职责;教师是民族文化的传承者,肩负着弘扬传统继往开来的历史责任;教师是国家振兴的奠基者,肩负着建设人力资源强国的时代使命。接下来请欣赏×年×班同学为我们带来的集体诗朗诵《师魂》,有请。

甲:感谢×年×班的同学为我们带来的精彩表演。听着学生的问候,看着学生的笑脸,教师的满足感会油然而生。有时候你也会困惑:是什么力量让教师如此容易满足而且幸福?因为教师是一群精神高洁而明亮的人。在平凡岁月,学生始终是他们的第一关切。接下来上场的是×年×班的同学为我们带来的诗朗诵《献给我们的老师》,掌声有请。

乙:感谢×年×班的同学为我们带来的精彩表演。当教师与英雄的称谓一次次重叠,我们一次次被感动,被震撼。英雄教师、最美教师,无论什么称谓都不能充分表达社会对教师这一群体的尊敬。教师本是平凡而普通的人,在匆匆的人群中,他们有着这个时代所有人的欢乐与困惑。但在那生死危急的瞬间,他们甚至没有犹豫和思考的时间。蕴藏在教师这一职业背后的力量推动他们从大地上跃起,走向崇高与伟大,如同彩虹高悬天空。接下来上场的是×年×班的同学为我们带来的《教师颂》,有请他们。

甲:感谢×年×班的同学为我们带来的精彩表演。什么是师魂?师魂是教师的精神支点和力量源泉,是教师内心的道德律令和头顶仰望的星空,是师者所以为师的标志,是教师职业道德的核心,是师德的崇高的价值追求和精神境界。接下来请欣赏×年×班的同学为我们带来的朗诵《强师德,铸师魂》,有请。

乙:感谢×年×班的同学为我们带来的精彩表演。师魂,既接续传统又与时俱进。纵沧海桑田,仍如常青之树巍然屹立。师魂是纽带,是血脉,只要有教师在,师魂将一直绵延不断。接下来掌声有请×年×班的同学为我们带来诗歌《师魂颂》,有请他们。

甲:感谢×年×班的同学为我们带来的精彩表演。我们这个时代,幸运地拥有一大批勇于担当、无私无畏的英雄教师,更幸运地拥有无数兢兢业业、尽职尽责的普通教师。在他们身上,我们看到师魂如花,寻常之时悄然含朵,危急时刻灿然绽放。正是有了他们的奉献,他们的坚守,师魂才如此鲜亮,如此绚丽!最后出场的是×年×班的同学为我们带来的朗诵《青春不悔,生命无憾》,掌声有请。

乙:感谢×年×班的同学为我们带来的精彩表演。那么到现在呢,本次决赛的七个班级都已经表演完毕了。评委老师们也正在紧张地打分,让我们一同期待最终的比赛结果。激动人心的时刻到了,最终的成绩也已经在我手上了,首先公布荣获三等奖的班级,他们分别是:×年×班……;荣获二等奖的班级是:×年×班……;荣获一等奖的班级是:×年×班。让我们再次以热烈的掌声恭喜各个获奖班级。

甲:今天我们一同欢聚在一起,一同掂量师魂的分量,感受师魂的温度。

乙:爱心、德行、责任、智慧,构成了新时代师魂的内涵。

合:愿师者永恒!师魂不朽!

合:×校"师德·师风"诗文朗诵比赛决赛,到此结束,感谢大家的参与,祝老师同学们身体健康、万事如意!再见!

主要参考书目

［1］方卫平：《儿童文学教程》，高等教育出版社，2004年。

［2］赵兵、王群：《朗诵艺术创造》，上海人民出版社，2008年。

［3］王晓玉：《儿童文学作品选读》，高等教育出版社，2006年。

［4］谢伦浩：《文学作品朗诵艺术》，中国广播电视出版社，2009年。

［5］张洁、霍焜白：《朗诵指导与作品精选》，中国传媒大学出版社，2011年。

［6］梁桂等：《普通话口语训练》，天津科学技术出版社，2009年。

［7］陈国安、王海燕、朱全明、郑红勤：《新编教师口语——表达与训练》，华东师范大学出版社，2007年。

［8］张颂：《朗诵美学》，北京广播学院出版社，2002年。

［9］曾致：《文学作品朗诵指要》，中国传媒大学出版社，2007年。

［10］王功山：《戏剧影视传媒艺考教程》，济南出版社，2009年。

［11］卜晨光、邹加倪：《电视节目配音教程》，中国广播电视出版社，2011年。

［11］王宇红：《朗诵技巧》，中国广播电视出版社，2002年。

［12］白龙：《播音发声技巧》，中国广播电视出版社，2002年。

［13］徐平等：《演员艺术语言基本技巧》，文化艺术出版社，2009年。

［14］张颂：《诗歌朗诵》，中国传媒大学出版社，2008年。

［15］曾致：《寓言故事朗诵》，中国传媒大学出版社，2010年。

［15］雷礼、林朝：《朗诵语言表演艺术考级辅导教程》，上海音乐出版社，2008年。

［16］刘建文：《少年儿童朗诵表演与主持艺术》，知识产权出版社，2009年。

［17］张冰：《走上台阶——舞台艺术语言基本技巧训练》，哈尔滨工业大学出版社，2009年。

［18］王强：《播音主持作品赏析》，中国广播电视出版社，2011年。

［19］赵秀环：《播音主持艺术语言基本功训练教程》，中国传媒大学出版社，2011年。

［20］张魁文：《浅谈教师的教学语言修养》，选自国家教育委员会师范教育司《师范院校教师口语课程建设论文选编》，北京师范大学出版社，1994年。

［21］张颂：《中国播音学》（修订版），中国传媒大学出版社，2002年。

［22］中国广播电视协会播音主持委员会、中国传媒大学播音主持学院编：《播音主持艺术》（1—8），中国传媒大学出版社，1999—2007年。

［23］孙艳霞、郑瑞新：《幼儿教师口语》，陕西师范大学出版总社有限公司，2013年。

图书在版编目(CIP)数据

幼儿教师朗诵技能训练/郑晓春主编.—上海:复旦大学出版社,2014.8(2022.1 重印)
ISBN 978-7-309-10821-7

Ⅰ.幼… Ⅱ.郑… Ⅲ.朗诵-语言艺术-幼儿师范学校-教材 Ⅳ.H019

中国版本图书馆 CIP 数据核字(2014)第 158808 号

幼儿教师朗诵技能训练
郑晓春 主编
责任编辑/邵 丹

复旦大学出版社有限公司出版发行
上海市国权路 579 号 邮编:200433
网址:fupnet@ fudanpress.com http://www.fudanpress.com
门市零售:86-21-65102580 团体订购:86-21-65104505
出版部电话:86-21-65642845
大丰市科星印刷有限责任公司

开本 890 × 1240 1/16 印张 9.75 字数 267 千
2022 年 1 月第 1 版第 4 次印刷
印数 8 801—10 900

ISBN 978-7-309-10821-7/H · 2366
定价:39.00 元